그 누구도
알려주지 않았던
**청약**
**당첨**의 **기술**

그 누구도
알려주지 않았던

# 청약 당첨의 기술

청년들을 위한 최고의 내 집 마련 전략

배홍민·공민규 지음

나비의활주로

# 아무리 정부 정책이 바뀌어도
# 부동산 투자의 기본만 알면 이길 수 있다

직장생활을 하며 가정을 꾸린지도 꽤 많은 시간이 흘렀다. 바늘구멍과 같다는 취업난을 뚫고 취업에 성공했지만 기쁨도 잠시, '내 집 마련'이라는 더 큰 숙제가 기다리고 있었다. 2015년, 첫 취업한 당시에도 내 집 마련은 요원한 꿈이었지만 꼭 불가능한 일만은 아니었다. 같이 일을 시작한 입사 동기들과 함께 계획을 세워나가며 꿈에 한발씩 다가가기 위해 노력했다. 하지만 해가 갈수록 그 꿈에 가까워지는 것이 아니라 이상하게 계속 멀어져가는 느낌이었다. 분명 월급을 열심히 모으고 연봉은 조금씩 인상되어갔는데도 집값은 계속 천정부지로 올라가니 그 격차를 도저히 근로 소득만으로는 좁힐 수가 없었다.

같이 의지하며 꿈을 향해 달려가던 입사 동기들도 하나둘 내 집 마련을 포기하고 본인을 스스로 낙오자라 지칭하며 자책했다. 동기들 중에서 어린 편이었지만, 가장 먼저 내 집 마련을 하고 여러 집을 사고 팔면서 배운 경험으로 동기들의 하소연을 들어주고 격려해주는 일 밖에는 해줄 수 있는 것이 없었다. 결국 지금와서 돌아보면 우리는, 집을 마련한 사람과 그렇지 못한 자로 나뉘었다. 마치 계급과 계층이 나뉜 것처럼 말이다.

연차가 쌓일수록 늘어나는 회사 후배들도 우리와 다를 것 없이 이를 되풀이 하긴 마찬가지였다. 동기들도 실패한 그 꿈을, 더 늦게 사회생활에 뛰어들어 돈을 늦게 번 그들이 이루기란 좋은 집안의 지원 없이는 더욱 불가능에 가까워졌다. 후배들이 하물며 전세집도 마련하지 못하여 결혼을 미루고 있는 안타까운 모습을 참 많이 접했다. 이런 상황을 지켜만 볼 수가 없어 하루빨리 많은 이들에게 필자들의 지식을 통해 조금이라도 도움이 되고자 〈꼼수 부동산TV〉라는 유튜브를 시작하였고, 시시각각 정부정책과 규제, 시장 분위기를 자세히 점검하고 공부해가며 많은 이들에게 정보를 전달하였다. 부동산업계에서 일을 하는 현직자로서, 일반인들보다 조금 더 빨리 시장 분위기를 알 수 있다는 특성상 가만히 손 놓고 지켜볼 수만은 없었기 때문이다. 내 집 마련에 뛰어들고자 하는 분들과 꾸준히 소통하며 도움이 되는 일들을 전문가로서 해보고 싶었다.

그러나 역시 영상만으로는 모든 정보와 지식을 전달하는 데에는 한계가 있었고, 이를 집약하여 더 많은 이들과 내 집 마련을 조금 더 쉽고 빠르게, 그리고 포기하지 않고 낙오되지 않도록 알고 있는 모든 것을 공유하고자 한다. 2021년 현재, 작년을 돌이켜보고 한마디로 정의하자면 '패닉바잉의 해'였다. 코로나 19로 인해 경기는 더욱 침체하고 가계는 더욱 어려워져 많은 사람이 생계를 위협받게 되었지만 이를 비웃기라도 하듯 주가와 집값은 유례없이 폭등했다. 저금리 기조에 더해 코로나19로 어려워진 경기 부양을 위해 많은 돈이 시장에 풀렸다. 이로 인해 오갈 데 없는 돈들이 주식과 부동산에 쏠려버렸다. 게다가 이번 상승장 기회를 놓치면 안된다는 생각 때문에 너도나도 투자에 뛰어들었다. 받을 수 있는 모든 대출과 현금을 동원하는 일명 '영끌', '빚투'라는 신조어까지 나오는 등 시장은 계속해서 과열되었다. 정부는 집값을 잡기 위해 많은 규제와 대책을 쏟아냈다. 그러나 이는 오히려 불쏘시개가 되어 규제하면 할수록 더 늦기 전에 내 집 마련을 하고자 하는 사람들의 조바심을 자극하여 집값을 더 천정부지로 솟구치게 하였다. 지금은 평범한 사람이 내 집 마련을 할 수 있을 거란 희망과 계층 이동의 사다리는 무참히 걷어차여 졌다. 더군다나 이제 막 경제활동을 시작한 사회 초년생들에게는 내 집 마련의 출입문조차 닫혀버려 희망을 가질 수 없게 되어버렸다.

이 책에서는 매일 시시각각 달라지는 정부정책과 여러 규제, 시장 상황을 현재 상황에 맞게 업데이트하였고 그 대응 방법, 청약과 분양에 대한 최신 정보를 반영하였다. 어느 책에서도 다루지 않았던 내 집 마련을 위한 알찬 조언들과 부동산 지식을 대거 수록하였기에 신혼부부와 20·30세대들은 물론 내 집 마련을 목표로 하는 사람들에게 희망을 주는 지침서이자 가이드의 역할을 할 것이다. 청약을 처음 접하는 분들의 눈높이에 맞춰 최대한 읽기 쉽게 설명하였고, 여기에 있는 정보들을 실제로 직접 활용하기 쉽도록 실용성에 초점을 두고 집필했다.

이 책에 실려 있는 정부정책과 규제들은 앞으로도 계속해서 변화하여 과거가 되어버리겠지만, 그 정책과 규제는 항상 반복되고 되풀이된다. 또한 할 수 있는 모든 정책과 규제는 다 나와 더 획기적으로 새로운 것이 나올 가능성은 적다. 따라서 현재의 상황에 맞게 공부를 해놓는다면 추후 이것들이 변화하더라도 수록된 정보를 통해 충분히 대응할 힘과 능력이 키워질 것이다. 또한 규제 이외에도 여기 수록된 정보와 지식만 알고 있으면 반드시 내 집 마련을 이뤄내고, 경제적으로 더 성장하리라 생각한다. 대한민국 젊은이들 모두가 내 집 마련 때문에 힘들어하지 않을 때까지, 앞으로도 계속 함께하겠다.

배홍민, 공민규

# 2021년, 부동산 가격 폭등 상황을 살아가는 평범한 인생들

작년에 투자 시장에서 가장 많이 등장한 신조어 중 하나는 '패닉바잉' 이었다. 이는 최대한의 물량을 확보하려는 시장 심리의 불안으로 인해 가격과 관계없이 생필품이나 주식, 부동산 등을 사들이는 현상을 말한 다. 더불어 일명 빚을 내 투자하는 '빚투', 영혼까지 끌어모아 투자한다 는 '영끌'이라는 말도 심심치 않게 등장했다. 코로나 19로 실물 경제는 바닥인 상황인데, 이에 반해 집값은 자고 일어나 눈 뜨는 것이 무서울 정도로 상승했다. 아파트값이 천정부지로 치솟으니 '더 늦기 전'에라는 불안감 때문에 내 집 마련에 나서는 20~30대가 늘어났다. 온통 언론과 주변 사람들까지 투자, 재테크 얘기뿐이니, 나만 늦어버린 건 아닌지 불안감이 엄습했기 때문일 것이다.

2021년 현재, 자고 일어나면 수천만 원씩 올라가 있는 집값과 전셋 값을 보고 있자니 월급으로는 어림도 없겠다 싶고, '벼락 거지'가 되어 버린 것 같아 뭘 해도 우울하다. 성실하게 직장 생활하며 월급을 아끼 고 허리띠 졸라가며 저축했는데, 집값이 폭등하여 세입자로 이쪽저쪽 을 전전하고 내일을 걱정하는 사람들을 일컫는 이 단어가 나를 지칭하는 것 같아 가슴이 답답하다. 나와 동병상련을 겪고 있는 직장 동료들은 일하면서도 틈틈히 부동산 사이트를 보며 어디에 투자해야할 지 불안함에 기회만 노리고 있다. 방송과 유튜브, 인터넷에는 온통 아파트를 사서 수억 원의 차익을 벌었다고 하니 조바심이 나는 것은 당연지사고, 상대적 박탈감에 근로 의욕이 상실되어 일할 맛이 뚝 떨어져 버린 지 오래다.

그래서 이제라도 더 늦기 전에 아파트를 구매해보려 하지만, 그동안 열심히 월급 받아 적금 부었던 것만으로는 역시 턱없이 부족하다. 부모님께는 물론 사돈의 팔촌에게까지 손 벌려 돈을 끌어모으고, 온갖 금융기관에서 신용대출이며 마이너스통장, 담보대출, 사내대출까지 받아도 모자라다. 그나마 이렇게 소위 말하는 영끌을 하여 아파트를 산 친구들은 안도의 한숨을 내쉬면서도, 너무 비싼 가격에 잘못 산 것은 아닌지 또 다른 스트레스를 받는다.

대체 무엇 때문에 온 나라가 이 지경까지 되어버린 것일까. 지금의 사태는 단지 이번 정부의 부동산 정책 실패라는 이유만으로 벌어진 것은 분명 아니다. 물론 그 영향이 컸지만 저금리로 인해 풍부해진 자금 유동성 코로나 19로 인해 큰 충격을 받았던 주식시장에서의 수익금이 다시 부동산으로 흘러 들어간 것, 좋은 입지에 턱없이 부족한 공급량, 그리고 가슴 한 쪽에 켜켜이 쌓여왔던 계층 이동에 대한 갈망과 부에 대한 욕망이 복합되어 한꺼번에 폭발해버린 것이 아닐까. 특히 20·30 세대들의 마음의 불에 기름이 부어진 이유는 대체 무엇일까.

지금은 바야흐로 70년대 생 전성기다. 성실하게 학교를 다니고 바늘구멍 같던 취업의 문턱을 넘어 회사에 입사하고 나니 70년대 생들이 이미 중역 자리들을 꿰차고 있다. 김 상무는 70년대 초에 태어나 성실히 회사생활을 한끝에 그 능력을 인정받아 임원으로 승진했다. 김 상무는 경제적으로도 가장 왕성한 소비 활동을 하고 있다. 강남의 30평대 아파트에 살고 있고, 고급 대형 세단을 타고 다닌다. 주말이면 골프 라운딩을 다니고 가족들과 분기에 한 번꼴로 해외여행을 다닌다. 김 상무도 사회초년생 시절, 5~60년대생 선배들의 커피 심부름을 하며 귀동냥 한 정보로 어렵게 월급을 모아 부동산 투자 열차에 가뿐히 올랐다. 당시에는 지금처럼 복잡하고 다양한 전략은 그다지 필요하지 않았다. 약간의 자본과 정보, 그리고 버티는 힘만 있었으면 잡을 수 있는 기회도 많았다. 지금은 내로라 하는 신도시들 역시 그 당시에는 거의 미분양 상황이었으니 '장화 신고 들어가 구두 신고 나온다'라는 명언이 생겼다.

김 상무는 작은 아파트 하나를 사서 조금 오르면 팔고 옆 단지를 사고, 자주 이사를 했다. 소위 말해 종잣돈 마련을 했다. 그러면서 남는 돈으로는 판교신도시의 미분양된 아파트를 계약했다. 부모님도 제법 부동산 투자로 재미 좀 보셨던 터라 여유가 있어, 필요할 땐 부모님의 경제적 지원도 조금 받아가면서 투자할 수 있었다. 이제는 연세가 많으셔서 증여와 상속을 전략적으로 고민하는, 이른바 절세를 하고 계신다. 가진 아파트들을 처분한 돈으로 얼마 남지 않은 회사생활과 긴 노후를 지탱해줄 노후 포트폴리오를 어떻게 세울지 고민하고 있다. 건물을 살지, 땅을 살지 고민하는 김 상무는 직접 내린 따뜻한 커피를 마시며 신문을 읽는 것으로 하루를 시작한다.

1980년대 생 이 차장과 박 과장은 육아와 업무 피로에 찌들어 오늘도 피곤한 몸으로 하루를 시작한다. 어제 보고했던 신사업에 대한 보고서를 김 상무님이 언제 찾으실지 몰라 근 일주일을 계속 야근해 준비했다. 오늘은 저 양반이 조용히 넘어가 줬으면 좋겠는데. 심기가 불편하면 언제 또 불려갈지 몰라 오 분 대기 중이다. 회사 내에서 중간관리자로서 위아래로 치이다 보니 언제까지 다녀야 할지 싶고 갑갑하기만 하다. 하지만 아이들을 생각하며 '좀만 버티자'를 서로 소주 한잔으로 도원결의하며 하루하루를 버티고 있다. 집에는 이제 막 초등학교, 유치원에 입학한 아이들과 아내의 떠올리며 돈 들어가는 거 걱정하느라 비싼 안주는 꿈도 못꾼다. 이제는 나이도 들어 때려치워도 갈 곳도 마땅치 않고, 딴 데 가기에도 두렵고, 돈 들어갈 데 천지라 이 회사 일도 언감생심이라는 마음으로 다니고 있다.

월급은 들어오면 이게 도대체 어디로 갔는지 한번 만져보지도 못하고 모바일 뱅킹에 찍혔다가 사라져버리기에 이제는 큰 감흥도 없다. 노후 계획은 진지하게 생각해보지도 못했고 그럴 겨를도 없다. 지금 당장 아이 보습학원 하나 더 보내 달라 조르는 통에 고민 중이다. 그래도 제일 걱정은 좀 있으면 돌아오는 전세 만기다. 미친 전셋값으로 지금 온통 난리인데, 집주인은 전세금을 올려주던지, 아니면 나가라고 본인이 들어와서 살겠다고 하니 어떻게 이 난관을 극복해야 할지 눈앞이 깜깜하다. 나랑 똑같이 직장생활을 시작한 친구 중 몇 명은 결혼을 빨리하게 되어버린 터에 자의 반 타의 반으로 온 우주의 기를 끌어모아 풀 대출로 집을 샀었다. 지금은 몇 년 새 그 집값이 두 배는 오른 것 같다. 가격이 오른 것도 배 아픈데 상투 잡은 거 아니냐, 집값 곧 내려간다 비웃던 상황이 역전되어 오히려 역으로 무주택자라 놀리는 놈들이 얄미워서 이제는 자주 만나지도 않는다. 곧 집값이 폭락한다고 굳게 믿고 폭락을 예언하는 유튜브를 위안 삼으며 타이밍만 쟀는데, 낭패 아닌 낭패를 봤다. 이제라도 내 집 마련을 하기 위해 조금씩 공부해 가며 부지런히 청약을 넣고는 있는데 이 수많은 경쟁자를 어찌 물리치고 당첨이 될지 까마득하기만 하다. 하루하루 자고 나면 치솟는 아파트 가격과 날로 올라가는 분양가 때문에 초조하고 불안하기만 해서, 어딘지 모르게 항상 가슴 한쪽이 막혀있는 듯 답답하다. 그때 무리해서라도 집 사놓자 했던 부인 말을 들었으면 좋았을 걸 싶다.

나는 1990년대 생이다. 이제 취업한 지 얼마 안 돼서 선임들 뒤치다꺼리를 하느라 눈코 뜰 새 없이 바쁘다. 이놈의 회사는 매일매일 새로운 일들이 터져서 업무에 적응하랴, 상사에 적응하랴 전쟁터가 따로 없다. 온종일 정신없이 뛰어 다니다 보면 어느덧 해는 저물어 있고, 집에 도착하면 아무것도 할 힘이 남아있지 않아 밥만 간신히 먹고 쓰

러져 자기 바쁘다. 요즘 말로 '노답인생'이라고 다람쥐 쳇바퀴 같은 삶을 자책하면서도 한편으로는 아직 취업 못 한 친구들을 보며 나는 조금 나은 편이라고 위안삼는다. 근데 오늘은 누웠는데도 잠이 안 온다. 부모님 집과 직장이 너무 멀어 직장 근처 원룸에서 살고 있는데, 오늘따라 이 곳이 더 작게만 느껴진다. 이 월급을 받으며 언제까지 이렇게 일하다 보면 삶이 좀 나아질까. 이 원룸 방을 언제쯤 벗어날 수 있을까. 결혼하고, 아기를 낳을 순 있을까? 앞으로 어떻게 살아야 할까.

많은 20·30세대들이 사회에 나와 현실에 부딪히며 위와 비슷한 깊은 고민에 빠져있을 것이다. 더더군다나 2021년 현재, 재테크와 집값이 더 화두가 되며 관심을 많이 두게 되었을 텐데, 딱히 방법을 몰라 답답한 상황일지 모르겠다. 부동산은 너무 큰 종잣돈이 필요하다고 생각하여 결국 주식 투자로 전향하진 않았는가? 그렇게 해서 수익을 봤으면 그나마 그걸로 아파트를 사는 데 보탬이 되겠는데, 손실을 봤다면 그마저도 더 멀어져 버린 것 같아 암담할 것이다. 그렇다면 이런 상황에서 나아가야 할 방향은 무엇일까?

# CONTENTS

# PART 1

# 투자의 시작은
# 바로 현실 직시

# 지금 내 자산 상황은 과연 몇 등일까?

학창시절에는 가난한 집이든 부자인 집이든 몇 장의 시험지만으로 '나'라는 사람의 등수와 레벨이 매겨져 그 수준을 알 수 있었다. 친구를 사귀더라도 그 친구의 집안이나 경제적인 면을 생각하고 따지면서 사귀지 않았다. 학교와 상황에 따라 다르겠지만 적어도 필자의 학창 시절만 하더라도 서로 경제적으로 동등하고 평등한 편이었던 것 같다. 하지만 이제는 학교라는 울타리를 벗어나 사회에 나오고 나니, 나의 경제력을 따지는 사람들도 많아졌고 나뿐만 아니라 다른 사람의 경제력에 대해 생각해보는 계기도 많아졌다. 돈 많은 사람을 만나면 괜히 위축되는 것은 내 한낱 자존심과 피해 의식이겠지만 크게 개의치 않고 자연스레 나랑 비슷한 수준의 사람들과만 계속 만나고 관계를 지속해

나가게 된다. 하지만 돈을 많이 벌어 성공하고 싶고, 신분을 상승시키고 싶다는 욕심은 누구나 있다. 게다가 훗날 나로 인해 자녀들에게까지 대물림되고 계속 따라다닐 꼬리표를 바꾸기 위한 보이지 않는 사회의 경쟁이 느껴지고, 나도 그 경쟁 속 한 명의 선수가 되어 오늘도 일하고 있다.

소위 말하는 금수저, 은수저를 제외하고 나와 비슷한 환경의 수많은 또래 사회초년생들이 비슷한 시기에 레이스 출발 선상에 서 있을 텐데 그들은 월 얼마를 벌고 얼마를 모아났으며 어떻게 재테크를 하여 재산을 얼마나 불려났을지, 내가 지금 잘 가고 있는 건지, 많이 늦진 않았는지, 방향은 맞는건지 걱정되지만 명쾌하게 답을 내려주는 사람이 없다. 친구들이나 직장 동기들과 얘기해 봐도 사실 다들 제대로 된 투자를 해본 경험이 별로 없고 자금 수준이 비슷한 상황이기에 나와 크게 다를바 없어 현명한 대답을 얻기는 어렵다. 내 주변이 아닌 실제 많은 사람이 어떻게 살아가고 있는지를 비교해보고 이야기해 봐야 알 수 있어 답답하다.

하지만 이제는 달리 생각하기로 마음을 고쳐먹었다. 사실 여러 커뮤니티를 봐도 월수입은 다 고만고만한데 남들과 비교해서 좀 덜 벌고 더 번다는 것에 일희일비할 필요가 있을까. 지금 남과의 비교는 큰 의미가 없다고 생각한다. 사실 부의 크기와 등수는 20, 30대에 어떤 방향으로 얼마만큼 내가 피땀 흘려 노력했는지 그 여하에 따라 40대부터

기하급수적으로 경제력에 있어 차이가 나게 된다. 요즘 유행하는 현재의 인생을 즐기는 욜로YOLO라는 삶의 방식을 비판하는 건 아니지만(다양한 삶의 방식을 존중한다) 어떤 방향으로 젊은 날을 살았는가에 따라 부의 크기와 등수가 달라지는 것은 당연한 이치이다. 어떻게 먹고 싶은 거 다 먹고, 사고 싶은 명품 다 사고, 놀러 갈 거 다 놀러 가고, 남들 하는 거 다 하면서 부자가 되길 바라겠는가. 그건 너무 욕심이 아닌가 싶다. 집이 아무리 부자인 금수저도 결국 본인이 그것을 물려받아 유지하고 불릴 능력이 없다면 한낱 빛 좋은 개살구일 뿐이다. 또한 옳고 그른 것으로 판단할 문제는 아니지만, 성공하고 싶고 부자로 살고 싶은 욕망은 나쁜 것이 아니다. 주변을 보면 부모에게 받은 돈으로 이미 아파트 분양을 받아 가격이 몇억 원 씩 오른 친구들, 부모에게 애당초 집 자체를 지원받은 친구들, 결혼 자금으로 몇천만 원에서 몇억 원까지 지원받은 이들도 있다. 소위 말해 출발이 빠른 친구들이다. 이 끝없는 마라톤 경주에서, 출발을 백 미터 앞에 나가 한다면 물론 그 장점은 크겠지만 꼭 결승선에 다다랐을 때 그들이 일찍 도착하여 우승한다는 보장은 없다.

인생은 짧게 느껴질 때도 있지만 앞으로도 충분한 시간이 우리에게 있다. 지금까지 이룬게 없다고 해서 미래에도 그래야 하는 것은 결코 아니다. 얼마든지 노력으로 충분히 따라잡을 수 있고, 뒤집을 수 있다. 또한 보면 부모 탓, 정부 탓, 세상 탓하는 친구들이 많다. 탓 탓 탓 하소

그 누구도 알려주지 않았던 청약 당첨의 기술

연을 듣다보면 맞는 말도 있고 틀린 말도 있다. 하지만 세상을 잘못 타고나서 할 수 없다는 말에는 동의하지 않는다. 예전 시대에는 기회가 많았다고 하지만 그것 역시 그때 당시의 기득권이 누리던 혜택에 지나지 않았고, 평범한 시민들은 예나 지금이나 어려웠던 것은 매한가지다. 따라서 필자들은 아직 우리나라에서는 얼마든지 노력 여하에 개천에서 용이 날 수 있다고 생각한다. 남 탓만 한다고 해봐야 속만 쓰리고, 현실은 바뀔 것 하나 없으니 건강한 육신 하나로 내가 맨땅에 헤딩해서 일궈내야 한다. 재테크 시작 전 우선 제일 먼저, '무조건 할 수 있다'는 단단한 멘탈부터 장착해야 한다. 당장 눈앞에 보이는 것에 쩔쩔매지 말고 더욱 장기적으로 큰 그림을 그려야 한다. 재테크를 공부하고자 이 책을 읽고 있는 당신은 당연히 그럴 능력과 자격이 있다고 생각한다. 한번 꼴등이라고 영원히 그 자리에 머물라는 법은 없다.

필자의 첫 근무지는 땅을 사서 그 위에 아파트나 상가, 오피스텔 등으로 개발하여 그것을 일반인들에게 분양하는 시행사였다. 여러 입사 동기와 함께 시작된 사회생활은 역시나 순탄치만은 않았다. 들어올 때는 그렇게 간절히 바라고 바랐건만, 막상 들어와 보니 머지않아 나 역시 그저 그런 평범한 직장인으로 전락하여 다람쥐 챗바퀴 구르듯 주어진 일만 열심히 하는 사람이 되어 있었다. 동기들은 초심과는 달리 찌들 때로 찌들어 입사와 동시에 퇴사를 꿈꾼다는 말을 다들 이해하게 되었다. '열심히 하다 보면 기회가 오겠지'라는 생각으로 하루하루 악착같이 버텨냈지만, 업무강도 대비 턱없이 부족한 이백돌이(월 2백만 원)를 필자들 역시 피해갈 순 없었다. 돈 벌기가 힘들다는 것을 입사 후 단 한 달 만에 느꼈다. 이렇게 소위 말해 개고생해서 번 돈을 허투루 쓸 수는 없었다. 그래서 남들보다 덜 먹고 덜 썼지만 불어나기는커녕 이걸 지키고 모으는 것조차 힘들었다.

그동안 귀가 짓무르도록 들었던 졸업한 선배들의 이야기, TV 속에 나오던 이야기들이 결국 나의 미래이자 현실이었다. 취업만 하면 다 될 줄 알았는데 끝이 아닌 또 다른 시작이었다. 도저히 월급 모으는 걸 계산해 봐도 한마디로 답이 없었다. 2백만 원 벌어 한 달에 1백만 원은 저축했는데, 이렇게 모아도 1년에 1천만 원 돈 남짓이었다. '이렇게 벌어 어느 세월에 결혼하고, 언제 내 집을 마련할까. 아니 전세금이라도 마련을 하긴 할 수 있을까.' 이런 생각으로 일하면 항상 가슴이 답답했다. 나는 아닌 줄 알았는데, 나도 하루 간신히 버티고 벌어 하루 살아가는, 한 치 앞을 내다볼 수 없는 처지가 되어버린 것이다. 이렇게는 더 못살 것 같았다.

이런 암담한 현실을 벗어날 방법을 매일 밤 고민하게 됐다. 저녁이나 주말 아르바이트라도 더 해야 하나 싶었다. 사실 특별한 기술도 없었기에 뾰족한 방법이 잘 떠오르진 않았다. 그렇게 하루하루 살아가다 보니 입사 2년 차가 되어 있었다. 그 사이 회사에서는 부동산 개발업을 하면서 땅을 사고, 개발하여 아파트를 짓고, 견본 주택모델하우스에서 그

걸 파는 일을 반복하며 이 일에 숙달이 되어가고 있었다.

　그러던 어느 날 견본 주택에 아파트 분양을 받기 위해 상담 목적으로 방문하셨던 아주머니 한 분이 갑자기 이런 말씀을 하셨다. "총각, 이 일은 어떻게 시작하게 된 거야? 너무 부럽다. 아들아이도 이런 일 하면 참 좋을 텐데." 이 얘기를 듣고 필자는 보이는 거랑 다르게 일이 힘들고 고된 데다가 회사가 돈을 많이 벌지 정작 나 자신한테는 크게 돈벌이가 안 된다고 답했다. 그러자 아주머니는 되려 필자가 잘 몰라서 그렇지, 여기서 얻는 정보들과 지식만 있으면 금방 일어서서 부자가 될 수 있을 거라 했다. 이 이야기를 듣고 많은 생각을 하게 되었다. 나는 젊으니까, 시간이 많으니까 얼마 되지 않는 월급이라도 모으다 보면 무엇인가를 할 기회가 생기지 않을까 싶었다. '그래, 그럼 여기서 배우는 것들을 가지고 내 나름대로 투자와 재테크를 해보자, 지금 상황에서 더 나은 삶과 미래를 꿈꾸고 준비해보자'라는 굳은 결심을 하게 되었다.

　이렇게 재테크를 하기로 마음은 먹었는데 막상 언제 어떻게 무엇부터 시작해야 할지 막막하기만 했다. 대부분은 초·중·고 정규과정 12년을 거쳐 대학을 나올 때까지 누구 하나 재테크에 대해 제대로 말해주거나 교육해준 사람이 없었다. 돈과 자본주의란 무엇이고, 돈을 어떻게 모으며 굴려야 하는지 아무 방법도 모른 채 뭘 하고 싶은지도 모르며 무엇을 잘하는지, 무엇을 하고 싶은지도 모른 채 입시와 취업만을 강요당하며 살아왔지 않은가. 돈은 탐욕이고 나쁜 것이기 때문에 돈에 관해 좀 공부하려 하면 돈만 밝히는 놈이 되어버렸고, 젊은 놈이 공부는 안 하고 무슨 엉뚱한 소리냐는 비아냥과 꾸중만이 돌아올 뿐이었다. 필자들은 이 역시 현재와 같은 자본주의 시스템 상에서 상위 계층에 있는 사용자가 근로자들을 더 많이 통제하고, 그들의 영역을 감히 넘보지 못하게 하려고 만든 일종의 틀이자 체제라고 생각한다. 옛날부터 토지를 가진 지주는 항상 배부르고 모든 권력의 위에 군림하였고, 그들이 소유한 토지에서 뼈 빠지게 일하며 살아가는 평민들은 하루하루를 버티느라 계층을 이동하기 위해 무엇인가를 배울 시간조차 없이 허덕이며 평생을 보냈다.

이 지주 시스템은 오늘날 우리의 현재 삶에도 똑같이 적용된다. 회사의 고용주는 직장이라는 곳에 건물을 세우고, 우리는 그곳으로 출근한다. 시간과 노동력을 제공하면 그들은 우리에게 임금을 주고, 대가를 지급한 우리의 시간과 노동력으로 더욱더 많은 부를 견고하고, 더 크게 다져나간다. 시간이 지나면 지날수록 그 벽은 더 높고 단단해져서, 노동자는 아무리 열심히 일하고 발버둥 치며 계층을 뛰어넘으려 해도, 이미 벌어진 격차를 줄이는 것은 거의 불가능에 가깝다. 그러므로 지금부터 그들만큼, 또는 그들의 몇 배에 달하는 노력을 해야만 한다.

2020년, SC제일은행에서 '2019 기대자산 보고서'라는 재미있는 보고 자료를 발표했다. 2019년 서울과 부산에 거주하는 자산가 1,000명을 대상으로 저축 및 투자 습관을 조사한 결과다. 이 자산가들이 저축과 투자를 통해 달성하려는 최우선 재무 목표는 '토지 매입'이었다. 이와 함께 '자녀 교육', '은퇴 대비' 등이 있었는데, 많은 자산가가 돈이 있어도 자녀 교육과 은퇴를 걱정하고 있으면서 이를 해결할 방법으로 여전히 부동산 매입을 목표로 준비하고 있다고 한다. 이들은 경제적으로 가장 풍요롭고 윤택하여 최고점에 달하리라 생각하는 나이, 60세에 달성할 기대자산을 평균 15억7천만 원이라 산정했다. 이들 대부분의 자산은 아직도 부동산의 비중이 상당히 높고, 지금도 계속해서 부동산으로 꾸준히 부를 축적해 나가고 있다. 부의 증식, 부의 대물림 수단으로 부동산이 여전히 주목받고 있는 것이고 아마 앞으로도 그럴 것이다. 시간이 된다면 이 보고서를 꼭 한번 읽어보길 바란다.

그렇다면 '60세가 됐을 때, 자녀 교육과 은퇴 후 여유로운 삶을 위해 15억 원가량의 자산을 만들 수 있을까?' 물론 가족들과 행복하게 살고 있을 한 채의 집을 제외하고 기타 자산만을 의미한다. 대부분의 이삼십 대 사회초년생들은 아마 집 한 채 장만하는 것조차도 쉽지 않다. 혹은 이미 미친 듯 상승한 집값과 오르지 않는 자신의 월급을 보며 내 집 마련을 포기한 사람들도 수두룩할 것이다.

현재 서울 아파트 평균 가격은 2020년 10월 기준 10억 원을 넘어섰다. 정말 미쳐도 단단히 미친 세상이 아닐까 싶다. 이 글을 쓰고 있는 지금 시점에도 자고 일어나면 1~2억 원씩 인기 지역 아파트 가격은 무섭게 오르고 있는데, 월급은 사시사철 푸른 소나무처럼 한결같다. 월급을 도대체 얼마나 모아야 가족끼리 편하게 마음 놓고 두 다리 쭉 뻗고 쉴 수 있는 집 한 채를 장만할 수 있을까? 그렇게 대단한 것을 바라는 것도 아닌데 이마저도 요즘 세상에서는 사치처럼 느껴진다.

단순히 월급 2~3백만 원을 오롯이 하나도 안 쓰고 악착같이 은퇴할 때까지 30년간 모아도 아마 서울에 10억 원짜리 집을 살 수 있을지는 미지수다. 근데 그 30년 동안 결혼도 해야 하고, 자식들 뒷바라지에 이리저리 대소사를 챙기다 보면 돈 나갈 일 천지라 30년간 온전히 소득을 전부 모으는 것은 거의 불가능에 가깝다. 더더군다나 집값이 30년 뒤에도 여전히 10억 원일까? 집값은 그 가격, 그 자리에서 절대 기다려주지 않는다. 결국 근속연수 30년을 다 채우고 퇴직금과 기타 맞벌이 소득 등 영혼까지 끌어모아야 집 한 채 살 둥 말 둥 하다.

천정부지로 솟아버리는 집값에 근로 의욕은 꺾여버리고, '너도나도 주식이다 부동산이다 하며 얼마를 벌었네, 누구는 얼마를 벌었네'라고 떠들어대는 얘기만 들린다. 내가 살아가기에도 벅찬 세상이 되었는데 자식들에게는 더더욱 암울해져 버릴 세상이고, 이런 가난과 고난은 대물림될 것이 불 보듯 뻔하다. 내가 고생해서라도 집 한 채 사놓지 못한다면 자녀들이 살아가는 시대에는 집을 사는 건 불가능에 가깝지 않을까? 내 집 마련이 장래 희망이 될 수도 있는 웃을 수도 울 수도 없는 현실이 벌어질지도 모른다.

물론 내 앞가림도 못 하고 있는데 후손 세대들의 걱정부터 하는 것이 와닿지 않을 수도 있다. '결혼부터 하긴 해야 하는데 집이 있어야 결혼을 하든가 말든가 하지.'이런 꼬리에 꼬리를 무는 현실적인 생각 때문에 더 늦기 전에 무엇이든 해야 할 것만 같다. 나만 바보같이 손 놓고 일만 하는 것 같아 뭐라도 해야 하는 거 아닌지 조바심도 들고 답답하다. 이게 금수저가 아닌 사회초년생들 대부분의 모습이 아닐까 싶다.

# 그렇다면 지금 어떤 재테크가 가장 최선일까?

그럼 대체 어떤 재테크를 해야 할까? 주식? 펀드? 예금 풍차돌리기? 적금? 부동산? 결론부터 말하자면 부동산, 그중에서도 첫 투자는 무조건 아파트에 해야 한다. 그 중에서도 아파트 청약, 즉 분양시장을 노려야한다. 필자들은 사실 위에 언급한 재테크 방법을 직접 다 해보았고, 실패와 성공 둘 다 맛봤다. 주변에 제대로 알려주는 사람도 없고, 관심 있는 사람도 없어 스스로 파헤쳐야 했다. '어떤 재테크를 해야 할까? 어떻게 재테크를 잘할 수 있을까?'를 알려면 우선 많은 사람의 경험담과 비결을 간접 체험하기 위해 관련 서적들부터 읽어보자 생각했다. 바로 서점에 갔지만 재테크 관련 책들이 많아 어떤 것을 사야 할지 막막했다. '그래, 그럼 인기 있는 책부터 읽어보자. 많이 팔린 데는 이유가 있겠지'

하고 생각했지만 그것은 착각이었다. 왜 이 책이 베스트셀러인지 의아한 책들도 많았기 때문이다. 그리고 두루뭉술, 뜬구름 잡는 이야기들만 늘어놓거나 이 재테크 방법이 좋다고만 얘기하지 구체적인 전략과 비결은 깊이 다루지 않는다는 생각을 읽으면서 많이 하게 되었다.

하지만 방법이 있으랴. 그래도 책이라도 읽어야지 조금이라도 감을 잡을 수 있겠다 싶어 닥치는 대로 읽어댔다. 하도 책을 많이 사들이니, 자금이 부담되어 동네 도서관에서 재테크 관련 서적은 모조리 대출했다. 지금까지 읽었던 누적 대출 권수를 보니 2천 권이 넘었다. 이렇게 많은 책을 읽으니 부족하지만 조금씩 생각하는 힘과 시야를 키우고 방향성에 대해 생각하게 되었다. 그렇다고 책의 정보를 무턱대고 믿는 것은 아니었고, 그들이 공통으로 말하는 부분이나 사회초년생의 형태에 맞는 부분 위주로 읽었다.

그러나 사실 지금 생각해보면 사회초년생들에게 맞지 않는 방법이 많았다. 초보자가 진입하기에는 위험도 컸고, 과도한 대출과 많이 바뀐 규제 부분으로 옛날의 방식이 되어버린 것들이 많았다. 하지만 초보인데 그것들을 어찌 알았으랴. 실전으로 직접 해보지 않고서는 이해가 되지 않는 부분들이 워낙 많았다. 그래서 주변에 선배들이나 부모님, 친척이나 친구들에게 물어봐도 명쾌하게 답을 얻지 못했었다. 결국 직접 경험해 보는 수밖에 없었다. 직접 몸으로 부딪치며 우여곡절을 겪은 돈벌이 수단들은 크게 4가지였는데, 이를 바탕으로 왜 아파트 투자가 결국 답인지 깨닫게 되었다.

첫 투자는 펀드로 시작했다. 이 투자는 꽤 이른 시기인 2007~2009년에 어머니의 추천으로 시작했다. 그 당시 아무것도 모르는 학생이었지만, 나중에 알고 보니 어머니도 아무것도 모른 채 은행 직원의 권유로 가입하셨던 것이었다. 그간 모아둔 쌈짓돈 4백만 원을 종합주가지수 코스피에 연계된 펀드에 넣었다. 하지만 그해 리먼 브러더스 사태로 내 계좌는 정확히 반 토막이 났다. 지금은 웃으면서 얘기할 수 있지만, 그때 당시에는 어린 나이에 엄청난 충격을 받았었다. 필자에게 4백만 원은 전 재산이었고 정말 오랫동안 용돈과 장학금 등을 받아가며 힘들게 모아났던 소중한 돈이었기에 더 가슴 아팠다. 시기를 잘못 탄 이유도 있지만 전문 지식 없이 '묻지마 투자'를 했다는 잘못이 제일 컸다.

펀드의 단점은 내가 주체적으로 직접 실시간 대응하며 관리하기가 어렵고, 원금손실 위험이 컸다. 그리고 수수료의 부담도 꽤 큰 편이었다. 이 때의 아픈 기억으로 이후로는 펀드에 다시 손을 대지 않았다. 펀드 역시 공부하지 않고서는 전문가에게 맡긴다한들 그것이 고수익으로 연결된다는 보장이 전혀 없었다. 물론 상품마다 다르고 적립식으로 얘기하자면 또 다르긴 하지만 적은 위험으로 목돈을 크게 불려야 하는 상황에서의 첫 투자로는 적합하지 않았던 것이다.

두 번째 재테크로 적금을 했다. 사실 재테크라 하기에도 소박하지만 대학생 때부터 취업 1년 차까지 3년 동안 적금을 부었다. 다들 하는 말

그 누구도 알려주지 않았던 청약 당첨의 기술

이긴 하지만 목돈, 즉 종잣돈을 모으기에는 적금이 가장 적합한 방법이다. 혹시 모를 비상금을 위해 적금을 깨야 하는 상황을 미리 사전에 방지하기 위해 30만 원씩 3년짜리 상품과 20만 원씩 1년 상품을 나누어 가입했다. 이율은 그 당시 3%대 후반이었다. 지금과 비교해보면 상당히 높은 이율이긴 하지만 이자소득을 보고 가입한 건 아니고 단순히 돈을 모으려는 방편으로 시작했다.

이렇게 3년 동안 모은 돈은 1,300만 원 남짓이었다. 이는 꽤 큰 돈이었고, 적금이 만기가 되어 해지하러 은행에 갈 때는 보람이 큰 것은 물론 뿌듯하고 나 자신이 자랑스럽기까지 했다. 이자는 생각보다 많지 않아 실망하였다. 게다가 그 이자에 15.4%의 세금까지 떼니 소액적금의 이율은 큰 의미가 없다는 것을 알게 되었다. 사실 예금 풍차돌리기도 잠깐 병행했었지만 이 역시도 소액으로 돌리면 사실 이자보다도 목돈을 모은다는 데 의미가 있었다. 따라서 돈을 불리기에는 적합하지 않고, 초기의 투자금을 마련하기 위한 방법으로만 권한다.

세 번째로는 역시나 재테크라면 빠질 수 없는, 주식 투자를 했었다. 요즘 부동산과 마찬가지로 많은 사람의 재테크 방법으로 주식을 빼놓을 수 없다. 목돈이 아닌 소액으로도 할 수 있다는 것과 내 주도적인 결정 하에 빠르게 수익을 낼 수 있다는 장점이 많은 사람을 주식시장으로 이끌고 있다. 특히나 부동산을 사려면 어느 정도의 종잣돈이 필요한데, 그것을 더 빠르게 모으기 위해 주식 투자를 하는 사람들도 심심

찮게 찾아볼 수 있다.

필자는 주식 투자에 대한 많은 정보나 종목에 대한 자세한 분석없이 처음에는 주변인들의 종목 추천만 듣고 들어갔다가 큰 낭패를 봤다. 어렵게 모은 1천만 원의 원금 중 90%의 손실을 보았다. 정말 피가 마르고 근로 의욕마저 상실했는데, 이 주식은 손절매하는 것이 너무 억울하여 아직도 가지고 있다. 이로 인해 주식 공포증이 생겨버렸고 이것을 복구해보고자 하는 마음 반, 주식으로 수익을 내는 사람들의 성공담이 자극제가 되어 공부를 해보기도 했다. 워런 버핏과 벤저민 그레이엄, 피터 린치 등 이 분야에 대가라고 불리는 사람들의 가치투자 관련 책은 물론 차트, 기법, 단타, 스윙 매매 등 관련 책들도 직접 구매하여 꽤 열심히 했다. 모르면 손해고 알아야 힘이라는 마음으로 잃었던 원금을 다시 복구하고자 했는데, 이후로 들어간 투자금마저 아직도 물려있어서 그냥 아들에게 물려준다는 마음으로 잊고 살고 있다.

물론 주식이라는 것이 내가 직접 종목을 골라 투자하고 마음대로 사고 팔 수 있는 점, 즉시 현금화할 수 있어 유동성은 높다는 장점은 있지만 그에 대한 책임과 그 책임에 따른 혹독한 대가를 치러야 했다. 변동성이 너무 컸고, 공매도나 국제 국내 시황, 기관과 외국인의 움직임, 관련 기업의 정보 수급이 늦는 점, 대표이사의 투명성, 거시, 미시적으로 필자가 제어할 수 없는 위험 요소가 너무 많았다. 혹자는 가치투자라고 장기간 적금처럼 분할 매수하면 된다지만 이 역시 사회생활 초반에 목돈을 불려 내 집 마련을 하기에는 맞지 않는다.

또한 직장생활 하면서 업무시간에 주식 투자에 신경 쓸 겨를도 없고, 주식 가격에 따른 심리적 부담도 상당해 본업에 지장을 초래할 수 있다. 그러므로 주식 투자는 여윳돈으로 장기적 가치투자를 추천한다.

마지막으로 부동산 투자다. 필자는 2017년에 처음 아파트 투자를 시작했다. 미분양이 났던 경기도의 한 아파트를 선착순 분양받았었다. 분양가가 4억 원 정도 하는 35평 아파트였는데, 계약금으로 4천만 원이 필요했다. 갖고 있던 2천만 원과 나머지 2천만 원은 마이너스 통장으로 대출받았다. 그 당시 전재산을 영혼까지 끌어모아 계약금을 입금하던 그 순간의 긴장과 떨림은 아직도 생생하다. 계약금을 치르고 계약하는 순간까지도 부모님은 물론 지금의 부인까지도 나를 뜯어말렸었다. '왜 미분양이 났겠는가, 애매하고 잘 모르는 곳이니까 좀 더 차곡차곡 모아 제대로 된 아파트를 사야 한다.' '혹시라도 잘못되면 결혼이 코앞인데 큰일 난다'라는 것이 그 이유였다. 또한 시점이 2020년은 되어야 했기에, 장기간 어떤 일이 발생할지 모르니 위험이 크다고들 했었다. 그러나 그것은 완벽히 기우였고, 1년씩 시간이 지날 때마다 그 가치는 빛을 발해 계속해서 가격이 상승하였다.

필자 역시도 첫 투자이기에 불안하긴 했지만 불안하다는 이유로 주식처럼 중간에 바로 팔수도 없었고, 세금을 줄이기 위해 반강제로 장기 보유하게 되었다. 결국 자의 반 타의 반 장기적 가치 투자가 되었는데, 그 수익을 지렛대 삼아 약간의 대출을 받아 괜찮은 신혼집도 분양받아 마련하였다. 물론 그 신혼집 역시 현재는 가격이 2배 이상 올라 지금은 사고 싶어도 월급으론 살 수 없는 집이 되어버렸다. 이런 나의 경험을 토대로 사회초년생에게 부동산 투자를 권하고 있다. 투자하는데에 당장에는 목돈이 필요하지만 지렛대 삼을 수 있는 다양한 방법이 있고, 다른 투자 방법보다 안정성과 수익성이 높기 때문이다. 부동산, 즉 토지와 건물은 사라지지 않기 때문에 주식 상장폐지처럼 휴짓조각이 될 가능성은 경매로 넘어가지 않는 한 사실 거의 없다. 더불어 목돈을 중·장기적으로 투자하며 대출 이자를 적금처럼 붓다 보면 그 수익과 원금이 한 번에 목돈이 되어 돌아오게 되는 기쁨을 누릴 수 있다. 혹자는 '부동산의 시대는 끝났다, 상투 잡는 것이라는 얘기도 많고 2021년에는 폭락이 온다, 사면 안 된다' 하는 말들도 많은 데 정말 그러한지 다음 장에서 설명하겠다.

그럼 부동산 중에서도 어떤 것을 해야 할까? 부동산도 많은 종류가 있고, 그 종류에 따라서도 다양한 투자 전략이 있지만 그중에서도 사회초년생들이 접근하기 가장 쉬운 상품은 단연 아파트이다. 수요와 공급이 가장 많아 진입과 거래가 쉽기 때문이다. 그렇다면 왜 아파트는 수요와 공급이 많을까? 여러 부동산 중에서도 첫 투자로 아파트를 드는 이유는 타 부동산 종류보다 정보접근성에 대한 문턱이 높지 않기 때문에 진입이 쉽고, 수요가 꾸준해 가장 빨리 현금화하기가 좋다. 단지 내, 인근 아파트 등 여러 비교사례 군의 실거래가를 쉽게 알 수 있고 다른 많은 정보에도 쉽게 접근할 수 있다. 또한 전략에 따라 다르지만 비교적 단기적 투자로도 수익을 낼 수 있고, 무주택자는 세금의 부담에서 비교적 자유롭다. 대출을 활용한 레버리지 투자로 수익률을 극대화할 수 있는데, 이 역시도 저렴한 이율과 낮은 위험으로 진행이 가능하다. 그리고 전세를 준다든지, 담보대출을 실행해 내가 들어가 산다든지 등 그때그때 상황에 맞게끔 다양한 전략을 세울 수 있다. 꾸준하게 관심을 갖고 동향을 살피면서 적절한 매수, 매도 타이밍을 잡으면 되기 때문에 주식 투자처럼 계속해서 오르내림을 확인하고 대응해야 하는 스트레스가 적다.

그렇지만 장점만 있는 것만은 아니다. 주식이나 예·적금에 대비해 당장 돈이 급할 때 현금화하기가 어렵고, 대출이나 세금, 구조, 입지분석 등 공부해야 하는 분야가 광범위하다. 또 거래 상대방이 특정되어 있어 협상과 심리의 기술도 필요하고, 처음 진입 시 목돈이 필요하다. 그리고 한 번의 실수를 되돌리기 힘들며 그에 대한 기회비용이 크다. 아파트 투자에도 갭투자나 분양, 또는 분양권 전매 등 그 방법도 여러 가지가 있지만 그중에서도 분양청약이 가장 안전하다. 주변 시세 대비 저렴하게 분양하기 때문에 수익이 비교적 높다. 또한 초기 투자금이 적게 들어간다. 이미 엄청나게 올라있는 주변 아파트를 구매하는 데 들어가는 돈보다 투자금은 더 적게, 수익은 더 크게 날 수 있어 투자수익률과 가성비 측면에서도 분양이 훨씬 이롭다. 물론 장점만 있는 것은 아니다. 분양은 당첨이 어렵고 최소 6개월에서 길게는 3년간 자금을 묶어놔야 한다. 하지만 그만큼 부동산 시장에서 그 수익의 폭과 안정성도 상대적으로 크다. 대신 묶어둔 원금보다 가격이 내려갈 확률은 대외적 파급 요인과 변수가 있지 않다면 크게 높지 않다. 아파트 역시 많은 공부를 해야 하고, 발품을 팔고 인내와 노력이 필요하지만, 열심히 공부한 만큼 수익을 가져갈 수 있기에 똘똘한 아파트 한 채는 사회초년생이 비교적 쉽고 안전하게 투자를 시작할 수 있는 좋은 분야이다.

# 대한민국 부동산, 이미 오를 만큼 올랐다?

똑똑한 한 채를 가져야 되겠는 건 알겠는데, 이미 아파트 가격이 너무 많이 올라버렸다. 내가 지금 사면 상투 잡고 상한가에서 사는 것이 아닌지, 내가 사고 나서 가격이 떨어질까 봐 그것 역시 걱정되고 부담된다. 유튜브만 봐도 여러 경제 전문가들이 통계자료와 많은 근거를 들이대며 그럴싸하게 얘기하니 이거 진짜 좀 있으면 떨어지는 거 아닌가 싶고 지금 상투 잡았다간 발목 잡히게 될까 봐 겁이 날 것이다. 인터넷 뉴스 기사들은 연일 '부동산에 이상한 조짐이 보인다, 여러 지표가 적신호다' 등 떠들어대고 집값 잡기 위해 정부는 이를 갈았는지 거의 매월 새로운 부동산 대책을 내놓고 있어 시장 진입에 대한 불안감을 계속해서 조장하고 있다.

**대한민국의 부동산 가격 흐름도**

하지만 IMF나 금융위기를 제외하고 부동산 가격은 약간의 조정과 횡보가 있던 시기는 있었지만 장기적으로는 꾸준히 우상향하였다. IMF 상황에서는 워낙 국가 부도의 사태라 부동산뿐만 아니라 거의 모든 실물경제가 초토화되었었다. KB 주택매매가격 종합지수를 보면, 대표적인 경제위기였던 IMF와 금융위기 사태 때에도 아파트 가격은 생각보다 많이 폭락하지 않았다. 폭락이라는 것이 결국 상승분 대비하여 일정 수준 소폭 하락했던 것이다.

예를 들어 5억 원이 올랐던 집값이 시장이 좋지 않아 다시 2~3억 원 내렸다면, 과연 그것이 폭락이라고 할 수 있을까? 전세금을 끼고 매매가와의 차이만큼만 투자하는 갭투자의 경우 폭락 시 피해를 볼 수 있지만, 필자들이 지향하는 투자 방법과는 거리가 있으므로 하락과는 큰

그 누구도 알려주지 않았던 청약 당첨의 기술

상관이 없다. 결국 실생활과 가장 밀접한 실물자산인 부동산은 계속해서 우상향할 것이다. 특히 이때의 하락을 단순히 부동산만의 폭락으로 치부하긴 힘들다고 생각한다. 리먼 브러더스 사태로 글로벌 금융위기 때에도 하락이 있었지만 역시도 부동산에 국한된 하락이라고 하기에는 무리가 있고, 2~3년이라는 짧은 시간 이후 지금까지 지속해서 상승해왔다. 말 그대로 폭등하지 않았는가. 위기는 10년 주기로 온다고 하는 주기설이 가장 유력하고 그럴싸한데, 이 역시도 10년 전, 20년 전과 지금의 상황이 다를뿐더러 그 위기의 규모가 그때와 지금과는 사뭇달라 부동산이 망하면 국가 부도가 난다 해도 과언이 아닌 상태인지라 쉽게 무너지긴 어려운 구조다. 그리고 부동산은 다른 투자처와 다르게 하방 경직성이 강하고 호재와 악재가 즉각 반영되기보다는 일정 기간과 주기를 두고 반영하기 때문에 상대적으로 오름폭은 크지만 내림 폭은 크지 않다.

2020년 6월, 〈한국경제〉 기사 "20년 치 월급 꼬박 모아도⋯ 서울 가장 '싼' 아파트도 못 산다"를 살펴보면, 서울 외곽서 4억 원 대 아파트도 드물어 직장인 실수요자들은 자력으로 주택 구매가 불가능하다고 한다. 20년간 월급을 한 푼도 사용하지 않아도 서울 내 아파트를 사기 어렵다는 것이다. 국민은행 주택 가격 동향에 따르면, 서울의 평균 아파트 시세는 평당 2,970만 원이고 서울의 아파트 전체 중 중간가격은 약 9억2천만 원, 하위 20%의 가격은 약 4억 원이다. 두 달마다 시세가

1.28%씩 오른다고 하는데, 가구소득 대비 주택가격비율PIR 지수는 1분위 기준 18.4배로, 소득 하위 20%인 한 가구가 연 소득을 모두 모아도 내 집을 마련하는데 18.4년이 걸린다. 3천만 원이면 일 년 치 연봉에 육박하는데, 일 년 벌어 아예 한 푼도 쓰지 않아야 서울에 1평을 살 수 있다.

이 말에 따르면 우리나라 보편적 주거 형태인 33평 아파트를 서울에서 구매하려면 단순히 계산해봤을 때, 30년이 걸린다는 말이다. 이것은 단순히 가격만을 봤을 때 얘기지, 연간 주택 가격 상승률까지 더하게 된다면 그 시간은 더욱 늦춰져 은퇴할 때 즈음이 될 수도 있다. 물론 연봉이 조금씩 상승은 하겠지만 그 상승률은 물가 상승률 정도에도 못 미칠 정도로 미미하며, 소비도 갈수록 늘어날 수밖에 없어 큰 의미가 없다. 요즘은 나이 오십이면 은퇴할 가능성도 매우 커졌는데, 향후에는 인공지능, 로봇, AI 등으로 업무가 자동화되고 시대가 급속도로 변하게 된다면 사십 대에 은퇴해야 할지도 모른다.

가끔 필자는 지금부터 연봉으로 얼마나 모을 수 있을까 계산해 보곤 한다. 서른 살부터 연 3천만 원씩 20년을 모아도 7.2억 원밖에 (물론 큰돈이다) 안된다는 데에 가끔 소름이 돋을 때가 있다. 이런 생각을 하면 정말이지 근로 의욕이 상실되고 내가 이렇게 힘들게 밤낮으로 일해 봐야 뭐하나 싶을 때가 한두 번이 아니다. 그렇다고 당장 그만두자니 할 것도 마땅치 않아 내일의 생활비를 걱정할 신세가 될 것이 눈에 뻔하기에 어쩔 수 없이 일하게 된다.

이렇게 월급쟁이의 한계와 미래를 먼저 깨닫고 자금 계획을 세워야 한다. 직장생활을 해서 받는 월급은 필수생활비를 제외하고 모두 첫 투자에 필요한 목돈, 그리고 투자를 위해 받은 대출에 대한 이자로 사용한다고 생각하고 장기적인 투자 계획을 세워해야 한다. 착실히 직장생활을 오래 하는 것도 좋지만, 직장생활'만' 해서는 부자가 될 수 없다. 월급만 모아서 집을 산다는 것은 이제는 불가능에 가까운 얘기고, 어찌어찌해서 집값을 월급으로 다 모았다 치더라도 그때 당시의 집값보다 더 많이 올라 있을 것이므로, 집을 사려고 한발 다가가면 또 다시 멀어져 버리는 참혹한 현실에 맞닥뜨릴 것이다.

갭 투자나 경매 등을 통해 아파트를 샀다고 치자. 그렇게 해서 1억 원을 벌어도 주변 아파트의 시세 역시 똑같이 올라있기 때문에 그 돈으로 또 다른 것에 투자하기가 어렵다. 좀 더 크고 비싼 것에 투자하기 위한 종잣돈으로도 턱없이 부족하다. 이런 상황에서 우리가 가진 유일한 무기는 시간이다. 기성세대가 올려놓은 부동산 가격 때문에 그들만 탓하고 있을 것이 아니라, 어떻게 해야 그들을 따라가고 그들과 어깨를 나란히 할 수 있을지에 대해 내가 가진 시간으로 따라 잡겠다는 생각을 가지고 계획을 철저히 세워야 한다. 짜놓은 판에서만 살아간다면 평생 그들을 위해 일하고 그들을 부양하는 노동자밖에 되지 않는다. 따라서 사회초년생이라도 신호 많고 차 많은 일반 국도로 달리면 안

되며, 어찌되었건 부의 추월차선인 고속도로에 올라타야 한다. 하이패스 설치 여부는 둘째 문제이고, 일단 고속도로를 탔다면 엄청나게 시간이 단축될 것이다. 시간은 우리가 갖고 있는 강력한 무기임을 절대 잊지 말자.

그 누구도 알려주지 않았던 청약 당첨의 기술

# 아무리 힘들어도 회사, 절대 그만두지 마라

당신이 현재 사회생활을 하고 있다면 오늘도 상사와 고객에 대한 스트레스로 영혼까지 탈탈 털린 하루를 보낸 적이 있을 것이다. 야근까지 하고 집에 돌아오니 진이 다 빠진다. '이렇게까지 살아야 하나. 내가 무슨 부귀영화를 누리겠다고. 정말 먹고 살기 힘들구나' 하는 탄식과 함께 매일 아침 일찍 일어나 밤늦게까지 다람쥐 쳇바퀴 돌아가듯 살아간다. '청년 실업률이 높다'라는 뉴스를 보며 그나마 나는 직장이라도 있어서 다행이라고 위안 삼지만, 낮은 수입 때문에 직장생활을 몇 년을 했는데도 수중에 모아놓은 돈을 보면 헛웃음이 절로 나온다.

'내 꿈은 이게 아니었는데. 이렇게 시간만 가는구나. 결국 현실판 노예의 삶으로 살아가다 얼마 되지 않는 푼돈을 손에 쥐고 은퇴하게 되는 거구나. 부모님이 참 고생하시면서 날 키우셨겠구나' 싶으면서 그렇다고 뾰족한 수도 없어 맥주 한 캔 따서 마시며 신세 한탄하다 잠이 든다. '로또에 당첨되거나 혹은 장사할 정도의 밑천만 모아 퇴직하리라' 수 없이 다짐하지만 그게 언제가 될지는 어둠 속 터널처럼 깜깜하다. '이렇게 해서 결혼, 출산, 내 집 마련 가능하겠나?' 거의 반 포기 상태다. '주식투자다, 부동산 투자다' 주변은 온통 재테크 열풍인 이런 상황에서 혹시 나만 늦은 것은 아닌지 이런 불안감에 더욱이 일이 손에 안 잡힌다. 월급 평생 모아봐야 집 하나 사기도 벅찰 거 같아서 일하면서도 부동산 사이트에서 눈을 떼지 못한다. 동기들은 주말이면 공인중개사 사무실을 들락거리기 바쁘고, 더 늦기 전에 내 집 마련을 하기 위해 고군분투 중이다. 성과와 실적이 좋아 초고속 승진을 한 무주택자인 차장보다 실적도 부진하고 회사에 오면 맨날 혼나기만 하는 유주택자 대리를 후배들은 더 선망한다고 하니 이 아이러니한 현상도 사회 풍토가 바뀌어 가는 하나의 과정이 아닐까?

그러나 앞에서도 말했듯 시간적, 경제적 자유를 얻기 전까지는 절대로 회사를 그만두면 안 된다. 사회초년생의 부동산 투자는 대출을 통한 레버리지를 적극적으로 활용해 타인의 자본으로 수익을 극대화하는 방식이다. 그런데 일정한 소득과 안정된 직장이 없다면 이 방식을 꾸준히 오랜 시간 동안 활용하기가 어렵다. 직장이 없으면 대출이 잘 나오지도 않을뿐더러 나온다하더라도 신용등급이 나빠져 한도가 많이 줄고, 금리는 높게 적용되어 투자하는데 필요한 돈을 조달하는 것이 더 힘들어지고, 수익률 역시 훨씬 떨어질 것이다.

직장 유무가 신용도와 대출 심사에 큰 영향을 미친다. 지금껏 내가 꾸준히 수년 혹은 수십 년간 사용했던 주거래 은행은 직장이 없으면 소용이 없어진다. 지금 얼마만큼의 재산이 있는지도 중요하지 않다. 대출 기준으로 단지 은행에서 중요하게 여기는 것은 재직 중인지, 연소득은 얼마인지, 직장 근속 연수 및 직급은 무엇인지, 사무직인지, 직장이 대기업인지 공기업인지이다. 그리고 그 규모에 따라 금리와 한도가 천차만별로 차등이 생길 수 있다. 직장이 없으면 1금융권 대출이 어렵고, 캐피탈이나 저축은행 또는 카드사의 대출을 받게 된다면 현재 1등급이던 당신의 신용등급은 대출 실행과 동시에 4등급 이하로 추락할 가능성이 크다.

이런저런 방법으로 대출을 받아 투자했다 치자. 이제부턴 대출을 받았기 때문에 대출금에 대한 이자가 발생하는데, 직장이 없다면 이자를 안정적으로 갚으면서 조금씩이라도 원금 상환을 하는 게 어려워질 수 있다. 꼬박꼬박 들어오는 월급이 있으면 투자로 인한 불안감에 동요를 덜 하게 되므로 좀 더 안정적인 것은 사실이다.

특히 부동산 투자는 목돈이 필요함과 동시에 내가 급하거나 필요할 때 언제든 현금화하기가 어렵다. 다시 말해 유동성이 떨어진다는 치명적인 약점이 있다. 그러나 직장을 다니게 되면 이를 어느 정도 보완할 수 있다. 꼬박꼬박 입금된 월급으로 이자를 상환해가면서 필요한 생활비를 해결할 수 있다는 것은 투자자의 길로 진입한 상황에서 직장은 든든한 버팀목이 된다. 이렇게 안정된 심리와 환경에서 하는 투자는 조금 더 여유를 가질 수 있고, 그러면 더욱 객관성과 넓은 시야를 갖고 매수와 매도 타이밍, 출구 전략, 여러 정책이나 규제나 대외적 이슈 등에 대처해가며 투자를 진행할 수 있게 된다.

또 다른 장점은, 시간은 많이 걸리겠지만 월급을 모아 다시 목돈을 만들어 재투자할 수 있다는 사실이다. 한 곳에만 투자할 것이 아니고, 투자에 들어가는 몇 년의 시간 동안 다시 돈을 모아 다른 것에 재투자할 수 있는데, 이는 위험도 분산하고 수익도 극대화할 수 있어 장점이 크다. 그리고 회사에 다님으로써 주변인들과의 재테크 토론, 정보 습득, 동향 파악 등을 할 수 있다는 장점도 있어 투자금 단위가 높은 부동산 투자에 내 선택과 결정이 맞는지 확신이 없다면 주변 동료들과 상의하고 의견 및 조언을 요청할 수도 있다. 더불어 긴장감을 어느 정도 갖고 매일 일정한 패턴 속에서 살아가는 회사생활은 자신이 나태해지지 않고 목표를 향해 잘 달려갈 수 있게 이끌어주는 원동력이 될 것이다. 여기에 더불어 요즘 회사에서 임직원 대출 등을 통해 내 집 마련, 생활비 대출 등을 해주기도 한다. 이 직원 대출은 금융기관에서는 대출금으로 산정하지 않기 때문에 투자금을 타인 자본으로 더 키우고 수익을 극대화하는 지렛대 역할을 할 수 있다는 큰 장점이 있다.

이처럼 회사생활을 지속해서 병행하며 하는 투자가 굉장히 장점이 많다. 물론 회사 생활이 스트레스도 많고 답답한 상황도 있을 것이다. 그래서 빨리 그만두고 내 장사, 사업, 전업 투자에 올인하고 싶을 것이다. 하지만 준비가 다 되기 전까지는 역으로 이 스트레스를 경제적 자유를 위한 동기부여로 삼고 인내하며 재테크를 하면서 준비가 될 때까지 참고 기다려야 한다. 마치 전장에 나가기 전 출전 준비를 하며 전략을 구상하고 무기를 점검하는 한 명의 지휘관처럼 말이다. 완전한 경제적 자유를 이루기 위해 무엇보다 직장을 적극적으로 활용해보기 바란다.

# 유튜버들의 말에 지레 겁먹지 말고 일단 똑똑한 한 채부터

앞서 여러 재테크 방식의 장·단점에 따라 부동산이 답이라는 것을 구구절절 설명하였지만, 독자분들께서도 이미 여러 부동산에 관한 책을 읽고, 유튜브에서도 여러 전문가의 영상을 보셨을 것이다. 필자들의 집필 동기 역시 주변에 정보는 넘쳐나지만 피부에 와 닿도록 도움되는 것들은 많지 않았고, 있더라도 쉽고 재미있지가 않아서였다. 여러 전문가를 깎아내리는 것은 아니지만 사회초년생의 재테크로 말도 안 되거나 또는 너무 어렵고 위험 높은 방식을 추천하는 곳이 의외로 많다. 또 어떤 분들은 본인이 파는 상품과 연관지어 본인 수익을 높이려고 하는 꼼수를 쓰기도 한다. 당신은 이렇게 방송에서 또는 유튜브나 언론 매체 등에서 유명인들이 말하는 정보나 방법에 대해서도 항상 의문을 가지고 옳고 그름을 판단할 힘을 키워야 한다. 무엇보다 소자본으로도 안정적으로 많은 차익을 남길 방법을 지향해야 한다. 첫 투자가 가져다줄 수익과 그만큼 자본의 규모를 키우는 데 필요한 줄어든 시간은, 금세 눈덩이가 되어 당신에게 부를 가져다줄 것이다. 그러므로 필자는 여태껏 부동산 투자의 장점을 계속 설명하여 왔다. 그렇다면 부동산 투자가 좋다는 것은 알겠는데, 앞서도 말했듯이 많고 많은 부동산 중에 왜 그 중에서도 아파트 투자가 좋은 것인지 구체적으로 살펴보자.

먼저 가장 부동산의 근간이 되는 토지에 대해 살펴보자. 토지 투자는 초보자가 진입하기에는 너무 어렵고 표본화할 수 있는 똑같은 땅이 없으므로 정보가 제한적이다. 또한 토지를 사서 개발행위허가 정도만 받아 다시 매매하는 단기투자 방법도 요즘 간혹 회자된다. 하지만 이 역시도 초보자가 적은 비용으로 하기에는 무리가 있다. 또 기타 상품보다 현금화하는 환금성이 떨어진다. 그리고 가격 산정이 어렵고 정보가 제한적이라 주변 시세가 얼마고, 얼마에 사고 팔아야 적정한 것인지에 대해 파악하는 것이 어렵다. 이는 같은 상태의 토지가 없고 다 제각각이기 때문이다. 현장에 나가 직접 공인중개사 사무실을 돌아다니며 발품을 팔아야 하는데, 그 동네 사람이 아닌 외지인이라면 해당 가격의 적정성을 파악하기에 애로사항이 많아 초보 투자자가 바로 진입하기에는 어려움이 있다. 또한 장기적인 투자로 인해 목돈이 묶일 가능성이 크다는 단점도 있다. 임대하여 임대료를 받으면 다행이지만 그마저도 안 되면 꽤 오랜 시간 돈을 묶어야 하는 상황도 발생하기 때문에 추천하기에는 다소 무리가 있다.

그럼 상가는 어떨까. 상가는 결론적으로 다른 방법을 통해 충분한 수익을 내어 여유자금이 생긴 이후에 진입해야 할 난이도 있는 상품이다. 상가는 구분 상가와 통건물로 크게 나눌 수 있는데, 2가지 다 초보 투자자가 접근하기에는 초기 자본이 많이 든다. 많은 대출을 일으켜서 지렛대를 통한 수익률을 끌어내야 하는데, 초년생에게는 이 또한 부담이 될 수 있다. 그러나 상가의 가장 큰 위험은 임대가 안 맞춰져 공실이 발생할 여지가 크다.

특히 지금과 같이 코로나 19가 지속한다면 우량 임차인을 장기적으로 확보한다는 것에 큰 어려움이 따른다. 또 부가적으로 임차인과의 여러 갈등이 있을 수 있고, 늘 좋기만한 상권은 없기에 현재 받는 임대료 수준을 앞으로도 계속해서 지속하긴 어렵다. 상가 역시 적정 가격을 인터넷으로 조사하기는 어려우니 반드시 현장에서 발품을 팔아야 하고, 유동인구가 많은지, 얼마만큼의 소비와 체류가 이루어지는지도 반드시 점검해야 한다. 그리고 토지와 마찬가지로 환금성이 떨어지기 때문에 당장 현금화하기에 어려움이 많으며 구매수요자들은 우량 임차인인지, 적정 수익률(통상 5%)이 나오는지, 미래에도 안정적일지 등 여러 가지를 고려해야 한다. 양도 시에도 많은 품이 들어간다. 따라서 상가는 어느 정도 내공이 쌓이고 부수적인 월수입을 창출하고자 할 때 진입하는 것이 좋다.

다음으로는 오피스텔이다. 오피스텔 역시 상가와 특성이 비슷하여 역세권이나 업무지역 인근 외에는 공실 위험이 상존한다. 오피스텔은 시간이 지날수록 노후하고 그 시설이 열악해져 주거하는 데 그 가치가 떨어지고, 그것이 곧 수익률 악화로 이어지는 감가상각이 큰 상품이다. 월세 임차인이 대부분이라 상대적으로 민원 발생 소지가 더 많다. 마지막으로 주변에 신규 상품들이 지속해서 과다 공급되어 내가 매입한 건 결국 헌 것이 되어버리고, 신규로 공급된 것들이 비슷한 월세 수준에 공급이 되니 임차인들이 계속해서 이탈하는 현상이 벌어지게 된다.

이러한 이유로 인해 오피스텔은 쉽게 매매가가 오르지 않고, 만약 오른다 해도 소폭일 때가 대부분이다. 물론 주거형 오피스텔로서 최상급 입지에 속해 있는 곳은 예외이다. 좋은 입지에 있는 주거형 오피스텔은 시세가 많이 오르는 경우가 있다. 따라서 원룸과 1.5실, 투룸형으로 살펴보자. 오피스텔은 대출을 받더라도 5% 이상의 수익이 나야 투자가치가 있다고 본다. 그러나 이 역시도 계속해서 유지하기가 어렵고 전입 신고하여 본인이 직접 들어가 살게 되면 유주택자로 간주하여 투자하는 데 많은 제한이 따른다. 그리하여 청년들의 투자 지향점과 잘 맞지 않는다. 따라서 최상급의 입지가 아닌 이상 진입을 추천하지 않으며 이 역시도 나중에 월수입을 늘릴 때 진행하길 추천한다.

빌라 투자도 재개발 지역의 투자가 아닌 이상 오피스텔과 비슷한 특징이 있다. 가격의 상승이 더디고 감가상각이 크고 공급이 많으며, 부실하게 지은 빌라들이 많아 수리해주는 데 애를 먹을 가능성도 크다. 혹시 그래도 빌라 투자를 생각한다면 반드시 역세권만 추천한다. 그래도 역세권 빌라에 대한 수요는 꾸준히 있기 때문이다. 그렇다면 재개발 재건축 물건은 어떨까. 물론 나중에 매도 수익률은 가장 클 수도 있다는 장점이 있다. 하지만 전셋값이 많이 낮아져 있는 상태라 매매가와 전세가를 뺀 투자금의 다소 큰 격차가 필요하고, 상대적으로 시간이 많이 소요된다. 또 재개발이 한창 진행되다가 좌초되어버리는 곳도 허다하기에 조합과 현장의 상황을 잘 파악한 다음 진입하여야 한다. 다소 사업 진행이 많이 되어 있는 현장을 구매하면 위험은 좀 줄겠지만 그만큼 가격이 이미 많이 올라있어 소요 비용이 더 많이 든다. 그리고 들어가 살면서 버티기에는 노후가 많이 진행되어 있어 쉽지 않으며, 추후 분양 시에 조합원분담금이 목돈으로 발생할 여지가 있다. 장기간의 투자이므로 과업을 달성한 이후의 투자 방법으로 추천한다.

그럼 경매는 어떨까? 요즘 경매 시장의 문턱이 상당히 낮아진 것이 사실이다. 누구나 관심 두고 조금만 공부하면, 특수물건을 제외하고는 웬만한 권리 분석은 쉽게 할 수 있다. 하지만 반대로 문턱이 낮아진 만큼 낙찰 경쟁도 심하다. 경쟁이 심하다는 것은 가격을 더 비싸게 써서 낙찰 확률을 높여야 하는데 그러면 어쩔 수 없이 수익률이 떨어진다. 경매는 요즘 낙찰가가 일반 시세에 웃돌 정도는 되어야 낙찰이 비교적 쉬우며 장점은 경매 잔금대출<sub>경락 대출</sub>이 많이 나와 이를 통해 적은 자본으로 매매 수익이나 임대 수익을 낼 수 있다. 하지만 이 역시도 큰 매매 수익을 내기는 어려우며 1주택자가 되어버림으로써 잃는 기회비용이 더 크다. 또한 직장을 다니면 법원가기가 쉽지 않아 대리인을 고용하여 입찰하여야 하는 번거로움도 뒤따른다. 게다가 기존 세입자를 내보내는 명도 과정에서 협의가 잘 안 된다면 시간과 비용이 추가적으로 발생할 여지가 있다. 경매도 안정된 이후의 재테크 방법이다.

이렇게 여러 가지 형태의 부동산 투자 방법을 소개했다. 하지만 시중에는 사회초년생들에게도 그러한 방법을 권유하는 서적들도 많다. 물론 사람마다 상황이 달라 위의 방법들이 맞는 이들도 있겠지만 대부분의 보통 초년생들에게는 첫 투자로서 안정적인 수익을 내기에는 다소 무리가 있다. 요즘 들어 자칭 전문가라는 사람들이 각자만의 방법으로 성공했다는 무용담과 함께 등장하여 전부 공개된 정보를 가공하여 본인만 아는 정보라고 탈바꿈하여 많은 사람을 유입시킨 후 강의 등을 통해 사회초년생을 현혹한다. 명심해야 할 것은 시장은 그런 정보와 지식, 데이터 몇 개들로 움직이지 않는다는 사실이다. 만약 그랬다면 부동산학과 교수님들이 가장 부동산 투자에 능하지 않았을까. 따라서 대략적인 참고만 해야지 곧이곧대로 믿고 따라 하다간 역설적인 상황이 생길 수 있다. 폭락론자들의 대부분 논리는 그럴듯하지만 시장은 대부분 그 반대로 움직여왔다. 다시 말하지만 아파트 투자는 몇개의 작은 데이터로 흔들리지 않는다. 그리고 간혹 분양하는 업체로부터 판매 수수료를 받기 위한 과장 광고도 많으므로 이에 현혹되지 말아야 한다.

초기 투자금 3천만 원에 수익률 10%라는 광고 상품이 과연 실제로도 그런 결과를 가져다 줄까? 기존의 수익률과 너무 차이가 난다면 쉽게 믿지 말고 일단 의심해 볼 필요가 있다. 또 요즘은 부동산 유튜브도 많은데, 거시경제며 정책이며 각종 온갖 뉴스를 핑계로 그 지역, 그 아파트의 향방을 점치는 경우가 많다. 하지만 이 역시도 참고할 정도의 자료이다. 부동산은 입지, 즉 교통이 가장 크게 가격을 좌우하기 때문에 유튜버들의 말에 지레 겁먹지 말고 똘똘한 한 채를 매입하기 위해 노력해야 한다.

당신은 방송에서 또는 유튜브나 언론 매체 등에서 유명인들이 말하는 정보나 방법에 대해서도 항상 의문을 가지고 옳고 그름을 판단할 힘을 키워야 한다. 소자본으로도 안정적으로 많은 차익을 남길 방법을 지향해야 한다. 첫 투자가 가져다줄 수익과 그만큼 자본의 규모를 키우는 데 필요한 줄어든 시간은, 금세 눈덩이가 되어 당신에게 부를 가져다줄 것이다.

✅ 이것만 있으면 청약 실전 준비 완료

✅ 신혼부부, 다자녀, 기관추천, 생애 최초를 노려라

✅ 컴맹도 할 수 있는 청약 신청하는 법

✅ 운 좋으면 당첨? 예비당첨이란 무엇일까?

✅ 청약 통장이 없다면 일단 줍줍을 노려라

✅ 매일매일 살펴야 줍줍도 가능하다

# PART 2

# 부동산 투자의 기본 중 기본, 청약에 도전할 것

# 이것만 있으면
# 청약 실전 준비 완료

투자를 위한 자금을 꾸준히 모으는 것도 중요하지만, 부수적으로 꼭 필요한 것을 미리 준비해 놓아야 한다. 바로 '청약 통장'이 반드시 필요하다. 지금은 많이 대중화가 되어 통장을 소지하고 있는 사람들이 많이 늘었다. 그러나 아직도 청약 통장에 대해 잘 모르고 있거나, 통장의 조건이 완벽하게 준비가 되지 않은 분들이 상당수 있다. 청약 통장을 완벽하게 준비해 놓지 않으면 막상 좋은 아파트에 청약할 기회가 생겨도 당첨 확률이 하나도 없는 빈 깡통이나 마찬가지인 통장으로 인해 기회를 놓쳐버릴 수가 있다. 따라서 미리 점검을 확실하게 해야 한다.

우선 통장이 없다면 가까운 1금융권 은행 지점에 방문해 주택 종합 청약 통장을 개설해보자. 청약 통장은 간단하게 만들 수 있고 자금이

여의치 않다면 월 납입액을 최소단위인 2만 원으로도 설정할 수 있다. 이 월 납입액이 입금될 때마다 통장 가입 기간 가점을 산정할 때 기간으로 잡힌다. 월 2만 원 이상이면 그 금액에는 크게 상관없으나 공공분양(토지주택공사 등 국가에서 저렴한 가격으로 공급하는 주택)이라면 월 10만 원으로 해야 기간에 편입되어 산정된다. 청약 통장은 월 납입액보다는 꾸준하게 내는 기간이 중요하다. 따라서 월급통장에 월급이 들어오면, 청약 통장으로 자동이체를 걸어두는 것도 좋은 방법이다. 청약 통장에 적금을 붓는다는 생각으로 꾸준하게 모아두어야 한다.

또 자신이 거주하는 지역이 어디냐에 따라 청약을 넣을 때 예치금 기준을 맞춰야 한다. 예치금통장 잔액은 아파트 모집공고일 전일을 기준으로 다음 페이지의 금액 이상을 충족해야 하고 예치금액별 해당 지역은 내가 사는 주소에 따라 달라지니 다음 페이지에 제시한 표를 참고하자. 주로 우리는 전용면적 85타입 이하의 아파트에 지원할 것이지만 100% 가점제라 당첨 확률이 적다고 판단될 때에는 대형 평수를 넣어 추첨제로 접근하는 전략도 세워야 하니 예치금을 넉넉하게 채워 넣는 것이 좋다.

청약 통장은 당첨이 되고 나면, 바로 은행에 가서 해지하면 된다. 그러면 넣어둔 돈을 약간의 이자와 함께 그대로 돌려받을 수 있다. 해지 이후에는 바로 재가입하고 그동안 해왔던 것처럼 반복하여 통장을 다시 잘 관리하여 효력을 되살려 놓자. 투기 과열 지구와 조정 대상 지역

| 구 분 | 특별시 및 부산광역시 | 그 밖의 광역시 | 특별시 및 광역시를 제외한 지역 |
|---|---|---|---|
| 전용면적 85㎡ 이하 | 300만원 | 250만원 | 200만원 |
| 전용면적 102㎡ 이하 | 600만원 | 400만원 | 300만원 |
| 전용면적 135㎡ 이하 | 1,000만원 | 700만원 | 400만원 |
| 모든면적 | 1,500만원 | 1,000만원 | 500만원 |

**청약 통장의 예치금액**

의 경우 통장을 2년 이상 유지해야 1순위 자격 조건을 갖출 수 있다. 따라서 투기 과열 지구인지 조정 대상 지역인지를 먼저 파악하는 것이 중요하다. 청약 통장은 1순위 자격 요건을 갖추려면 투기 과열 지구가 아닌 곳은 1년 이상이면 되지만, 정부가 집값이 많이 오른다고 콕 집어준 규제지역(투기과열,조정대상지역)을 피할 필요는 없다. 오히려 첫 시작을 규제는 심하지만 확실히 인기가 많은 지역이라고 정부가 인정한 투기 과열 지구에서 시작하는 것이 좋다. 일반 민간 분양의 경우 청약 통장은 가입 기간을 2년 이상만 되면 청약 지원 자격을 얻고, 가입 기간이 길수록 가점이 높아진다. 그러나 만약 미혼이라면 만 30세부터 무주택 기간을 산정해 가점을 계산하기 때문에 가점은 큰 의미가 없다.

내가 분양받고 싶은 지역에 내년에 청약이 진행될 예정이라는 사실을 미리 알게 되었다면(파트6 참조), 가능하다면 분양 예정인 해당 지역에 전입신고 하여 최소 1년 이상의 거주기간(투기 과열지역은 2년 이상)을 채워놓아야 1순위 내에서도 당해 우선 공급에 속해 좀 더 당첨 확률을 높일 수 있다. 옆 페이지의 그림과 같이, 해당 지역 거주자가 먼저 당첨 확률이 높으며, 그 비율은 공공 택지(나라에서 조성한 부지)인지, 민간택

그 누구도 알려주지 않았던 청약 당첨의 기술

| 구분 | 투기 과열 지역, 지구 | | 조정 대상 지역 | | 비규제 지역 | |
|---|---|---|---|---|---|---|
| 청약 통장<br>(1순위조건) | 2년 이상 | | | | 수도권1년,<br>수도권 외 6개월 | |
| 청약<br>가능자 | 세대주, 1주택 세대주,<br>재당첨 제한이 없는 자 | | | | 세대주, 세대원 | |
| 가점추첨<br>비율 | 85 이하 | 85 초과 | 85 이하 | 85 초과 | 85 이하 | 85 초과 |
| | 가점:100% | 가점:50% | 가점:75% | 가점:30% | 가점:40% | 가점:0% |
| | 추첨:0% | 추첨:50% | 추첨:25% | 추첨:70% | 추첨:60% | 추첨:100% |

**규제지역별 청약관련 내용**

지인지 등에 따라 달라질 수 있으니 입주자 모집공고를 통해 확인하는 것이 좋다. 항상 입주자 모집 공고를 기준으로 전입 기간을 산정하니 유의하자.

**당첨자 선정 기준**

열심히 모은 투자금은 물론 앞서 언급한 청약 통장을 만들어 열심히 모으자. 이외에도 통장 생애주기를 파악하고 전략이 필요하다. 분양권이 이제 수도권 전 지역은 전매(분양권을 사고 파는 행위)가 입주 시까지 되지 않으므로 그 주기를 파악해야 한다. 보통 아파트는 분양부터 입주까지 공사 기간이 2년에서 2년 반 정도 걸리고, 주상복합은 층수에 따라 다르겠지만 2년 반에서 3년 반 정도로 다양하다. 100% 확실한 방법은 아니지만 간단하게 공사 기간을 산출해보려면 지하층과 지상층을 더하면 된다. 예를 들어 지하 2층, 지상 28층 아파트의 공사 기간은 2+28을 하여 대략 30개월 정도로 보면 된다. 대략적으로 빠르게 공기를 계산해보는 데 효과적이다. 또는 입주자 모집공고가 나왔다면 공고 안에 입주 예정 월이 적혀 있으니 참고하면 된다. 입주자 모집공고에 대해서는 앞으로 자세히 설명하겠다.

그럼 내가 분양받은 집을 2년 반 뒤에 팔 수 있고, 1주택자라면 등기 시점으로부터 2년 후 양도소득세 비과세(팔아도 세금이 없다)를 할 수 있다. 그러므로 가격 상승 폭이 큰 지역의 아파트라면 비과세 전략까지 잘 세워야 한다. 따라서 비과세까지 노린다면 투자금과 수익금이 약 5년의 기간에 맞으므로 투자계획을 5년 동안 어떻게 가져갈 것이고, 언제 매도하여 다시금 재투자를 어떻게 할 것인지 5년의 계획을 세워야 한다. 또한 아파트 시세가 내 예상과 다르게 흘러갈 수 있으므로 계속 시세를 파악하여 이에 맞게 계속 수정해 나가야 한다. 1순위의 청약 통장을 만들기 위해, 투기지역은 2년 이상의 통장 가입 기간과 10년 재당첨 제한이 걸려 있고, 그 외의 지역도 1년 이상의 통장 가입 기간이 필요하다. 따라서 내가 언제 통장을 쓸 것이고, 언제 통장이 부활할 것인지 통장 생애 사이클도 잘 파악해야 한다.

전입 신고 시 유의해야 할 점은 기존에 부모님과 같은 집에 살면서 부모님이 세대주고 내가 그 밑에 세대원으로 되어있다면, 부모님이 소유하고 있는 집도 나에게까지 영향이 있어 나도 유주택자로 구분되기 때문에, 세대 분리하는 것이 중요하다. 유주택의 가구주와 같이 전입되어있는 세대원들도 주택이 있는 것으로 간주하기 때문이다. 따라서 이것도 하나의 전략으로, 부모님이 주택을 소유하고 계신다면 빨리 세대 분리를 해야 한다. 회사 근처로 거처를 일단 옮기거나 내가 청약 받아 살고 싶은 지역에 원룸을 얻어 그곳으로 주소를 미리 이전해두고 거주 기간을 채우는 것이 바람직하다. 예비 신혼부부라면 전략을 더 철저하게 세워야 한다. 신혼부부라면 일반 청약을 넣는 것보다 당첨 확률이 더 높은 신혼부부 특별 공급을 노려볼 수 있다. 대신 이 특별 공급의 기준은 더욱더 까다로워서 좀 더 많은 준비와 전략이 필요하다.

이렇게 1순위 자격 요건을 갖춘 통장과 초기 투자금만 있으면 당신은 부동산 투자의 고속 버스에 탑승할 수 있다. 버스는 빠른 속도로 안전하게 당신을 목적지로 데려다줄 것이며, 다음 버스로 환승도 가능하니 천천히 편한 마음으로 타고 가면 된다. 결국 요지에 있는 33평 아파트 당첨을 목표로 한다. 하지만 목표만 설정했다고 한 번에 될 확률은 낮다. 계속 분명히 노력해야 이룰 수 있다.

# 신혼부부, 다자녀, 기관추천, 생애 최초를 노려라

현재 우리나라의 가장 큰 사회적 문제 중 하나는 저출산과 인구 고령화이다. 이 문제는 늘 함께 연관되어 따라다니며 많은 정책적 고민을 하게끔 만든다. 출산율이 저조하면 평균 인구 연령이 높아지고 이는 인구의 고령화로 이어진다. 이 문제는 국가의 미래가 달린 일이다 보니 정부는 늘 출산율을 올리기 위해 양육수당 또는 학비 지원, 세금감면자녀 세액공제, 금리할인자녀 우대 금리 등 각종 혜택을 제공하여 결혼과 출산 장려를 유도한다.

그러나 위에서 나열한 사회적·경제적 지원은 출산율을 획기적으로 높이는 데에 있어 크게 매력적이지 못하다. 정부에서 양육 수당을 지원해준다고 해도 실질적으로 그보다 더 큰 비용이 발생하면서도 동시에 맞벌이도 힘들어지기 때문이다. 학비 지원을 해줘도 그 외에 지출되는 사교육 비용이 더 크며, 자녀 세액공제를 통한 세액 감면 또한 연 15만 원 정도로 실질적으로 크게 도움이 되지는 않는다. 할인(디딤돌, 버팀목 등 나라 기금 대출한 정 1자녀 = 0.2% 정도 2자녀=0.3% 우대금리)의 경우도 마찬가지로 있으면 좋지만 결혼과 출산을 결심할 만큼 큰 장점이 느껴지지 않는다. 내 집 마련을 위한 '일반 공급' 청약 제도는 청약 신청 대상자를 가점 혹은 추첨을 통해 선정하는 방식이므로 가점의 경우 상대적으로 사회초년생들이나 1인 가구에는 매우 불리한 구조이다. 따라서 정부에서는 국가유공자, 장애인, 신혼부부, 한부모 가구 혹은 다자녀 가구, 노부모 부양자, 장기복무군인 등 사회적으로 배려가 필요한 계층의 안전하고 합리적인 내 집 마련을 위하여 '특별 공급' 청약 제도를 시행하고 있다. 이 제도는 무주택자의 주택 마련을 지원하기 위하여 일반 공급과 달리 청약 경쟁력이 없는, 사회적으로 배려가 필요한 계층 내의 비교적 낮은 경쟁률을 토대로 주택 분양의 기회를 제공한다. '평생에 단 1번, 단 1회'라는 사용제한이 있어 신중하게 사용해야 한다.

특별 공급의 여러 유형 중에 있어 '혼인'과 '출산'은 가장 우대받는 자격 요건이다. 특별 공급 청약제도(신혼부부 특별 공급, 생애 최초 특별 공급, 노부모 부양 등) 대상 조건이 대부분 기혼자를 전제로 하기 때문이다. 정부에서는 혼인율과 출산율을 높이기 위해 계속해서 특별 공급의 비중을 높이고 있는데, 특히 신혼부부 특별 공급의 비율을 갈수록 더 확대해 나가고 있다. 신혼부부 특별 공급에서는 경쟁자들 또한 나와 같이 소득이 낮고 이제 막 결혼한 사회초년생들이 대부분이기 때문에 당첨 확률이 일반 공급보다는 상대적으로 높다. 이 특별 공급 분양을 받고, 못받고의 차이로 내 집 마련의 꿈을 10년 앞당기고, 부를 축적할 수 있는 발판이 제공된다. 그러나 앞서 말했듯이 높은 당첨 확률을 자랑하는 이 황금복권은 일생에 단 한 번 사용할 수 있으니 함부로 아무 때나 막 긁어서는 안 된다. 내가 정말 필요할 때 이 복권을 긁을 수 있도록 지금부터 철저하게 특별 공급에 대해 공부해보자.

| 구분 | | 특별공급 | | | | | | 일반공급 |
|---|---|---|---|---|---|---|---|---|
| | | 합계 | 기관추천 | 다자녀 | 노부모 | 신혼 | 생애최초 | |
| 국민주택 | 종전 | 80% | 15% | 10% | 5% | 30% | 20% | 20% |
| | 변경 | 85% | 15% | 10% | 5% | 30% | 25% | 15% |
| 민영주택 | 종전 | 43% | 10% | 10% | 3% | 20% | - | 57% |
| | 변경 공공택지 | 58% | 10% | 10% | 3% | 20% | 15% | 42% |
| | 민간택지 | 50% | 10% | 10% | 3% | 20% | 7% | 50% |

- (소득기준) 국민주택은 도시근로자 월평균소득 100% 유지하되, 민영주택은 도시근로자 월평균 소득 130% 이하까지 확대
  * 도시근로자 월평균 소득 130% : 2인가구 기준 569만원, 3인가구 기준 731만원, 4인가구 기준 809만원('19년 기준, '20년 적용)

**생애최초 특별공급 확대안**

| 구분 | | 우선공급 70%(기준소득) | | 일반공급 30%(상위소득) | |
|---|---|---|---|---|---|
| | 구분 | 외벌이 | 맞벌이 | 외벌이 | 맞벌이 |
| 소득수준 | 월평균 기준소득/가구원수 | 100% 이하 | 120% 이하 | 140% 이하 | 160% 이하 |
| | 3인 이하 | 603만 | 723만 | 844만 | 964만 |
| | 4인 | 709만 | 851만 | 993만 | 1,135만 |
| | 5인 | 709만 | 851만 | 993만 | 1,135만 |
| 총100세대일 때 | | 70세대 (70%) | | 30세대 (30%) | |

**민영주택 월 평균 소득 기준**

**신혼부부 특별 공급 지원 자격**

○ 입주자모집 공고일 현재 청약 통장에 가입하여 유지하고 있는 무주택 저소득 신혼부부로, 청약 통장 1순위 자격을 갖추면서 무주택세대 구성원으로 소득기준과 자산기준의 조건을 갖춘 자

○ 혼인기간이 7년 이내여야 하며,(단 '공공주택 특별법' 적용 국민주택은 입주자 모집공고일 현재 만 6세 이하의 자녀(태아포함)를 둔 경우도 가능) 또한 해당주택의 입주 전까지 혼인사실을 증명할 수 있는 예비 신혼부부도 포함된다고 볼 수 있다.

※ 출처 : 주택공급에 관한 규칙 (작성일자 2020.11.27기준)

**신혼부부 특별 공급 지원 자격**

 **꼼수 부동산 팁**

• 신혼부부 특별 공급은 소득 〉 순위 〉 지역 〉 자녀 수이기 때문에, 아이가 있는 당해 1순위 신혼부부라면, 다른 지역 청약도 적극적으로 추천한다. 일반 공급은 무조건 해당 지역(당해) 우선이지만, 신혼부부 특별 공급은 당해 요건 보다 순위가, 그리고 순위보다 소득이 더 중요하다. 소득 구간이 우선 공급 100% 이하(맞벌이 가정의 경우 120% 이하) 내에 포함된다면, 다른 지역이어도 당해 일반 공급보다 우선하기 때문에 도전해볼 만하다.

• 우선 공급 또는 일반 공급에서 같은 순위 내 경쟁이 있을 시 다음 순으로 당첨자를 선정한다.
  1) 해당 주택의 건설지역 거주자
  2) 자녀 수가 많은 사람
  3) 자녀 수가 같은 경우 추첨

• 신혼부부 특별 공급 제도를 사용하려면 혼인신고 전 소유한 주택을 매각할 것!
  - 주택청약 컨설팅을 하다 보면 의외로 많은 사람이 저지르는 실수가 있다. 사회초년생 대부분이 주택청약 제도에 무지해서 주택을 소유한 채로 혼인신고를 올리는 경우가 많다는 것이다. 혼인신고 후 단 1번이라도 주택을 소유한 적이 있다면, 신혼부부 특별 공급을 사용할 수 없다.
  - 사랑하는 사람을 만나 빨리 결혼하고 가정을 꾸리고 싶은 마음은 백번 이해하지만, 급할수록 냉정해지자. 신혼부부 특별 공급 제도를 이용할 생각이라면 반드시 무주택자가 된 후에 혼인신고를 하자. 남편, 아내 둘 다 해당한다.

■ 2018.12.11. 개정된 「주택공급에 관한 규칙」 제41조 제1항 제1호 다목에 의거 신혼부부 특별공급 신청 시 신혼부부는 혼인신고일부터 입주자모집공고일 현재까지 계속하여 무주택자이어야 합니다. 단, 「주택공급에 관한 규칙」 개정 시행일(2018.12.11.) 전 기존소유주택을 처분하고, 처분일부터 입주자모집공고일까지 계속하여 무주택세대원을 유지 및 현재 무주택기간이 2년을 경과한 경우 2순위 자격이 부여됩니다.(「주택공급에 관한 규칙」(국토교통부령 제65호, 2018. 12. 11.) 부칙 제5조 신혼부부 특별공급 특례)

신혼부부 특별 공급의 가장 중요한 사항은 소득 기준인데, 소득 기준은 우선 공급(기준소득, 해당 신혼부부 특별 공급 물량의 70%)과, 일반 공급(상위소득, 해당 신혼부부 특별 공급 물량의 30%)으로 나뉜다.

- 신혼부부 특별 공급 물량을 100세대로 가정했을 때 우선 공급은 70세대, 일반 공급은 30세대로 나뉜다.
- 소득 기준은 세후가 아닌 세전을 기준으로 한다. 제시 예) 부부 연봉 합산 액이 6천만 원이라면, 월 평균 소득은(6천만 원 / 12= 500만 원)이다.
- 위의 예시에서 자녀가 한 명 있다면, 1순위 조건을 충족하고, 맞벌이 120% 이하 (3인 가족) 603만 원 이하이기 때문에 1순위 우선 공급을 신청할 수 있다.

## 기관추천 특별 공급

기관추천 특별 공급이란 '기관추천 해당 기관'으로 분류되는 기관장의 추천을 받은 사람이 신청할 수 있는 특별 공급이다. 대부분 기관추천 특별 공급에 대해서는 생소한 분들이 많을 것이다. 보통 공무원이나 공공기관, 국가유공자, 중소기업 장기근속자 등이 신청 대상 자격이 되며, 대신 신청 절차가 다소 복잡하므로 사람들이 잘 선호하지 않는다. 하지만 기관추천만큼 경쟁률이 낮은 특별 공급도 없으므로 기관추천의 혜택을 받을 수 있는 사람이라면, 무조건 기관추천 특별 공급을 노려보자.

**기관추천 해당 기관**

- 국가보훈처 : 국가유공자와 유족, 국가보훈대상자, 장기복무제 대군인

- 장애인 : 해당 지역 장애인복지과 확인 및 문의

- 장기복무 군인 : 국군복지단 복지사업운영과 확인 및 문의

- 북한 이탈 주민 및 납북피해자 : 통일부 하나원 확인 및 문의

- 중소기업 장기근속자 : 5년 이상 근무(동일 기업에서는 3년 이상)한 자, 중소벤처기업
  진흥공단에서 확인 및 문의

- 이외의 대상자 : 일본군위안부, 올림픽 입상자, 철거주택소유자와 세입자, 행정중
  심복합도시(세종시) 및 도청이 있는 신도시, 혁신도시 등 비수도권으로 이전하는
  공공기관, 학교, 의료, 연구기관 기업의 종사자 등

## 다자녀 특별 공급

미성년 자녀(태아 포함)를 세 명 이상 둔 무주택가구 구성원은 다자녀 가구 특별 공급을 신청할 수 있다. 청약시장에서는 다자녀 특별 공급은 타 전형보다 경쟁률이 낮고 배정 세대수는 많아 '무조건 당첨'이라고 불릴 정도로 막강한 특별 전형이다. 아이가 3명인 부모 입장에서는 다른 전형은 고려할 것도 없이 다자녀 특별 공급부터 신청해보자. 공급 세대수의 50%는 당해 지역 거주자, 나머지 50%는 인근 지역 거주자 및 우선 공급에서 선정되지 못한 이들에게 공급된다.

**당첨자 선정 방법**

1) 미성년 자녀 수 우선

2) 자녀수가 같다면 신청자의 나이가 많은 순

## 노부모 특별 공급

만 65세 이상 직계존속을 3년 이상 부양하고 있는 무주택 가구주라면, 노부모부양 특별 공급을 노려볼 수 있다. 단, 신청자 격의 1순위 조건은 청약 통장 가입 24개월 이상이다. 경쟁 시 국민주택의 경우 청약 통장 가입 횟수와 총 납부금액에 따라 정하고, 민영주택이라면 가점제로 당첨자를 선별, 동점자가 있을 때는 추첨을 통해 확정한다.

## 생애 최초 특별 공급

생애 최초 특별 공급이라면 일정 요건을 충족하면 신청할 수 있고, 당첨자 선정 방법은 100% 추첨을 통해 진행된다. 5년 이상 소득이 있었고, 한 번도 청약에 당첨된 이력이 없으면서 혼인을 하였다면, 신혼부부 특별 공급과 이것 중 더 많은 세대수를 뽑는 전형에 전략적으로 도전하는 것이 좋다. 신청 요건을 살펴보면 다음과 같다.

1) 모집공고일 기준 무주택 가구 구성원 또는 가구주

2) 청약 통장 예치금액 600만 원 이상

그 누구도 알려주지 않았던 청약 당첨의 기술

3) 모집공고일 기준 혼인 중이거나, 미혼자녀가 있는 자

4) 모집공고일 기준 5년 이상 소득세를 낸 이력이 있는 자

5) 소득 및 자산 기준을 충족하는 자

# 누구나 쉽게 할 수 있는 청약 신청하는 법

요즘은 청약을 신청하는 절차와 방법이 간소화되었다. 예전에는 특별 공급을 지원할 때 현장에 가서, 서류를 제출하고 검증을 받느라 온종일 시간을 썼어야 했는데 지금은 청약홈 사이트에서 자격이 자동 조회되므로 큰 어려움 없이 청약을 신청할 수 있다. 청약 신청 시 선택사항을 잘못 선택한다면 부적격처리 되어 1년간 청약을 할 수 없으니, 반드시 유의하여 신청하자.

1) 먼저 청약 홈 사이트(www.applyhome.co.kr)에 접속한다.

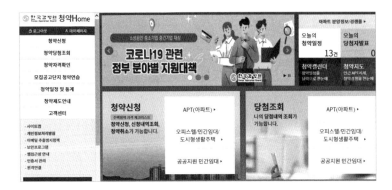

2) 청약신청 카테고리에서 아파트, 오피스텔 등 상품 별 특별 공급과

일반 공급을 구분하여 신청한다.

3) 카테고리를 신청하였다면 청약하기 버튼을 누르자. 청약 신청과

취소는 오전 8시부터 오후 5시 30분까지만 가능하다는 점을 명심한다.

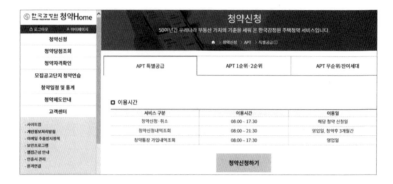

4)청약이 가능한 리스트를 확인 후, 지원하고자 하는 주택과 특별 공

급 유형을 선택한다.

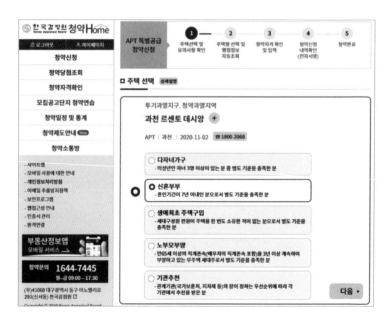

그 누구도 알려주지 않았던 청약 당첨의 기술

## 5) 유의사항을 꼼꼼히 확인 후, 동의하기 버튼을 점검한다.

## 6) 주택형(타입)을 신중하게 선택한다.

7) 이제부터가 중요한데, 글을 정확하게 읽고 나에게 해당하는 사항을 '예, 아니요'로 선택한다. 잘 모르겠다면 그 부분은 상세 설명 버튼을 눌러 확인해보고, 그래도 모르겠다면 인터넷을 통해 나에게 해당하는 사항인지 정확히 확인한다. 여기서 체크를 잘못했다가 당첨이 되어 부적격 처리가 되면, 통장을 1년 동안 못쓰게 되어 청약에 지원할 수 없으니 꼭 유의하자.

먼저 재당첨 제한의 경우, 나와 내 등본상의 세대원 중 5년 이내 청약에 당첨된 사람이 있는지 확인해야 한다. 더불어 세대원 전체가 현재

| □ 청약통장 가입정보 | 청약통장 자격 확인 | | | | |
|---|---|---|---|---|---|
| 신청인 | | 주민번호 | | 거주지 | 서울 |

□ 청약통장

| 개설은행 | | | 종류 | 종합저축 |
|---|---|---|---|---|
| 가입일 | 2009-05-06 | | | |

□ 민영주택

| 순위 | 1순위 |
|---|---|
| 예치금 | |
| 경과기간 | 137개월 |

*민영주택 청약 시 지역별, 규모별 예치금 기준은 우측의 버튼을 눌러 확인하시기 바랍니다. | 민영주택 지역별 예치금 확인하기 |

← 이전     다음 →

주택을 소유하고 있는지, 입주자 모집 공고일을 기준으로 혼인이 7년 이내인지, 모집공고에 적혀있는 월 소득 기준액이 외벌이 또는 맞벌이 기준으로 초과하지는 않는지 정확히 확인하자. 잘 선택 후 맨 아래에 있는 청약 통장 자격 확인 버튼을 누르고 넘어간다.

8) 나에게 해당되는 소득과 순위, 자녀수를 정확하게 읽어보고 선택한다.

| 선택항목 | | 선택 | | 선정기준 및 입력방법 |
|---|---|---|---|---|
| 소득구분 | 우선공급 75% (기준소득) | ○ 신혼부부 중 한 명만 소득이 있으며, 전년도 도시근로자 월평균소득 100% 이하 | | 선택항목 안에서 경쟁이 있는 경우 다음의 순서대로 입주자를 선정합니다. 1. 기준소득에 해당하는 신청자에게 신혼부부 특별공급 배정물량의 75%를 우선 공급하며, 경쟁이 있을 경우 아래 순위(미성년 자녀 2001년 10월 23일 이후 출생 유무)에 따라 입주자를 선정합니다. 2. 상위소득에 해당하는 배정물량의 입주자 선정 시 우선공급 입주자로 선정되지 않은 자를 포함합니다. 도시근로자 가구원수별 월평균소득 ❶ 참조 휴직 등 예외사유 해당시 소득산정 방법 참조 ❶ 참조 ※ 6억원 초과 9억원 이하 주택을 생애최초로 구입하는 신혼부부에 대한 월평균소득 완화 규정은 「주택공급에 관한 규칙」 시행('20.09.29.) 이후 모집공고승인신청 단지부터 적용하므로, 신청 전 모집공고문의 내용을 확인하시기 바람. |
| | | ○ 신혼부부 모두 소득이 있으며, 합산 소득이 전년도 도시근로자 월평균소득 120%(둘 중 한 명의 소득은 100% 이하여야 함) 이하. | | |
| | 일반공급 25% (상위소득) | ○ 신혼부부 중 한 명만 소득이 있으며, 전년도 도시근로자 월평균소득 100% 초과 120% 이하 * 6억원 이하 주택을 생애최초로 구입하는 경우 130% 이하를 적용함. | | |
| | | ● 신혼부부 모두 소득이 있으며, 합산 소득이 전년도 도시근로자 월평균소득 120% 초과 130%(둘 중 한 명의 소득은 120%이하여야 함). * 6억원 이상 9억원 이하 주택을 생애최초로 구입하는 경우 140%(둘 중 한 명의 소득은 130%이하여야 함) 이하를 적용함. | | |
| 신청순위 | | ● 1순위 현재 혼인관계에 있는 배우자와의 혼인기간 중 자녀를 출산(임신 및 입양 포함)하여 자녀가 있고, 「민법」 제855조제2항에 따라 혼인 중의 출생자로 인정되는 혼인외의 출생자가 있는 경우를 포함), 혼인신고일부터 입주자모집공고일(2020년 10월 22일) 현재까지 무주택세대구성원인 분 | | 1순위 : 자녀는 입주자모집공고일 현재 혼인관계에 있는 배우자와의 사이에서 혼인기간 중에 출산한 미성년 자녀(2001년 10월 23일 이후 출생)(임신 및 입양자녀 포함, 전혼자녀 제외)만 해당 2순위 : 자녀가 없거나 아래의 특례에 해당하는 분 * 특례 : 2018.12.10 이전에 기존 소유주택을 처분했고 처분일부터 입주자모집공고일까지 계속하여 무주택세대성원 유지 및 무주택기간이 2년을 경과한 분 같은 순위 안에서 경쟁이 있는 경우 다음의 순서대로 입주자를 선정합니다. 1. 해당 주택건설지역거주자 2. 미성년 자녀수(2001년 10월 23일 이후 출생)가 많은 자 (판단기준 아래 설명 참고) 3. 미성년 자녀수(2001년 10월 23일 이후 출생)가 같은 경우 추첨 |
| | | ○ 2순위 현재 혼인관계에 있는 배우자의 혼인기간 중 자녀가 없거나, 우측의 "특례"에 해당 하는 분 | | |
| 미성년(2001년 10월 23일 이후 출생) 자녀수 | | 자녀 (태아 제외) | ● 예 ○ 아니오 | 자녀 1 명 | 미성년 자녀수(2001년 10월 23일 이후 출생)가 많은 자 판단 기준 입주자모집공고일(2020년 10월 22일) 현재, 가족관계증명서로 확인되고 신청자 또는 그 배우자와 동일한 세대를 이루고 있는 미성년자녀(만19세 미만 2001년 10월 23일 이후 출생). 단 아래의 경우는 달리 봄. · 재혼의 경우 - 신청자의 이전 배우자와의 혼인관계에서 출산 · 입양한 미성년 자녀(2001년 10월 23일 이후 출생) (전혼자녀)를 포함하되, 그 자녀가 신청자 또는 세대 분리된 제후 배우자와 동일한 주민등록표 상에 등재되어야 함. - 재혼 배우자의 친자녀(전혼 배우자의 자녀)는 신청자와 동일한 주민등록표등본에 등재된 경우만 해당 · 입양의 경우 입주자 입양 자격 유지 - 당첨서류 제출시 입양상태를 증명할 수 있는 서류(입양관계증명서, 가족관계증명서)를 제출하여야 하며, 서류 미제출, 입주 전 파양인 경우 당첨 취소 · 임신 중인 경우 태아의 수를 자녀수에 포함 - 당첨서류 제출시 임신진단서 또는 출생증명서를 제출해야 하며, 서류미제출, 허위임신, 불법낙태의 경우 당첨 취소 (입주자모집공고일의 임신사실 확인이 가능해야 함) |
| | | 임신 | ○ 예 ○ 아니오 | 태아 - 명 | |
| 총 1명 | | | | | |

9) 마지막으로 제대로 입력하고 신청하였는지, 틀린 것은 없는지 다시 한번 꼼꼼히 확인 후 다음을 클릭한다.

| APT 특별공급 청약신청 | ✔ 주택선택 및 유의사항 확인 | ✔ 주택형 선택 및 행정정보 자동조회 | ✔ 청약자격 확인 및 입력 | ④ 연락처 등 입력 및 청약신청 내역확인 | 5 청약완료 |
|---|---|---|---|---|---|

□ 청약신청 내역확인  상세설명

□ 신혼부부 특별공급 청약신청 내역 (현재 청약신청 미완료 상태임)

| 성명 | | | 거주구분 | 기타지역 | |
|---|---|---|---|---|---|
| 주민등록번호 | | | 청약신청일 | 2020년 11월 02일 | |
| 주택명 | 과천 푸르지오 오르투스 | | 주택형 | | |
| 장기복무군인 신청 | 해당사항 없음 | | | | |
| 연락처 | | | 최하층 우선배정 | 해당사항 없음 | |
| 연락받을 주소 | | | | | |
| 우선공급 | 대상여부 | | 대상아님 | | |
| | 소득구분 | | 신혼부부 모두 소득이 있으며, 합산 소득이 전년도 도시근로자 월평균소득 120% 초과 130%(돌 중 한 명의 소득은 120%이하여야 함) 이하 * 6억원 이상 9억원 이하 주택을 생애최초로 구입하는 경우 140%(돌 중 한 명의 소득은 130% 이하여야 함) 이하를 적용함. | | |
| 미성년 자녀 | 선정순위 | | 1순위 | | |
| | 자녀 수(태아 제외) | | 1명 | | |
| | 태아 수 | | 0명 | | |
| | 총 자녀수 | | 총1명 | | |

* 주택형 = 주거전용면적(type이 있는 경우 type 포함)

←  이전          다음 →

10) 그러면 공인인증서를 다시 한번 로그인한 후 신청이 완료된다.

| APT 특별공급 청약신청 | ✔ 주택선택 및 유의사항 확인 | ✔ 주택형 선택 및 행정정보 자동조회 | ✔ 청약자격 확인 및 입력 | ✔ 청약신청 내역확인 (전자서명) | ⑤ 청약완료 |
|---|---|---|---|---|---|

□ 청약완료 (전자서명)

## 청약신청이 완료되었습니다!

✔ 당첨자 발표일은 2020년 11월 10일입니다.
당첨여부는 청약당첨조회 > APT(아파트) 메뉴에서 확인하실 수 있습니다.

홈으로 →          신청내역 조회하기 →

# 운 좋으면 당첨? 예비 당첨이란 무엇일까?

예비당첨(예비입주자)이란 무엇일까? 예비당첨이란, 확정적으로 당첨되어 동호수가 부여된 것은 아니지만, 기존의 당첨자가 당첨 후 적격 여부를 판단하였을 때, 자격에 부적격 요건이 있어 탈락하여 발생한 세대 또는 동호수가 마음에 들지 않는 등의 이유로 미계약하는 등의 사유로 인해 발생하는 세대들이 있을 때 예비순번대로 당첨의 가능성이

< 예비입주자 선정비율 개선(안) >

| 기 존 | 개 선 안 | 비 고 |
|---|---|---|
| ①투기과열지구 : 500%<br>②그 외 지역: 40% | ① 투기과열지구 : 500%<br>② 청약과열지역 : 300%<br>③ 수도권(인천, 경기) : 300%<br>④ 지방 광역시 : 300%<br>(부산, 대구, 대전, 광주, 울산)<br>⑤ 그 외 지역 : 40% | ·금번에 확대된 지역 중<br>투기과열지구와 중복된<br>경우에는 강화된<br>500% 비율 적용 |

· 「주택법」제63조의2에 따른 조정대상지역 중 청약이 과열되었거나 우려가 되는 지역으로, '20.3월 기준으로 조정대상지역은 청약과열지역과 동일

**예비입주자 선정비율 개산(안)**

있는 자를 말한다. 보통 투기과열지구는 공급 세대수의 500%를 선정하고, 조정지역은 300%를 선정한다.

예비 당첨자는 특별 공급과 일반 공급에서 각각 발생하고, 그 안에서도 타입별로만 경쟁하게 된다. 예를 들면, 청약 조정대상 지역의 특별 공급 84A 타입의 신혼부부, 다자녀, 노부모, 기관추천 등 특별공급 물량(일반공급 84A타입의 예비자들은 따로 일반공급 예비당첨자들끼리 경쟁한다) 총합이 100세대라면 84A 타입 특별 공급 예비당첨자는 300명을 선정하게 되고, 특별 공급 84A 타입에서 계약이 안 된 세대들이 나오면 차례로 잔여분을 계약할 수 있다.

특별 공급이라면 조건이 까다롭다 보니 잔여 세대가 공급되는 세대의 20~30% 정도까지도 나오게 된다. 위의 경우 예비번호 30번까지는 가능성이 있으니 서류를 미리 준비해 놓는 것이 필요하다. 일반 공급의 경우에는 10~20%가 일반적이다. 생각보다 부적격자 혹은 미계약분이 많이 나오므로 예비입주자의 비율을 미리 인지하고 있는 것도 혹시 모르는 상황에 대비할 수 있는 좋은 방법이다. 일단 본인이 예비당첨이 되고 서류를 제출하라는 연락을 받았다면 손해 보는 것은 없으니 반드시 제출해보자. 예비당첨자 서류 제출과 계약 일정은 정식 계약이 끝나고 바로 차주에 진행되게 되고, 예비당첨자로 선정되면 안내 일정이 문자로 오거나 홈페이지에 게재되니 수시로 확인한다.

# 청약 통장이 없다면
# 일단 줍줍을 노리자

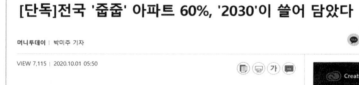

## [단독]전국 '줍줍' 아파트 60%, '2030'이 쓸어 담았다

머니투데이 | 박미주 기자

VIEW 7,115 | 2020.10.01 05:50

### 무순위 인터넷 청약 경쟁률 주요 단지 및 전국 평균 현황
*올해 2~7월 공고한 무순위 단지 중 당첨자 발표가 완료된 단지 기준

| 시도 | 주택명(무순위 공고일) | 전용면적(㎡) | 공급 수 | 신청자(명) | 경쟁률 |
|---|---|---|---|---|---|
| 경기도 수원시 장안구 | 더샵 광교산퍼스트파크 (6월18일) | 59 | 2 | 2만6931 | 13465.5 대 1 |
| 경기도 하남시 | 위례신도시 A3~10BL 중흥S-클래스 (4월29일) | 172 | 2 | 4043 | 3032.5 대 1 |
| 경기도 수원시 권선구 | 쌍용 더 플래티넘 오목천역 (4월27일) | 39~84 | 21 | 1만34 | 477.8 대1 |
| 경기도 고양시 덕양구 | 고양덕 DMC리버파크 자이(6월12일) | 84 | 263 | 3만5862 | 136.4 대 1 |
| 서울 서초구 서초동 | 서초동 지에스타워 주상복합(2월25일) | 12~26 | 45 | 659 | 14.6 대 1 |
| 경남 진주혁신도시 | 진주 포레스트 부영 (6월24일) | 59 | 593 | 711 | 1.2 대 1 |
| 전국 평균 | | | 1181 | 8만1592 | 69.1 대 1 |

*자료: 박상혁 더불어민주당 의원, 국토교통부, 한국감정원
그래픽: 이지혜 디자인기자

줍줍의 인기를 알게 하는 기사 제시 예

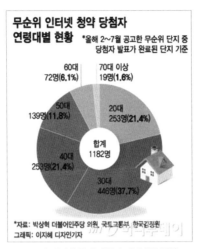

무순위 인터넷 청약 당첨자 연령대별 현황

부동산 청약에 관심이 있다면 '줍줍'이란 말을 한 번쯤은 들어봤을 것이다. 부동산 줍줍이란 청약 통장 없이도 손쉽게 아파트를 취득할 수 있다고 하여 생겨난 부동산 신조어이다. 전국의 줍줍 아파트 중 60%를 청약 자격과 가점이 낮은 2030 세대들이 쓸어 담고 있다는 기사도 매일 쏟아지고 있다. 이런 이유로 정부에서 갑자기 2021년 5월, 줍줍에 대한 규제를 쏟아내버렸다. 아무 지역에서나 줍줍을 할 수 있었던 것에서, 내가 거주하고 있는 해당 지역(시,군)의 아파트만 줍줍이 가능하게 되었다. 게다가 재당첨제한까지 생겨버려 줍줍의 혜택이 퇴색되어버린 것은 사실이나, 경쟁률은 조금 더 줄어들어 내가 살고 있는 지역에서의 줍줍 당첨확률을 좀 더 높이는 효과가 생기지 않을까 조심스럽게 기대해본다.

이렇게 2030세대들의 재테크 수단으로 전락해버린 줍줍은 크게 그 유형을 2가지로 나눌 수 있다. 바로 미계약분과 미분양분이다. 단어만 얼핏 들으면 비슷해 보이고 많이 헷갈릴 수 있는데, 이는 엄연히 다르고 주의해야 하는 사항이 있으니 완벽하게 숙지하자. 미계약분은 일반 청약의 경쟁률이 1 이상으로 마감되었으나, 계약을 포기하거나 부적격자가 발생 시 추첨 또는 선착순으로 계약 가능한 물건으로써 청약 및 대출 시 주택 수에 포함된다는 점을 반드시 기억해야 한다.

| 미계약분 줍줍 | 미분양분 줍줍 |
| --- | --- |
| 청약 마감되었으나, 계약을 포기하거나 부적격자 발생시 추첨 또는 신착순으로 계약 가능 | 청약이 미달되어 남은 물량을 선착순으로 계약 가능 |
| 청약 및 대출 시 주택 수 포함됨 | 청약 및 대출시 주택 수 포함안됨 (단, 등기 전까지) |
| 만 19세 이상 청약 통장 필요없음<br>조정대상지역은 입주까지 분양권 전매 제한 | |

| 구 분 | 공급세대 | 접 수 | 정당<br>당첨자[2] | 잔어세대<br>미분양(가) | 잔어세대<br>미계약(나) | 잔어세대<br>추가계약[1] | 주택소유 판단 |
| --- | --- | --- | --- | --- | --- | --- | --- |
| A유형<br>(타입) | 100 | 200(결정) | 100 | × | × | - | - |
| B유형<br>(타입) | 100 | 200(결정) | 80 | × | 20 | 20 | (나) 주택소유 |
| C유형<br>(타입) | 100 | 60(미달) | 30 | 50 | 20 | 70* | (가) 주택소유 아님<br>(나) 주택소유 아님 |
| D유형<br>(타입) | 100 | 60(미달) | 50 | 50 | × | 50* | (가) 주택소유 아님 |

1) 사전예약, 사후추가접수, 사업주체 선착순 모집에 의한 계약

2) 정당당첨자는 모두 주택소유로 봄

\* 경쟁 미발생으로 미달된 경우 정당당첨자가 계약포기 후 미분양분이나 미계약분을 계약할 경우 주택소유로 봄

※ 경쟁발생 여부 판단은 주택유형(타입)에 대한 경쟁률을 말함

※ 공급규칙 제47조의3(불법전매 등으로 계약취소된 주택의 재공급)에 따른 계약취소 물량을 재공급 받는 경우에는 모두 주택소유로 간주함

   - 계약해지로 인한 재공급 분양권도 주택소유로 간주

미분양분은 청약 경쟁률이 낮아 미달이 됨으로써 발생한 물량으로써 이는 선착순 계약이 가능하다. 이 미분양분은 청약 및 대출시 주택수에 포함이 되진 않으나, 대출 규제로 인해 요즘은 미분양분도 중도금 대출을 받게 되면 주택으로 간주하여 타 상품에서의 대출이 막히게 되니 이에 유의해야 한다.

앞페이지의 표에서 B형과 같이 총 100개 공급되는 세대 중, 청약 접수는 200개가 됐으나 미계약분이 20개 나와 계약했을 때, 이는 주택으로 간주한다. 같은 아파트라도 C형과 D형을 잔여 세대 계약하게 됐을 시, 주택으로 간주하지 않는다. 따라서 이를 잘 파악하는 것이 중요하다. 여기서 주택으로 간주한다는 것은 청약 접수 시 주택을 소유한 것

Q1. 무순위/잔여세대 청약접수 시 청약통장이 필요한가요?
A1. 필요없습니다.

Q2. 무순위/잔여세대 청약접수 시 청약신청금이 있어야 하나요?
A2. 청약신청금은 없습니다.

Q3. 무순위/잔여세대 주택은 1인이 여러 건 접수할 수 있나요?
A3. 동일주택의 경우 1인 1건만 접수 가능합니다.

Q4. 사전 예약접수 및 사후 추가접수의 당첨자 발표일이 동일한 데 각각 접수할 수 있나요?
A4. 각각 1건씩 접수 가능합니다.

Q5. 계약취소 재공급주택과 특별공급 또는 일반공급(1순위 또는 2순위) 접수가 가능한가요?
A5. 계약취소 재공급주택과 특별공급 또는 일반공급(1순위 또는 2순위) 중 선택하여 1주택만 접수 하셔야 합니다. 만약, 두 곳 모두 접수한 경우 모두 무효처리 됩니다.

Q6. 동일한 주택에 사전 예약접수를 하고 특별공급 또는 일반공급(1순위 또는 2순위) 접수가 가능한가요?
A6. 가능합니다.

Q7. 특별공급(또는 일반공급)에 당첨되었으나 계약을 하지는 않았습니다. 동일주택의 사후 추가접수 청약이 가능한가요?
A7. 동일한 주택에 당첨된 자(추가입주자, 부적격당첨자 포함)는 계약여부와 상관없이 청약이 불가합니다.

Q8. 무순위/잔여세대로 분양권을 취득한 경우 향후 일반공급(1순위) 청약 시 해당 분양권을 주택소유로 판정하는지요?
A8. 해당주택의 청약경쟁률(일반분양기준)에 따라 주택소유 판단기준이 상이하오니, 해당 사업주체로 문의하시기 바랍니다.

청약홈 줍줍 관련 공식 Q&A

으로 보기 때문에 특별 공급 청약은 불가하고, 일반 공급 청약 시에도 1주택자로서 주택처분서약(소유권이전등기 후 6개월 이내)을 해야만 당첨 확률을 그나마 높일 수 있음을 유의하자. 청약홈에 있는 질의응답을 첨부하니 참고하자.

2019년 12월, 〈꼼수 부동산TV〉 유튜브 채널에 영상이 게시됐다. 바로 '옥정신도시 대방 2차 노블랜드' 청약 분석 및 줍줍 소개 영상이었다.

그 시기 필자들은 이미 둘 다 분양권 및 주택을 소유한 유주택자 상태라 제한사항 때문에 청약할 수 없는 상태였다. 그래서 항상 줍줍을 노리고 있었다. 좋은 입지의 청약은 대부분 높은 경쟁률을 나타내며 완판을 했었지만, 투자자들에게 외면받고 있던 양주 옥정신도시는 때 마침 대거 미분양, 선착순 물량이 나왔었다. 특히 도시 조성 초기 단계에서 교통이 매우 불편한 신도시의 경우는 초반에 매우 낮은 청약 경

유튜브 〈꼼수 부동산TV〉 옥정 대방2차 소개 메인 화면

쟁률을 보이며, 미분양이 많이 나오기도 했다. 비단 옥정신도시뿐만 아니라 지금은 소위 넘을 수 없는 벽, 높은 장벽이 돼버린 판교, 광교, 동탄2신도시 등도 초기에는 대부분 미분양이 많았다. 불편한 교통과 도시 조성에 오랜 시간이 걸리는 위험으로 인해 많은 투자자로부터 외면받았기 때문인데, 옥정신도시도 마찬가지로 암울한 분위기로 시작했다. 필자들은 당연히 이곳이 미분양이 날 것을 예상하고 있었고, 남은 물량을 줍줍하기 위해 청약이 끝나길 기다리며 전략을 세웠고 결국 계약까지 성공하였다.

필자들은 비록 옥정신도시가 투자자들에게 외면받고 빛을 못 보는 투자지역일 수 있지만, 가까운 미래에 가치를 재평가받을 수 있는 여러 잠재적 호재들을 가지고 있다고 판단했다. 양주신도시는 회천지구, 옥정신도시 이 두 개의 도시로 나뉘는데, 회천지구에는 GTX-C 종착역인 덕정역이 확정되어 있으며, 옥정신도시에는 옥정~포천 간 7호선 연장이 계획되어 있는 상태였다. 그동안 교통편이 너무 불편해서 외면받아왔던 양주가, 추가 교통 호재들이 확정되면서 점점 가치를 인정받아가던 시기였다.

옥정신도시 대방 2차 노블랜드의 평당 분양가는 1,000~1,100만 원으로 평균 84타입(약33평) 아파트 가격이 3.2~3.5억 원 수준이었다. 굉장히 합리적이 가격이었지만, 늘 그렇듯 아직 교통 호재가 실현되지 않은 저평가 지역의 청약시장은 처참했다. 미분양 세대가 무려 총 약

1,859세대 중 941세대였고, 필자들은 그 미분양 물건들을 유튜브에 소개하기 시작했다. 미분양의 장점인 주택 수에 포함되지 않는 점, 청약통장을 사용하지 않아도 되는 점과 기타 유상옵션(시스템 에어컨 등)을 무료로 제공해 주고 있는 점, 중도금 무이자인 점들을 어필하며 미분양 물건들을 소개했고, 실제로 줍줍 현장을 방문하며 추가 영상들을 기재했다. 실제로 필자들은 각각 1채씩 계약하고 인증까지 진행했었다.

현재 대방 2차 앞은 7호선 노선의 핵심 정류장으로 거론되고 있으며, 앞으로의 가치 상승 가능성도 매우 크다. 이처럼 초기 신도시 같은 경우 특히, 교통편이 현재는 불편하더라도 미래에는 편리해질 수 있어서 투자가치가 충분하다. 단기적으로 수익을 보긴 힘들지만, 생의 사이클 비과세 요건을 채울 수 있는 약 5년의 시간 동안 김장 묻듯 묻어두기에 매우 좋은 분양물건들이 있다면, 미분양 물건인 줍줍을 적극적으로 도전하는 건 매우 좋은 경험이 될 것이다. 나중에 든든한 종잣돈 역할을 할 것이 분명하다. 청약은 핵심입지에 도전하고, 미분양 줍줍은 규제가 생겼지만 부수적인 보너스 게임이라고 생각하고 준비해도 좋을 것이다.

그 누구도 알려주지 않았던 청약 당첨의 기술

# 매일매일 살펴야
# 줍줍도 가능하다

앞서 살펴본 사항에 대해 준비했다면, 기회가 언제 어떻게 생기는지를 파악해야 한다. 매일 아침 어떤 상품이 시장에 나오는지 항상 모니터링하는 습관을 들여야 한다. 자칫 잘못하면 때를 놓쳐 아예 기회조차 못 얻을 수 있기 때문이다. 청약에 대한 정보를 다음 사이트들을 인터넷 즐겨찾기에 등록해놓고 매일 아침 출근해서, 혹은 퇴근 전에 반드시 점검하자. 수시로 업데이트가 되기 때문에 반드시 매일 확인해야 한다.

## 청약홈

이곳은 한국부동산원(구 한국감정원)에서 만든 사이트로, 실제 청약을 하게 되는 곳이기도 하다. 또한 청약 경쟁률을 확인할 수 있고 앞으로 분양 예정인 계획에 대해 볼 수 있다. 그리고 내가 1순위 청약을 넣는데 부족한 게 무엇이고 어떤 것이 자격 미달인지도 확인할 수 있다. 수시로 들어가서 1,2순위 청약 정보는 물론 무순위 청약(1,2순위에 당첨됐으나 검증 후 부적격자로 판명되어 무효 처리된 물량과 계약을 포기한 미계약분, 미분양분 등을 청약 통장을 쓰지 않고 여러 조건에 상관없이 추첨하는 것) 정보를 확인하는 것이 좋다.

**청각 홈 메인 페이지**

내가 지원하려 한 타입의 1순위 경쟁률을 얼추 예상해볼 수 있다. 특별 공급으로 많이 소진된 타입을 피해 지원하는 것도 당첨 확률을 높이는 길이다.

• 1순위 경쟁률은 1순위 접수 날 당일 오후 7~8시 이후에 청약 홈에서 확인할 수 있다.

• 스마트폰 앱 청약홈을 통해서도 청약 신청, 분양 일정 확인이 가능하다.

## 닥터아파트

닥터아파트는 청약 일정을 체크하고 분양하는 아파트의 공식 사이트로 편하게 이동할 수 있는 장점이 있다. 특히 분양캘린더를 통해 매월 청약 일정을 미리 한눈에 점검하고 준비할 수 있다.

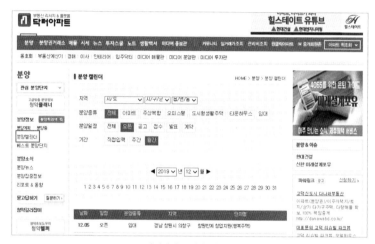

**닥터아파트 메인 페이지**

모델하우스 오픈일, 청약접수일, 계약일 등을 캘린더를 통해 매일 꼼꼼하게 확인해보자. 수시로 정보가 업데이트되기 때문에 매일 확인하는 것이 좋다. 스마트폰 애플리케이션으로도 언제나 실시간으로 확인할 수 있으니 참고하자.

• 모델하우스 오픈은 대체로 금요일에 한다. 입주자 모집공고를 전날인 목요일이나 금요일 오전 중에 승인받아 게재하기 때문에 분양을 시작하는 아파트의 인터넷

사이트에서 평면이나 가격 등 자세한 자료는 오픈 예정일이 속해 있는 주의 목요일이나 금요일에 확인할 수 있다.

## LH 청약센터

LH는 한국토지주택공사로 공공분양이나 임대주택, 신혼희망타운, 전세 임대에 대한 공급을 확인할 수 있다. 공공분양이란 면적 85㎡ 이하의 국민주택규모로 국가나 공공기업 등이 조성한 부지에 공급하는 주택으로 주변 시세 대비해 저렴하게 주택을 공급하고, 주요 요지에 자리 잡는다는 장점이 있다.

**LH 청약센터 홈페이지 메인 이미지**

또한 10년 공공임대(임대 후 분양전환), 영구임대, 신혼희망타운(신혼부부 대상으로 분양), 행복주택(저렴한 보증금, 월세로 중장기 거주 가능), 전세 임대주택 등의 공급을 한 눈에 확인할 수 있다.

그 누구도 알려주지 않았던 청약 당첨의 기술

## 서울도시공사, 경기도시공사

자주 공급되지는 않지만 각 지역의 공사 홈페이지에서도 공급되는 아파트를 확인할 수 있다. LH와 같이 공공분양과 임대 모두 저렴하고 생각보다 좋은 입지의 아파트 등을 많이 제공하니 틈나는 대로 접속해 확인해보자.

서울도시공사, 경기도시공사 홈페이지 이미지

### 분양 알리미 애플리케이션

분양 알리미 앱을 통해 스마트폰으로 편리하게 오늘 청약하는 물건과 청약 예정인 물건들을 확인할 수 있으며, 분양 아파트의 간략한 정보를 한눈에 쉽게 알 수 있으므로 모바일로 정보 확인이 쉽다.

분양 알리미 애플리케이션 제시 예

### 분양 아파트 홈페이지 관심 고객 등록

분양 아파트의 공식 홈페이지에 접속하여 관심 고객등록을 하는 것이 좋다. 휴대전화 번호와 이름 등 간략한 개인정보를 기재해 놓으면 수시로 진행 상황과 이벤트, 일정 등을 문자로 알려주니 이보다 더 확실하고 편한 것은 없다.

시흥장현 유승한내들 분양관련 사이트

## 내가 청약 넣을 곳의 분양가를 미리 어떻게 알 수 있을까?

서울을 포함한 대부분의 수도권은 사업자가 분양하기 위해 분양가 책정 시 규제가 있다. 이 규제를 먼저 알아야 내가 분양받고자 하는 곳의 분양가를 예측해 볼 수 있다. 먼저 분양가에 대한 규제는 크게 2가지인 '분양가 상한제'와 '고분양가 관리지역'으로 나눌 수 있다. 분양가 상한제 - 분양가격을 안정시켜 주택 공급을 원활하게 하려면 아파트 가격을 일정 수준 아래로 규제하는 것으로, 미리 정한 기본형 건축비에 택지비(땅값)를 더한 뒤, 그것보다 저렴하게 가격을 책정하여 아파트를 분양하는 제도다. 감정된 토지비용(택지비)과 정부가 정한 기본형 건축비에 개별 아파트에 따라 추가된 비용인 가산 비용을 더해 분양가의 상한선을 결정한다. 기본형 건축비는 6개월마다 조정된다.

| 구분 | 집값 상승 선도 지역 | | 정비사업 이슈 |
|---|---|---|---|
| | 서울 평균 초과 (주택 종합 or APT) | 수도권 1.5배 초과 (주택 종합 or APT) | |
| 지역 | 강남, 서초, 송파, 강동, 영등포, 마포, 성동, 동작, 양천, 용산, 서대문, 중구, 광진, 과천, 광명, 하남 | | 강서, 노원, 동대문, 성북, 은평 |

| 구분 | | 지정 | |
|---|---|---|---|
| 집값 상승 선도지역 | 서울 | 강남, 서초, 송파, 강동, 영등포, 마포, 성동, 동작, 양천, 용산, 중구, 광진, 서대문 | |
| | 경기 | 광명 (4개동) | 광명, 소하, 철산, 하안 |
| | | 하남 (4개동) | 창우, 신장, 덕풍, 풍산 |
| | | 과천 (5개동) | 별양, 부림, 원문, 주암, 중앙 |
| 정비 사업 등 이슈지역 | 서울 | 강서 (5개동) | 방화, 공항, 마곡, 등촌, 화곡 |
| | | 노원 (4개동) | 상계, 월계, 중계, 하계 |
| | | 동대문(8개동) | 이문, 휘경, 제기, 용두, 청량리, 답십리, 회기, 전농 |
| | | 성북 (13개동) | 성북, 정릉, 장위, 돈암, 길음, 동소문동2·3가, 보문동1가, 안암동3가, 동선동4가, 삼선동1·2·3가 |
| | | 은평 (7개동) | 불광, 갈현, 수색, 신사, 증산, 대조, 역촌 |

**분양가상한제 적용 지역**

| 변 경 전 | 변 경 후 |
|---|---|
| ·서울 전 지역<br>·인천 전 지역 (강화·옹진군 제외)<br>·경기 전 지역 (일부 지역 제외)<br>·부산 동래구, 수영구, 해운대구, 남구, 연제구<br>·대구 수성구, 중구<br>·광주 광산구, 남구, 서구<br>·대전 전 지역<br>·세종<br>·충북 청주 (동 지역 및 오창·오송읍) | ·서울 전 지역<br>·인천 전 지역(강화·옹진군, 중구 일부 제외)<br>·경기 전 지역(일부 지역 제외)<br>·부산 전 지역(중구, 기장군 제외)<br>·대구 전 지역(달성군 일부 제외)<br>·광주 전 지역<br>·대전 전 지역<br>·울산 남구, 중구<br>·세종, 청주, 천안, 논산, 공주, 전주, 창원, 포항, 경산, 여수, 광양, 순천 등 |

**고분양가 관리지역 변경내역**

고분양가 관리지역이란 다음과 같다. 주택도시보증공사HUG에서 분양하기 전 사업에 대한 분양 보증을 하여 사업자가 파산 등의 사유로 분양계약의 내용을 이행할 수 없게 되면 보증기관이 낸 계약금과 중도금의 환급을 책임져 소비자를 보호하는데, 이를 위해 분양가를 관리하고자 지정한 지역이다. 최근 1년 이내 인근 지역(구,군,시)의 비교사업장 평균 분양가 및 최고 분양가와 똑같이 책정하거나, 1년이 초과했을 시 평균 분양가의 105% 이내로 책정, 이 또한 존재하지 않는다면 준공된 지 10년 이내 아파트의 평균 실거래가로 분양가를 책정하면 된다.

앞 페이지에 해당되는 지역이 있는지를 파악하고 내가 분양받고자 하는 지역을 '네이버 지도'나 '호갱노노 사이트'를 통하여 들어간다. 그러면 인근 주변에 분양한 사업장이 있을 경우, 그 곳의 분양가 중 가장 최고층(펜트하우스 제외) 평당 분양가를 보면 대략 그 정도에서 크게 벗어나지 않는 범주 내에서 내가 원하는 곳의 분양가를 파악할 수 있을 것이다.

# PART 3

# 누구도
# 가르쳐주지 않았던
# 부동산 알짜 분석 꼼수

# 아파트 평면
# 제대로 분석하기

부동산 투자를 잘하기 위해서는 먼저 아파트 평면도를 정확하게 분석할 수 있어야 한다. 평면도에 따라 어떤 평면이 직접 거주하기에 좋은지, 어떤 점은 거주하는 데 있어 불편하고 좋지 않은지를 면밀하게 분석한다. 평면에 따라 같은 아파트 단지 내에서도 매매 가격이 조금씩 차이가 날 수 있고, 좋은 평면일수록 선호도가 높아 거래가 활발하여 그만큼 가격 상승력도 탄력을 받게 된다. 또한 실거주의 목적인지, 투자용인지에 따라 전략적으로 평면에 따라 청약 신청을 해야 한다.

좋은 평면일수록 청약 경쟁률이 더 높으므로 청약 당첨 확률을 높이기 위해서 평면 분석은 필수적 요소이다. 게다가 같은 단지 내에서도 동 호수에 따라 로열과 그렇지 않는 호수가 달라지기 때문에, 로열인지를 파

**3베이 구조 평면도**

악하여 선택할 수 있는 능력까지 갖추면 더욱 좋다. 먼저 주로 제일 많은 비율을 차지하는 84타입(구 33평형) 평면을 자세히 살펴보자. 아파트 평면을 볼 때, 가장 중요한 것은 크게 5가지인 1. 베이bay ㅣ 2. 맞통풍 ㅣ 3. 발코니확장 ㅣ 4. 내부 구조 ㅣ 5. 면적으로 나눌 수 있다. 아래 평면도와 함께 살펴보자.

## 베이(bay)

베이란 쉽게 말해 해가 들어오는 전면(향에 따라 남쪽이나 동쪽, 서쪽으로)에 배치된 방과 거실의 개수다. 103페이지의 사진의 경우 침실 1(안방), 거실, 침실 2, 침실3 총 4개가 남쪽(아래쪽)으로 향해있는데, 이것을 4베이 구조라고 한다.

4베이 구조는 요즘 대부분의 신축 아파트에서 쓰이고 가장 선호도가 높다. 방과 거실 모든 곳에 해가 깊숙이 잘 들어가고 발코니를 확장했을 때, 면적이 더 넓어질 수 있는 장점이 있다. 게다가 현관에서 들어왔을 때, 거실과 멀고 거실이 잘 보이지 않으며 방들도 현관에서 훤히 보이지 않아 사생활 보호에 가장 뛰어난 구조이다. 또 펜트리라던지, 알파룸 등을 추가로 배치하여 수납 등을 효율적으로 할 수 있고 공간 효율성을 높일 수 있다는 장점이 있다. 그러나 단점으로는 3베이보다 방과 거실의 면적이 작고 복도가 길게 생기게 때문에 데드 스페이스Dead Space, 효율성이 떨어지는 공간가 많아 공간 크기 면에서의 효율성이 더 나빠질 수 있다. 특히 59타입(구 25평형)일 때 4베이기에 작은 방 면적이 침대를 놓는 것도 어려울 정도로 작아지는 경우가 많으니 주의해야 한다. 가장 많이 쓰이는 구조라는 것은 결국 가장 수요자에게 인기가 많은 평면이라는 것이므로 평면을 볼 때는 가장 먼저 몇 베이인지부터 확인하자.

## 맞통풍

맞통풍은 집 내부 환기에 있어 정말 중요한 요소이기 때문에 평면을 볼 때 반드시 점검해야 한다. 맞통풍은 결국 주방의 창문과 거실의 창문을 통해 바람이 일직선으로 통할 수 있는지를 봐야 한다. 해당 구조는 주방의 창문 2개가 거실의 창과 일직선으로 바람이 잘 통하는지를 보면 되는데(위 4베이 평면도 상 파란색 화살표), 이는 내부의 냄새와 연기,

미세먼지 등 좋지 못한 공기를 신속하게 환기하고 정화하는 데 꼭 필요하다. 게다가 여름에는 창문을 열어놓는 것만으로도 시원해 냉방 효율성도 높아지므로 맞통풍이 가능한 창문 구조가 굉장히 중요하다. 주거형 오피스텔의 경우 구조는 아파트와 같지만 주방에 창문이 없어 맞통풍이 안 되는 구조가 많으니 유의해야 한다.

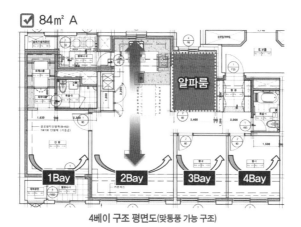

4베이 구조 평면도(맞통풍 가능 구조)

주거형 오피스텔 평면도(맞통풍 불가능 구조)

## 발코니확장

아래의 평면도는 발코니 확장하기 전의 타입이다. 앞 페이지 이미지 속에 위아래로 발코니라고 명기된 부분이 있는 것을 볼 수 있다. 이 부분은 분양할 시에 추가로 계약하고 확장비를 내면, 발코니를 터서 확장하므로 더 넓은 실제 사용 평수를 확보할 수 있다. 옛날의 아파트와는 다르게 베란다가 없어지고 그것이 거실 면적 등으로 산입이 되어 더 넓게 트여서 사용되게 된다. 발코니 확장을 하더라도 요즘은 창틀의 단열 성능이 우수하고 이중창으로 되어 있으므로 겨울에 춥거나 여름에 더운 현상은 크게 발생하지 않는다. 또한 분양 계약 시에 발코니 확장을 선택하지 않으면 처음부터 계약 자체가 불가한 경우가 많고, 발코니 확장을 뺀다고 하더라도(마이너스 옵션) 온전히 집을 사용하기가

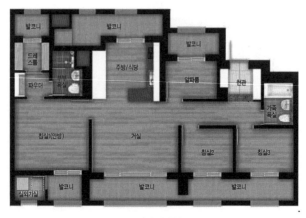

**84타입 기본형**

어려울 정도로 평면이 구성되어 있으므로 확장은 옵션이 아닌 기본이자 필수라고 생각하고, 분양가 계산 시에 확장비를 꼭 더해 계산해야 한다. 발코니 확장 시에 위아래, 양옆으로 늘어나는 면적으로 인해 거실과 방의 면적이 넓어지고, WIC신발장 팬트리, 수납 팬트리 공간, 알파룸, 베타룸 등이 생겨난다.

발코니 확장형의 평면도는 위쪽에 있는 기본형에 비해 위, 아래 있는 거실과 방들의 폭과 깊이가 넓어진 것을 볼 수 있다. 이제야 실제로 사람이 거주할 수 있는 정상적인 평면 구조가 된 것이다. 주로 발코니 확장비는 평당 30만~50만 원 정도로 책정이 되지만, 근래에는 분양가 규제로 인해 발코니 확장비를 비싸게 받는 일도 있으니 금액이 얼마인지 꼼꼼하게 점검해야 할 필요가 있다. 발코니 확장을 점검할 때 중요

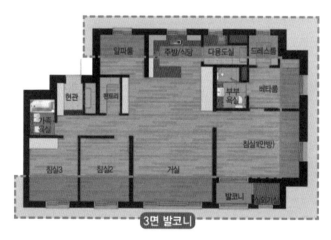

**3면 발코니 구조**

한 것은 몇 면을 확장한 개방형인지를 확인해야 한다. 앞 페이지의 확장형 평면도는 위, 아래, 오른쪽까지 3면 발코니 확장이 되면서 창문이 모두 생기는 3면 개방형이다. 3면 개방형의 경우 더욱 통풍과 채광이 우수하고, 발코니 확장면적이 늘어나면서 서비스 면적(발코니 확장을 통해 실제 사용할 수 있는 면적)이 극대화된다. 넓은 공간감과 채광, 통풍, 환기 등이 우수하므로 판상형 아파트의 장점을 극대화한 평면이다. 통상 2면 개방형보다 2~3평의 서비스 면적이 늘어나서 실제 사용하는 면적이 커진다. 이러한 장점으로 인해 3면 개방형의 경우 분양가와 발코니 확장비가 조금 더 비쌀 수밖에 없는데, 그런데도 한 아파트 단지 내에서 구조상 제한된 세대들에만 적용될 수 있기에 그 희소성으로 인기가 상당히 좋다. 이러한 구조는 청약 경쟁률도 높고 인기가 많은 만큼 그 프리미엄도 더욱 붙게 된다. 따라서 확장을 통해 얼마나 넓어지는지, 확장비는 얼마인지, 몇 면 개방형인지를 반드시 점검하자.

## 내부 구조

내부 구조 중 빠르게 점검해야 할 것들이 있다. 가장 먼저 주방 구조가 ㄷ자 형태인지 확인하여야 한다. ㄷ자 형태의 주방은 조리대가 넓고 요리와 설거지, 서빙 등의 주방 활동에 있어 그 동선이 간결하고 편리하다. ㄷ자 주방이 아일랜드 식탁과 식사하는 식탁의 배치를 가장 효율적으로 둘 수 있고, 냉장고와 수납장 등의 배치가 조화롭고 동선

**주부들이 선호하는 ㄷ자형 주방**

이 편리하게 잘 되어 있어 가장 깔끔하고 보기 좋은 장점이 있다. 따라서 주부들이 가장 선호하는 형태의 구조이다. 집을 구매하는 데 있어 주부들이 강력한 결정권자이기 때문에 주부의 마음을 사로잡아야만 거래도 잘되고 좋은 가격을 받을 수 있다.

WIC현관 신발장에 딸린 수납공간 및 다용도실, 수납장, 드레스룸, 기타 수납 가능 공간들이 넉넉한지, 현관에 들어오자마자 침실의 방안이나 거실이 훤히 들여다보이지는 않는지(프라이버시), 냉장고나 김치냉장고, 세탁기, 건조기 등을 놓을 공간은 넉넉한지, 여유가 있어 온전히 방으로 사용할 수 있는 알파룸, 베타룸 등이 있는지를 실거주든 투자로 접근하든 꼭 확인해야 한다. 이렇게 좋은 구조의 집이 결국 인기가 많고 인기가 많으면 거래도 활발하고 가격방어가 가능하기 때문이다.

## 면적

　보통 84타입 확장형의 경우 방과 거실의 기능을 최대한 활용하면서, 최대한의 면적을 뽑아낸 좋은 평면인지 판단하려면 방과 거실의 각 면적을 잘 점검하여야 한다. 보통 작은방은 가로 폭 3.0m, 안방은 3.6m, 거실이라면 4.3~4.6m가 가장 방 크기를 잘 활용할 수 있는 이상적인 면적이다. 간혹 작은 방은 2.5~2.7m인 경우가 많은데 이러면 온전히 방으로써 쓰기가 어렵다. 아이용 침대 하나 정도는 넣을 수 있겠지만 좀 더 큰 침대나 책상, 옷장들을 넣으려면 3.0m가 가장 이상적이다. 세부 면적 및 치수 확인은 모델하우스에 문의하거나 네이버에 평면분석(치수)을 해놓은 곳이 많으니(제시 예: 네이버 카페 〈아포유〉) 꼭 찾아서 확인해 보자. 가구 배치나 활용하지 못 하는 공간을 줄이는 데 가장 중요하다.

**보편적인 아파트 평면도 제시 예**

그 누구도 알려주지 않았던 청약 당첨의 기술

# 아파트의 가격 차이를 가져오는 부가가치 요소

단지 내 로열 동, 로열호수RR는 어디일까? 해당 단지에서 사람들에게 가장 인기 있는 로열 동, 로열호수는 어디일까. 일명 RR은 단지 내에서도 인기가 많아 가장 빨리 거래가 되고, 매매 시 더 높은 웃돈을 받을 수 있다. RR을 선정하는 기준은 개인마다 편차가 있겠지만 뷰전망에 따라서 달라지거나 같은 단지 내에서도 지하철과 가장 가까운 동(큰 대단지라면 단지 내에서 걷는 데에도 시간이 오래 소요되므로)도 로열 동이 될 수 있다. 지하철역에서 가까운 동은 통상적으로는 2,3천만 원 수준의 차이가 있을 수 있지만 지역과 단지마다도 반영된 가격이 달라 현장 조사를 통해 그 가치를 평가해야 한다. 그렇지만 뷰에 따른 가격 차이는 같은 아파트라도 천차만별이다. 특히 거실에서 보이는 바깥 전경이 어떤 것이고, 얼마나 뷰가 탁 트이고 좋은지, 영구조망인지에 따라 수억 원까지 차이가 날 수 있다.

강이나 호수가 보이는 전망이 가장 선호도가 높아 프리미엄이 비싸고, 산이나 공원 심지어는 골프장 조망도 좋다. 전망이 다른 동이나 다른 아파트로 인해 막힘 없이 보이는 뷰인지, 앞에 건축물 등이 들어설 예정이 없어 영구적으로 조망할 수 있는지에 따라서도 그 가치는 달라진다. 아래 호수의 조망이 같은 아파트 내에서도 얼마나 큰 차이가 나는지 동탄 호수공원에 접해있는 동탄 린스트라우스 더 레이크를 통해 살펴보자.

**동탄 우미린 스트라우스 더 레이크**

그 누구도 알려주지 않았던 청약 당첨의 기술

동탄 우미린 스트라우스 더 레이크 단지배치도

단지 배치도와 조감도를 살펴보면, 동탄 호수공원이 조망되는 동과 타입을 더욱 쉽게 알 수 있다. 청약 당첨을 통해 해당 아파트를 계약하게 되는 것이라면 동 호수 추첨에 따라 무작위로 선정되기 때문에 내가 로열 동호수를 고르긴 어렵겠지만, 혹시라도 분양권을 사거나 입주 초기에 아파트를 매매하게 된다면 로열 동호 수를 웃돈을 좀 더 주더라도 사는 것이 좋을 수 있다. 향후 이 아파트를 팔게 된다면 비 로열에 비해 매매차익에 대한 격차는 상당히 벌어지게 될 것이다. 과연 호수 조망이 가능한 세대와 그렇지 못한 세대는 같은 평수 기준 얼마나 시세가 차이 날까? 조망권이라는 상대적 가치를 정확한 지표로 산출하여 확인하긴 어렵겠지만, 현재 네이버 호가만 보더라도 큰 차이가 있음을 충분히 알 수 있다. 아래의 네이버 부동산 호가를 통해 동 간섭 없이 가까이 호수 조망이 나오는 세대와 간섭이 있어 측면 집 일부에서만 보이는 조망 세대 두 세대만 비교해 보자.

- **호가** 실제 아직 거래되지 않은 가격으로 시장 분위기를 반영해 매도자가 팔고자 부동산에 내놓은 가격으로 '네이버 부동산, 호갱노노' 등을 통해 확인할 수 있다.
- **실거래가** 호가를 두고 매도자와 매수자 간 가격 협의, 절충 등을 통해 실제 둘 간의 계약이 성사된 가격으로 '국토교통부 실거래가 홈페이지'에서 확인할 수 있다.
- **감정가** 감정평가사가 여러 평가 기법으로 적정가격을 산출한 가격으로, 주로 대출한도 산정 시 사용하며 매매가와 차이가 있을 수 있다. 주로 KB시세 등에 활용, 책정되어 초기 입주하는 단지는 전매제한으로 인해 실거래가가 존재하지 않기 때문에 감정가를 활용한다.
- **공시지가** 세금(보유세 등)을 산출하기 위해 산정한 가격으로 실제 매매가와는 큰 차이가 있다.

단순 호가만 비교 시 103동과 104동 물건을 비교해 볼 수 있는데, 층

그 누구도 알려주지 않았던 청약 당첨의 기술

동탄 우미린 스트라우스 더 레이크 네이버 부동산 매물(2020.11.26. 기준)

은 비슷하지만 따라 3억 원가량이 차이나는 것을 볼 수 있다. 이를 완전 호수비조망 세대와 비교하자면 더욱 큰 격차가 차이가 날 것은 자명한 사실이다. 특히 이러한 호수나 공원 등이 가까운 단지일수록 단지일수록 이러한 가격 차이는 더욱 클 수밖에 없다.

그렇다면 층은 몇 층 정도 되어야 로열 층수라고 부를 수 있을까? 필자들은 이를 쉽게 파악하기 위해 해당 동 최고 층수에 절반 이상 정도부터를 로열로 본다. 예를 들자면 25층 아파트라면 12층 이상부터를 로열로 보는데, 그렇다고 해서 11층이 로열이 아니라고 보기도 어렵다. 제일 객관적인 것은 현재 거래되고 있는 시세나 실거래 가격을 통해 어떤 층이 가격이 낮고, 어떤 층부터는 가격이 제값을 평가받는지 판단해보는 것이 중요하다. 25층 아파트인데, 만약 15층까지는 앞에 상가나 기타 건축물에 가려 뷰가 안 나오거나 간섭이 생긴다면 16, 17

층부터를 로열로 볼 수 있다. 이처럼 로열은 각 아파트의 특성마다 달라지기 때문에 정확하게 몇 층 이상이라고 단정 지어 얘기하기는 어려우므로 현장 조사가 필요한 부분이다. 가장 높은 층인 최상층(꼭대기 층)은 오히려 예전에는 많은 사람이 피했었다. 여름에는 덥고, 겨울에는 춥고, 결로현상이나 시공 하자로 인한 누수 발생 등의 이유로 최상층은 가격이 오히려 낮은 경우도 더러 있었다. 하지만 요즘 아파트들은 건축공법의 발달로 이러한 단점들이 많이 보완되어 선호도가 높아졌다. 단점은 보완되고, 최상층만이 가진 여러 장점으로 지금은 선호도가 갈수록 높아지고 있다. 최상층만의 탁 트인 뷰와 아파트마다 다르지만 사용할 수 있는 다락, 테라스 등의 서비스 공간이 제공되는 경우도 많아졌다. 가장 큰 장점은 요즘 큰 사회문제로 대두되고, 많은 사람이 아파트 주거를 단점으로 생각하고 있는 이유인 층간소음으로부터 자유롭다는 점이다.

**탑층 다락방의 모습**

이러한 로열 동 로열호수 로열층은 내가 자유롭게 선택하기는 어렵고, 청약에 당첨 시 무작위로 동호수가 배치되게 된다. 따라서 청약 당첨 시 나의 동호수가 로열에 해당하는지 판단하고 이것을 실제 계약까지 진행할지 면밀하게 전략적으로 검토할 필요가 있다. 일반 청약이 끝나고 예비자(예비 순번을 부여받은 청약신청자) 당첨 계약까지 진행하고 나서 청약 자격 요건 부적격이나 포기한 세대, 미분양된 세대를 대상으로 무순위 또는 선착순 계약을 진행하게 되는데, 선착순 계약을 진행할 시에는 이러한 로열 동호수를 고려하여 계약을 진행하자.

또한 요즘은 1층에 대한 평가가 달라지면서 그에 따라 선호도가 많이 높아졌다. 아이들이 뛰어다녀도 층간 소음에 대한 부담이 없고, 어

**아파트 1층 정원 제시 예**

르신들도 진·출입이 편리하다는 점 때문이다. 그렇지만 아직까진 개인 프라이버시, 조망, 일조 등의 이유로 저평가 받는 것이 사실이다. 따라서 갈수록 1층에 대한 특화 설계에 대한 많은 고민과 개발이 이루어지고 있다. 요즘 추세는 1층만 사용할 수 있는 단독 정원을 제공하기도 한다. 아파트 1층의 장점으로는 접근성이 높고 추락에 대한 안전함으로 인해 단지 내 어린이집으로 임차를 주거나 구경하는 집 등으로 사용하기 쉽다. 하지만 1층은 어찌 됐든 간에 다른 층수보다 가격이 절하되어 평가를 받게 된다. 적게는 2~3천만 원부터 1억 원까지도 1층이라는 이유로 로열층과 가격 차이가 생기게 된다. 이러한 1층 단점을 보완한 것이 바로 필로티 구조다. 쉽게 말해 기둥으로 떠받쳐 아파트 1층을 비우고 비워진 곳은 자전거 거치대나 통로, 벤치 등을 놓고 쉼터로 사

**필로티 구조 제시 예**

용하면서 실제 층수는 2층부터 설계하는 구조다. 1층의 단점을 보완하고 1층 분양 위험도 줄이면서, 아파트 동의 높이도 높아지면서 이 필로티 구조를 선호하는 경향이 늘어나고 있다.

따라서 소비자들도 1층 분양보다는 필로티 위에 있는 2층을 많이 선호한다. 1층에 비해 집의 높이가 높아졌기 때문에 밖에서 세대 안이 보이지 않아 1층의 단점을 보완, 프라이버시가 한층 강화되어 인기가 많다. 인기가 많다는 것은 로열층과 가격 차이가 없거나 적다는 것이다. 하지만 이것은 2층 같은 1층에 한해서의 이야기이지, 밑에 1층이 있는 2층의 경우는 오히려 1층보다 선호도가 낮을 수 있다. 1층의 장점은 없이 단점을 거의 답습했기 때문인데 이 역시 단지마다 특성이 다르다.

아파트 배치도를 잘 살펴보자. 아파트 동별 배치도를 잘 살펴야 위의 로열 동호수를 분석할 수 있는 것은 물론, 동 간 거리나 커뮤니티 시설 등을 잘 살펴 아파트 내 부족한 점은 무엇인지 파악할 수 있다.

다음 페이지의 배치도를 보면, 빽빽하게 들어선 동들에 숨이 막힐 수 있다. 재개발 재건축 같은 정비사업은 최대한 많은 세대를 넣어 분양 수익금을 늘려야만 기존 조합원들의 분담금이 적어져 사업이익이 늘어나기 때문이다. 주상복합의 경우나 땅 면적이 작은 곳에서 아파트를 짓게 될 때는 동 간 거리가 좁아질 수 있으니 꼭 배치도를 확인해야 한다. 다음 페이지의 배치도만 봐도 동 간 거리가 아주 널찍하지 않음을 알 수 있다. 따라서 내가 당첨된 동호수가 앞 동이나 옆 동으로 인해

**힐스테이트 푸르지오 수원 배치도**

간섭을 받아 햇빛이 잘 들어오지는 않을지, 옆 동의 거실에서 우리 집이 훤히 들여다보이진 않을지 검토를 해봐야 한다. 적정 동 간 거리는 일조권을 확보하기 위한 최소 기준이 있지만, 최소 70m 이상은 되어야 일조권 확보와 동 간격 간섭으로부터 벗어난다고 생각하기 때문이다. 따라서 이를 잘 파악하는 것이 중요하다.

그리고 커뮤니티 시설이 중요한데, 요즘의 신축 아파트는 단지 내에 골프 연습장, 헬스장, 단체운동실, 사우나, 수영장, 독서실 등 다양한 편의시설이 있다. 이러한 커뮤니티 시설은 단지 내 사람들만 저렴하게 이용할 수 있어 주목받고 있다. 특히 아이가 있는 세대들은 보안과 편리성이 뛰어난 단지 내 커뮤니티 시설을 선호한다. 건설사나 시행사에서도 분양률을 높이기 위해 차별화된 특화 커뮤니티 시설을 연구하고 계속해서 도입하고 있다. 이러한 시설들은 건설사가 만들어만 주고, 실질적 운영은 입주 후 입주자대표회의가 구성되면 입주자들이 자체적으로 운영해야 하는 경우가 많으므로 유명무실해질 때도 많다. 따라서 내가 분양받고자 하는 아파트에는 어떤 커뮤니티 시설이 있는지, 운영방식은 어떻게 되는지도 꼼꼼히 살펴보자. 가격 차이가 크지 않다면 이왕이면 소비자는 즐길 거리 많은 커뮤니티 시설이 있는 아파트 단지를 구매하지 않을까? 점점 특화되어 추가되고 있는 시설들은 볼링장, 수영장, 유명 학원, 찜질방, 조식 뷔페 등이 있으며, 이는 앞으로도 계속해서 다양해질 전망이다.

경제 수준이 많이 높아지면서 명품에 대한 수요가 정말 많이 늘어났다. 명품이란 것이 품질도 물론 좋겠지만, 결국 이름값, 즉 브랜드가 구매에 큰 영향을 미치는 것일 텐데, 아파트에도 이 브랜드가 미치는 파급효과가 상당하다. 기술과 공법의 엄청난 발달에 따라 브랜드별 품질은 사실 엄청나게 큰 차이는 없다. 그 개발 사업에서 평당 공사비를 얼마로 책정하느냐에 따라 마감재 품질이 달라질 뿐이고, 하자는 어떤 브랜드이든지 비슷하게 매번 발생한다. 그렇지만 시공사의 마케팅 효과일까, 주부들의 마음을 사로잡은 유명 건설사 아파트의 인기는 갈수록 높아져 간다. 브랜드 아파트의 1군 시공사는 보통 일정액 이상의 공사비 규모가 되어야 사업에 참여하기 때문에 대체로 세대수가 많은 대

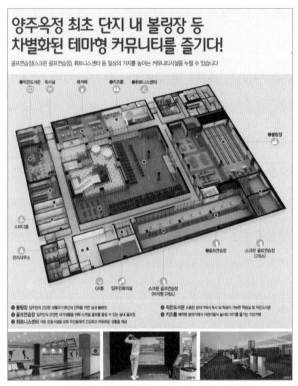

**단지 내 여러 문화 시설이 잘 되어 있는 곳 제시 예**

단지일 경우가 많다. 따라서 대단지 브랜드 아파트가 그 지역의 시세를 선도하고 대장으로서 역할을 하는 일이 많으므로, 브랜드에 대한 그 프리미엄과 선호도가 계속해서 증가하는 현상을 보인다. 보통 브랜드의 순위는 전년도 시공능력평가에 따라 순위를 매기지만, 다양한 기관에서 인지도와 선호도 조사를 통해 순위를 매기기도 한다. 따라서 청약이나 매매 시에는 브랜드를 고려하는 것이 좋다.

그 누구도 알려주지 않았던 청약 당첨의 기술

| 순위 | 상 호 | 기성액 | CI | BI |
|---|---|---|---|---|
| 1위 | 지에스건설(주) | 43,533 | GS 건설주식회사 | Xi 자이 |
| 2위 | (주)대우건설 | 39,187 | 대우건설 | PRUGIO |
| 3위 | (주)포스코건설 | 35,844 | posco 포스코건설 | THE SHARP |
| 4위 | 롯데건설(주) | 30,037 | 롯데건설 | LOTTE CASTLE |
| 5위 | 대림산업(주) | 27,848 | DAELIM | e편한세상 |
| 6위 | 현대건설(주) | 26,183 | 현대건설 | 힐스테이트 |
| 7위 | HDC현대산업개발(주) | 20,046 | HDC 현대산업개발 | IPARK |
| 8위 | 삼성물산(주) | 15,067 | SAMSUNG 삼성물산 건설부문 | 래 미 안 |
| 9위 | 에스케이건설(주) | 11,136 | SK 건설 | SK VIEW |
| 10위 | (주)태영건설 | 10,676 | TAEYOUNG 태영건설 | DESIAN |

2020년 아파트 공사실적('19년) 상위 10개사

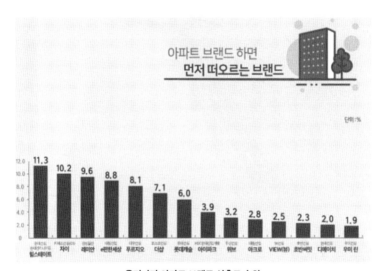

우리나라 아파트 브랜드 선호도 순위

## 꼼수 부동산 팁

### 아파트의 이름은 어떻게 짓는 것일까?

아파트의 이름은 마케팅에 있어 굉장히 중요하다. 잘 지은 이름은 그 지역을 대표하는 랜드마크로 자리매김할 가능성도 크고, 분양 성적표에도 영향을 미친다. 부르기 쉬우면서, 사람들에게 기억되기 쉬운 이름으로 네이밍을 하는 것이 가장 중요하다. 아파트의 이름은 개발 사업을 하는 시행사에서 짓게 되며, 건설사의 브랜드를 붙여 짓는다. 특히 요즘 추세는 지역을 대표하기 위해 지역명이나 전철 역명을 앞에 붙이고 브랜드 하나로만 끝내 간결하고 부르기 쉬운 이름을 선호하고 (ex : 반포 자이, 망포 힐스테이트, 미사 센트럴 자이, 다산 자이, 성복역 롯데캐슬), 건설사가 두 군데 이상이 참여하여 공동으로 지었다면 브랜드에 같이 들어간다(ex : 고덕 래미안 힐스테이트, 다산 자연앤이편한세상, 망포아이파크캐슬). 지역을 대표하기 어려운 입지에 있는 아파트의 경우 뒤에 서브네임을 붙여 마케팅 포인트를 강조한다(동탄 더샵 레이크에듀타운, 부천 중동 센트럴파크푸르지오, 송도 센트럴파크푸르지오). 또한 긴 아파트 이름을 함축적으로 부르기 쉽게 만들어 입에 계속 오르내릴 수 있는 아파트 이름도 중요하다. 부르기 쉬워 입에 자주 오르내린다는 것은 그만큼 인기가 높아졌다고 볼 수 있다(신촌그랑자이 - 신그자, 마포래미안푸르지오-마래푸, 고덕래미안힐스테이트-고래힐).

# 이것만 알면 판단완료
# 초 간단 입지 분석 법

최근 부동산에 대해 전 국민의 관심도가 높아지면서, 부동산에 관한 지식수준 역시 상당히 올라갔음을 자주 느낀다. 그 결과로 청약경쟁률은 로또라고 불릴 정도로 예전과 다르게 높아졌고, 무순위 청약(일명 줍줍)은 전생에 나라를 구했어야만 당첨이 가능하다는 말이 나올 정도로 무한 경쟁률을 보인다. 인터넷 카페나 커뮤니티 등에는 소신 있게 상당 수준의 지역분석, 물건분석을 하는 꽤 전문가(?) 포스의 글들도 차고 넘친다. 그들 역시 제일 먼저 분석하고 평가하는 것은 당연히 입지이다. 부동산은 결국 입지에서 시작해서 입지에서 끝난다는 말이 있듯이 입지는 그 어떤 요소 보다 중요하다. 앞서 언급한 브랜드, 로열 동호수, 평면 등도 결국 입지가 좋지 않다면 큰 장점 없이 좋으면 좋고, 아니면 말고 정도의 평가 요소일 뿐이 되어버린다. 따라서 투자던지 실거주하던지, 가격이 내려가지 않고 프리미엄이 형성될 것인지 결국 그것을 좌우하는 것은 입지다. 실거주 목적이라 하더라도 가격이 떨어져 버리면 얼마나 마음이 아프겠는가. 입지는 부동산의 속성에 대해 알고 나면 그 중요도를 더 부각할 수가 있다. '부동산', 그 이름처럼 '부동-움직이지 않는다'라는 부동성과 어느 하나 똑같은 것이 없고 다 제각각의 특성이 있다는 개별성 등의 속성으로 그 입지는 부동산 가격에 가장 큰 영향을 미친다. 첫째도 입지, 둘째도 입지, 셋째도 입지라는 말인데, 그렇다면 입지 분석을 잘하는 방법과 그 기준은 무엇일까? 입지 분석을 위해 인터넷 지도로도 보고, 실제 임장도 반드시 가봐야 한다. 입지 분석을 위해 꼼꼼하게 따져야 할 것들이 정말 많겠지만, 이 역시도 '나와 내 가족이 살기 좋을 것 같은 곳'이라고 단순하게 귀결하여 생각하고 분석하면 된다. 좋은 입지를 판단할 요소는 많겠지만 크게 6가지 포인트를 기억 하자.

## 포인트1 역세권

전철역과 무조건 가까울수록 좋다. 지도상으로 직진 거리가 아닌, 실제 도보 거리로 500m, 10분 이내의 역세권 단지는 불패 신화라는 말이 있듯 전철역과 가까울수록 그 가치는 나날이 높아진다. 황금노선인 2호선, 9호선, 7호선, 8호선, 신분당선 등 강남을 거치는 노선이 특히

**한창 개발 중인 7호선 신풍역 근처**

주목받는다. 이미 이러한 역세권 프리미엄이 가격에 많이 반영되어 비싸도 너무 비싸졌다. 따라서 조금 저평가되어있는 1호선, 5호선, 김포골드선, 6호선 라인을 찾아 구매한다면 추후 가격 상승 여력이 더 있다고 보인다. 지하철 역세권 프리미엄이 너무 많이 올라 저평가 우량주, 즉 미래가치에 투자하고 싶다면 GTX 역세권을 노리는 것이 좋다. GTX는 크게 3개 노선이 있는데 서울 중심부를 획기적인 시간 내에 관통하기 때문에 어떤 노선이든 개통한다면 엄청난 파급효과를 일으킬 것이다. GTX도 현재 착공 중인 A노선의 경우 상당수 프리미엄이 가격에 반영되었기 때문에 조금 저평가 되어 있는 덕정, 의정부, 평내호평, 마석, 부평 등 향후 GTX로 인해 출·퇴근 시간이 획기적으로 단축될 지역을 공략하면 좋다.

수도권 광역급행철도(GTX) 노선도

## 포인트2 학세권

아이를 키우는데 해로운 환경이 없고 안전하게 등·하교를 할 수 있도록 초등학교가 가깝고 학원가가 잘 조성되어 있는지에 관한 관심과 선호도가 높아졌다. 초등학교가 단지 내에 있어 찻길을 건너지는 않는지, 찻길이 있다면 길을 몇 번 건너야 하고 건넌다면 왕복 몇 차선 도로를 건너야 되는지, 육교를 통해 안전하게 건널 수 있는지 등을 파악하는 것이 중요하다. 특히 단지 내에 어린이집, 유치원, 초등학교 등이 있다면 길을 건너야 하는 단지보다 최소 수천만 원의 가격 차이가 생기니 이를 반드시 점검한다.

인기가 높은 초품아 아파트 단지 제시 예

## 포인트3 몰세권

집 인근에 대형 마트나 백화점, 아울렛, 영화관이나 대형 서점 등의 문화시설, 대형병원 등이 잘 갖춰져 있는지 확인해보자. 이러한 편의 시설에 대한 젊은 층의 선호도가 높아지면서 집 근처 인프라에 따라서

아파트 시세도 높은 문화시설이 좋은 지역

도 프리미엄에 많은 영향을 준다. 내가 살기 편리한 곳은 남도 살기 편리하여 수요가 많다고 생각하자. 스세권(스타벅스), 맥세권(맥도날드) 등의 특정 프리미엄 브랜드에 대한 선호를 반영한 단어들도 계속해서 생겨나는 이유다.

## 포인트4 일자리

앞서 언급했던 교통과 편의시설 등의 기반시설도 결국 많은 사람들이 거주하는 곳에 생기기 마련이다. 많은 사람들이 거주하는 곳, 선호도가 높고 수요가 많아 가격이 비싼 곳들은 찬찬히 살펴보면 일자리가 풍부한 곳이 많다. 강남, 여의도, 종로, 상암과 같은 서울 외에도 과천, 판교, 광교, 동탄 등 경기도권 신도시 역시 대기업과 그 연관된 많은 기업들이 줄지어 들어오게 되어 성공했다고 봐도 무방하다. 기업이 많으

**일자리 접근성이 좋아야 부동산 수요가 많음**

면 돈의 유동성도 좋아서 지역 상권이 살아나며 도시에 활기가 돈다. 따라서 일자리를 많이 만들고 기업들을 유치하기 위해 각 지자체에서도 많은 심혈을 기울이고 있는데, 일자리가 많으면 자연스레 사람이 몰리고 프리미엄도 같이 올라간다고 볼 수 있다.

## 포인트 5 숲세권

밥 먹고 산책할 수 있는 공기 좋은 공원이나 동산, 수변, 호수 등이 있으면 그만큼 주거 쾌적성이 높아지기 때문에 프리미엄이 부가적으로 따라온다. 교통 좋은 도심 속에 있으면서 전원주택의 느낌이 나는 곳을 주목하자. 공원이나 호수 등이 집 거실에서 뷰까지 나온다면 금상첨화임을 잊지 말자.

**중·장년층의 선호도가 높은 숲세권 제시 예**

## 포인트 6 대단지 브랜드

**시세가 안정적인 대단지 브랜드 아파트**

브랜드의 중요성은 앞서 설명한 대로, 명품 1군 브랜드를 선호하는 사람들이 많이 늘어나 그 프리미엄도 인정받고 있다. 거기에 1,000세대 이상의 대단지면 금상첨화인데, 세대수가 많을수록 지하주차장이나 공용부분의 전기세, 각종 수리비, 시설 청소비용, 경비원들의 인건비 등 아파트 유지, 관리하기 위한 공용관리비가 절감되는 효과는 물론 세대수가 많을수록 그만큼 부동산 매매나 전세의 거래량이 늘어나기 때문에 아파트 가격이 보다 탄력적으로 가격이 상승될 가능성이 크다.

어렵게 생각하지 말고 쉽게 생각해서 내가 좋다고 판단한 곳은 남도 좋다고 판단할 것이고, 그것이 결국 그 입지의 한정된 공급에 대한 수요로 연결된다. 여기에 더해 인근에 최근 분양했던 아파트가 있었는지, 있다면 그 아파트의 청약 경쟁률은 어떠했고 현재 프리미엄(웃돈)은 얼마나 형성되어 있는지를 파악해보고 현재 분양 중인 아파트가 있다면 그곳의 모델하우스를 방문해보자. 그 주변 동네의 인기를 직접 눈으로 확인할 수 있다. 만약 최근 분양했던 신규 아파트가 없다면 주변에서 가장 비싼 아파트가 어디인지 찾아보자. 전세가가 높은지 보는 것도 확인하는 것이 좋은데, 얼마나 살기 좋고 투자수요와 실수요가 적정한지 파악하는 좋은 지표이다. 가장 비싼 대장(리딩) 아파트와 아파트와 가까우면 가까울수록 입지가 좋다고 생각하면 된다.

여기까지는 '인터넷 지도와 호갱노노 사이트, 부동산 관련 사이트(부동산 114, 닥터부동산 등), 인터넷 카페(아름다운 내집갖기, 부동산 스터디 등)'를 통해 정보를 수집하고 파악하자. 그 후에 직접 임장(현장 방문)을 통해 걸어보고, 대중교통을 타보고, 자차로 가보며 실제 자신이 인터넷에서 확인한 정보들에 대해 검증을 해야 한다.

그다음에는 인근 공인중개사 부동산 사무실을 직접 찾아가 보자. 음료수 하나 사갖고 방문하면 귀찮다고 마다할 곳 없다. 앞으로 잠재 고객이 될 수도 있어, 친절하고 자세하게 설명해 주실 것이니 너무 걱정하지 말고 들어가 내가 확인한 정보들이 맞는지, 최근 수요나 가격 동향은 어떠한지, 임대차 흐름은 어떠한지 등을 꼼꼼하게 확인해보자. 부동산 사무실은 최소 두세 군데 이상은 가보는 것을 추천한다. 각기 부동산 사장님마다 보는 관점과 생각, 성향이 다 다르기 때문이다.

마지막으로 간단하게 미래에 대한 잠재 가치도 파악해보자. 광역교통대책(국토교통부 홈페이지, 대도시 광역 교통위원회 홈페이지)을 통해 앞으로 어떠한 교통 인프라가 들어올 것이고 그것은 어떤 시너지 효과를 낼 것인지에 대한 고민이 필요하다. 사고자 하는 곳의 시청 등 홈페이지에서 도시기본계획(마스터플랜) 등을 확인하면 향후 지자체 및 정부에서 해당 지역에 어떤 개발계획과 교통 대책 계획 등의 비전을 그리고 있는지 알 수가 있다. 당장의 가치도 중요하지만 미래 가치 역시 알고 산다면 한 발 더 앞서나가 매도 계획 등을 세울 수 있을 것이다.

# 빽빽한 모집공고 핵심만 빠르게 파악하기

청약은 요즘 제2의 고시라고 불릴 정도로 당첨이 어렵고, 그 내용도 많아 복잡해 보이는 내용이 많다. 하지만 청약이 내 인생을 바꿀 로또와 같다는 마음으로 공부해보면 많은 도움이 된다. 청약이라는 시험에는 '입주자 모집공고'라는 정답지가 있다. 다시 말해 오픈북 테스트와도 같다. 하지만 용어 자체들이 친숙하지 않고 이해하기 어렵다는 점 때문에 많은 사람들이 포기하기도 한다. 입주자 모집 공고는 아파트마다 그 내용 자체가 크게 달라지는 것이 없으므로 한번 분석 방법을 습득해 놓는다면 두 번, 세 번째에는 신속하고 정확하게 필요 정보만 분석할 수 있다. 그렇다면 입주자 모집공고에는 어떤 내용이 있고 어떻게 분석하면 좋을까? 빼곡한 글씨로 가득한 모집 공고를 한글자 한글자

한 아파트의 입주자 모집 공고 제시 예

다 읽어볼 것인가? 지금부터는 이 모집 공고를 빠르고 간단하게 분석할 수 있는 방법을 알려드리고자 한다. 이 방법만 따라서 본다면 두세 시간 걸릴 모집 공고 분석을 단 10분 내로 마칠 수 있다. 바로 'Ctrl+F, 키워드'로 필요한 부분, 핵심만 빠르게 파악하면 되기 때문이다.

## 파트 1

모집공고에서 가장 처음 나오는, 왼쪽 최상단에 가장 긴 내용의 문구들로 구성되어 있다. 사실 이 모집 공고의 중요한 사항은 여기에 다 압축하여 있다고 봐도 무방하다. 먼저 모집 공고일과 함께 해당 지역의 규제 사항(투기 과열지역 조정대상지역 비규제 지역)에 따른 전매 사항, 의무거주 사항 등을 가장 먼저 점검해야 한다. 그에 따라서 대출과 1순위

그 누구도 알려주지 않았던 청약 당첨의 기술

자격요건, 전매 제한 등이 달라지므로 접근 전략 역시 달라질 수밖에 없다.

## 1) 'Ctrl+F' + '공고일'

입주자 모집 공고 일은 청약에 있어서 굉장히 중요한 부분이다. 모든 청약의 조건은 모집공고일 전일을 기준으로 발생한다. 청약에 필요한 예치금, 1순위 조건, 세대주 여부, 주택 소유 여부, 청약 제한 사항 모든 것들의 기준일이 바로 '모집 공고일'이다. 예를 들어 2020년 08월 12일에 모집 공고가 발표되었다고 한다면, 2020년 08월 11일 기준으로 나의 청약 자격 요건을 갖춰놓아야 한다. 2020년 08월 11일, 내 청약 통장에 199만 원이 들어있고 2020년 08월 12일 모집 공고일에 부족한 예치금 1만 원을 채워 넣는다고 해서 1순위 자격 요건을 충족시키지 못하기 때문에 반드시 모집공고일 전에 미리미리 확인하자.

## 2) 'Ctrl+F' + ' 건설지역'

해당 분양 지역이 투기과열 지구인지, 청약조정 대상지역인지 반드시 확인하도록 하자. 이에 따라 다음 페이지의 표와 같이 많은 사항이 달라지기 때문에 계획에 차질이 생길 수도 있다.

| | 투기과열지구(48개) | 조정대상지역(75개) |
|---|---|---|
| 서<br>울 | 전 지역<br>('17.8.3) | 전 지역<br>('16.11.3) |
| 경<br>기 | 과천('17.8.3),<br>성남분당('17.9.6),<br>광명, 하남('18.8.28),<br>수원, 성남수정, 안양, 안산단원, 구리,<br>군포, 의왕, 용인수지·기흥, 동탄2('20.6.19) | 과천, 성남, 하남, 동탄2('16.11.3),<br>광명('17.6.19),<br>구리, 안양동안, 광교지구('18.8.28),<br>수원팔달, 용인수지·기흥('18.12.31),<br>수원영통·권선·장안, 안양만안,<br>의왕('20.2.21)<br>고양, 남양주[주1], 화성, 군포, 안성[주2],<br>부천, 안산, 시흥, 용인처인[주3], 오산,<br>평택, 광주[주4], 양주, 의정부('20.6.19)<br>김포[주5]('20.11.20) |
| 인<br>천 | 연수, 남동, 서('20.6.19) | 중, 동, 미추홀, 연수, 남동, 부평, 계양,<br>서('20.6.19) |
| 대<br>전 | 동, 중, 서, 유성('20.6.19) | 동, 중, 서, 유성, 대덕('20.6.19) |
| 부<br>산 | - | 해운대, 수영, 동래, 남, 연제('20.11.20) |
| 대<br>구 | 수성('17.9.6) | 수성('20.11.20) |
| 세<br>종 | 세종('17.8.3) | 세종[주6]('16.11.3) |
| 충<br>북 | - | 청주[주7]('20.6.19) |

주1) 화도읍, 수동면 및 조안면 제외
주2) 일죽면, 죽산면 죽산리·용설리·장계리·매산리·장릉리·장원리·두현리 및
　　삼죽면 용월리·덕산리·율곡리·내장리·배태리 제외
주3) 포곡읍, 모현읍, 백암면, 양지면 및 원삼면 가재월리·사암리·미평리·좌항리·
　　맹리·두창리 제외
주4) 초월읍, 곤지암읍, 도척면, 퇴촌면, 남종면 및 남한산성면 제외
주5) 통진읍, 대곶면, 월곶면, 하성면 제외
주6) 「신행정수도 후속대책을 위한 연기·공주지역 행정중심복합도시 건설을 위한 특별법」
　　제2조제2호에 따른 예정지역에 한함
주7) 낭성면, 미원면, 가덕면, 남일면, 문의면, 남이면, 현도면, 강내면, 옥산면, 내수읍
　　및 북이면 제외

**투기과열지구와 조정대상지역에 대한 설명**

　　　　　　　　　　그 누구도 알려주지 않았던 청약 당첨의 기술

### 3) 'Ctrl+F' + '전매'

해당 분양권에 당첨되면 분양권 상태에서 거래가 가능한 것을 전매라고 하는데, 요즘은 대부분의 지역이 소유권이전등기시기까지 전매가 불가하므로 찾아서 참고 정도만 하자.

### 4) 'Ctrl+F' + '의무 거주'

나라에서 조성한 공공 택지에서 분양하는 경우 요즘은 의무거주 기간을 두고 있다. 주로 5년에서 8년까지 의무거주 해야 하는 기간이 다양한데, 꼭 확인하여 불이익을 당하는 일이 없도록 하자.

## 파트 2

파트2에서는 청약 일정을 정확하게 파악해야 한다. 특별 공급 일정, 1순위 일정, 당첨자 발표 및 서류접수, 계약 일정을 점검해야 한다. 청약 마감 시간은 오후 5시 30분이니 반드시 유의하자. 당첨자 발표일이 중요한데, 당첨자 발표일이 같은 분양 아파트 여러 곳에 중복으로 청약했다가 중복으로 당첨이 되면 둘 다 무효가 되니 꼭 발표일이 다른 것에만 각각 지원하자. 보통 계약체결 일정 일주일 정도 이후에 예비 당첨자 계약을 하고 그 이후에 바로 무순위 줍줍 청약을 하는데 이 일정은 모집 공고에 적혀있진 않으니 모델하우스에 전화해 일정을 미리 파악해놓자.

이 정도면 '입주자 모집공고' 내의 사업개요 파트 쪽은 대부분 정보를 파악할 수 있다. 모집 공고일은 언제인지, 해당 주택건설의 제한 및 규제 사항들은 무엇인지, 우선 공급대상자는 누구인지, 계약 일정은 어떻게 되는지 이 모든 것들을 파악했다면, 이 사업개요 파트에서는 더 이상 숙지해야 할 사항이 없다. 나머지는 시간이 되면 읽어보고 그렇지 않다면 아까운 시간을 더 낭비하지 말자.

## 파트 3

파트3에서 중요한 것은 공급 위치와 규모(세대수 및 청약유형별 개수), 분양가격, 납부 일정인데 반드시 점검해야 한다. 청약유형별 개수를 보고 어떤 타입에 청약을 넣을 것인지 전략을 짜는데, 가령 너무 세대수가 적은 유형에 넣으면 애초에 기회 자체가 적어 예비당첨자를 선정하는 숫자가 적기에 당첨 확률 자체가 낮아진다.

### 1) 'Ctrl+F' + '공급 규모'

공급 규모를 통해 지하 주차장은 몇 층까지 확보되어 있어 주차공간은 여유가 있을지 파악해보고 제일 높은 층은 몇 층인지, 총 세대수는 몇 세대 공급 되는지를 한 눈에 파악하기 쉽다. 또한 입주 예상 시기는 언제인지 점검이 가능하기 때문에 사업의 기본을 파악하는 데 유용하다.

| 구 분 | 특별공급 (기관추천, 다자녀, 신혼부부, 노부모부양) | 일반1순위 | | 일반2순위 | 당첨자발표 | 당첨자 서류접수 | 계약체결 |
|---|---|---|---|---|---|---|---|
| | | 해당지역 | 기타지역 | | | | |
| 일 정 | 2020.09.01.(화) | 2020.09.02.(수) | 2020.09.03.(목) | 2020.09.04.(금) | 2020.09.10.(목) | 2020.09.12.(토)~2020.09.17.(목) | 2020.09.22.(화)~2020.09.27.(일) |
| 방 법 | | 인터넷 청약 (08:00 ~ 17:30) | | | 개별조회 (청약home 로그인 후 조회 가능함) | 당사 견본주택 내방접수 (10:00~16:00), 사전예약제 운영 | |
| 장 소 | • 사업주체 견본주택 • 한국감정원 청약Home   (www.applyhome.co.kr) • 청약통장 가입은행 구분 없음 | • 한국감정원 청약Home   - PC : 상동   - 스마트폰앱 | | | | 당사 견본주택 | |

※ 고령자, 장애인 등 인터넷 청약이 불가한 경우에 한해 특별공급은 견본주택 방문접수(10:00~14:00, 은행창구 접수 불가), 일반공급은 청약통장 가입은행 본·지점(09:00~16:00)에서 청약 가능함
※ 청약 신청한 주택의 신청취소는 신청 당일 청약신청 마감 이전까지 가능하며, 청약 접수 종료 이후에는 어떠한 경우라도 신청 취소 및 변경이 불가하오니 유의하여 주시기 바랍니다.
※ 스마트폰앱 : 구글플레이스토어 및 애플앱스토어에서 "청약home" 검색
  - 스마트폰앱을 이용하여 청약할 경우에는 청약일 당일 기간 전에 앱을 설치하고 청약 시 사용할 공인인증서를 해당앱으로 미리 저장하시기 바랍니다. 청약 당일 공인인증서 설치 문제로 청약이 곤란할 경우에는 PC를 이용하여 주시기 바랍니다.

---

**I  공급내역 및 공급금액**

■ 주택공급에 관한 규칙 제20조의 규정에 의거 화성시 주택과 - 34749호(2020.08.18.)로 입주자모집공고 승인
■ 공급위치 : 경기도 화성시 반월동 488-1번지 일원
■ 공급규모 : 아파트 지하 1층, 지상 25층 12개동, 총 999세대
  [특별공급 417 세대(일반[기관추천]특별공급 96 세대, 다자녀가구특별공급 100 세대, 신혼부부특별공급 192 세대, 노부모부양특별공급 29 세대 포함)] 및 부대복리시설
■ 입주시기 : 2022년 11월 예정(정확한 입주일자는 추후 통보함)
■ 공급대상

공급내역 및 공급금액

## 2) 'Ctrl+F' + '공급 대상'

　그다음 공급대상에서는 타입별 세대수 및 특별 공급의 유형별 세대 수를 파악할 수 있다. 타입별 세대수를 통해 어떤 타입이 주력 타입이고 세대수가 많은지, 내 가점 점수에 따라 청약 전략을 세울 수 있다. 세대 수는 많지만 비선호하는 타입을 노려서 당첨 확률을 높일 수 있기 때문이다. 한눈에 보기 쉽게끔 일목요연하게 표로 세대수가 정리되어 있어 아주 귀중한 정보이다. 공급 대상에서 중요한 부분은 바로 주택 공급 면적이다. 주택 공급 면적은 단위가 제곱미터(㎡)로 표기되며 '주거 전용 면적', '주거 공용 면적'으로 나뉘는데, 이 둘을 합친 면적이 '주택공급 면적'이 된다.

　59타입, 75타입, 84타입은 '주택형'을 표기하는 면적은 주거 전용 면적으로써 실 평수를 뜻하고, 흔히들 알고 있는 23평, 30평, 33평 등으

로 부르는 것은 주택 공급 면적을 뜻한다. 제곱미터를 평으로 환산하기 위해서는 면적에 0.3025를 곱하면 평으로 환산된다. 따라서 평 당가를 계산할 때는 '(공급면적)×0.3025'를 가격에 나누면 된다.

| 주택구분 | 주택관리번호 | 모델 | 주택형(전용면적기준) | 약식표기 | 주택공급면적(㎡) | | | 기타공용면적(지하주차장등) | 계약면적 | 세대별 대지지분 | 총공급세대수 | 특별공급 세대수 | | | | | 일반분양 세대수 | 저층 우선배정 세대수 |
|---|---|---|---|---|---|---|---|---|---|---|---|---|---|---|---|---|---|---|
| | | | | | 주거전용면적 | 주거공용면적 | 소계 | | | | | 기관추천 | 다자녀가구 | 신혼부부 | 노부모부양 | 계 | | |
| 민영주택 | 2020000983 | 01 | 059.9951A | 59A | 59.9951 | 23.3828 | 83.3779 | 29.6713 | 113.0492 | 39.5405 | 90 | 9 | 9 | 18 | 3 | 39 | 51 | 4 |
| | | 02 | 059.9952B | 59B | 59.9952 | 22.7182 | 82.7134 | 29.6714 | 112.3848 | 39.5406 | 42 | 4 | 4 | 8 | 1 | 17 | 25 | 1 |
| | | 03 | 059.9984C | 59C | 59.9984 | 23.0092 | 83.0076 | 29.6730 | 112.7706 | 39.5427 | 45 | 5 | 5 | 9 | 1 | 20 | 25 | 2 |
| | | 04 | 084.9964A | 84A | 84.9964 | 24.7628 | 109.7592 | 42.0362 | 151.7954 | 56.0179 | 528 | 53 | 53 | 106 | 16 | 228 | 300 | 23 |
| | | 05 | 084.9935B | 84B | 84.9935 | 25.4873 | 110.4808 | 42.0347 | 152.5155 | 56.0160 | 179 | 18 | 18 | 36 | 5 | 77 | 102 | 7 |
| | | 06 | 084.9935C | 84C | 84.9935 | 25.9306 | 110.9241 | 42.0347 | 152.9588 | 56.0160 | 73 | 7 | 7 | 15 | 2 | 31 | 42 | 3 |
| | | 07 | 111.8909 | 111 | 111.8909 | 30.0225 | 141.9134 | 55.3372 | 197.2506 | 73.7431 | 42 | – | 4 | – | 1 | 5 | 37 | – |
| 합계 | | | | | | | | | | | 999 | 96 | 100 | 192 | 29 | 417 | 582 | 42 |

■ 주택형의 구분은 공고상의 표기이며, 견본주택 및 분양 카탈로그/홍보 제작물은 타입으로 표현되었으니, 청약 및 계약 시 주택형을 혼동하지 않도록 유의하시기 바랍니다.
■ 주거전용면적은 주거의 용도로만 쓰이는 면적이며, 주거공용면적은 계단, 복도, 현관 등 공동주택의 지상층에 있는 공용면적이며, 기타 공용면적은 주거공용면적을 제외한 지하층, 관리사무소, 주민공동시설 등의 공용면적입니다.
■ 각 세대별 주거공용면적은 단지 전체의 주거공용면적을 세대별 전용면적 비율에 따라 배분한 것으로 계약상 주거공용면적이 당해 세대 또는 동의 공용부분 실제면적과 일치하는 것은 아닙니다. (동일 주택형의 경우라도 해당 세대 주거공용부분은 동별로 형태 및 면적 등이 다소 차이가 있을 수 있습니다.)
■ 견본주택에 설치된 세대, 모형물과 리플렛 등으로 대상주택을 안내하오니, 설계도서 등을 반드시 확인하신 후 청약 및 계약을 체결하시기 바랍니다.
■ 상기 세대별 대지지분은 용도별(공동주택 및 근린생활시설)배분후 주택형별 전용면적 비율에 따라 배분하였으며, 향후 지적확정측량결과 또는 공부정리결과에 따라 대지면적 증감이 있을 수 있습니다.
■ 상기 공부상 면적과 대지지분은 법령에 따른 공부정리 절차, 실측 정리 또는 소수점 이하 단수정리에 따라 계약면적과 등기면적이 차이가 발생할 수 있으며, 이 경우 공급계약 시 면적이 소수점 이하 면적 변동에 대해서는 상호 정산하지 않습니다.
■ 청약신청 시 반드시 위 공급대상의 '주택형'으로 청약하여야 합니다.

**타입별 세대수 및 특별 공급의 유형별 세대수**

## 3) 'Ctrl+F' +'공급금액'

입주자 모집 공고의 꽃은 바로 공급 금액, 즉 분양가다. 위에서 설명한 평당가를 산출하여 이 금액이 합리적인지 파악하고 내가 청약을 할 것인지를 판단해야 한다. 층과 타입에 따른 금액 차이, 계약금, 중도금, 잔금의 비율 및 중도금의 회차별 일자까지 핵심적인 내용이 다수 포진해있으므로 이 부분에서는 하나하나 꼼꼼하게 점검해봐야 한다.

그 누구도 알려주지 않았던 청약 당첨의 기술

(단위: m², 원)

| 주택형 | 약식표기 | 라인 구분 | 층 구분 | 해당세대수 | 분양가격 |  |  | 계약금(10%) | 중도금 (60%) |  |  |  |  |  | 잔금(30%) |
|---|---|---|---|---|---|---|---|---|---|---|---|---|---|---|---|
|  |  |  |  |  | 대지비 | 건축비 | 계 | 계약시 | 1회(10%) 2021.01.08 | 2회(10%) 2021.04.09 | 3회(10%) 2021.08.09 | 4회(10%) 2022.03.03 | 5회(10%) 2022.05.09 | 6회(10%) 2022.08.08 | 입주지정일 |
| 59.9951 | 59A | 105동(1,3호) 106동(1,3호) | 1층 | 4 | 231,826,000 | 174,174,000 | 406,000,000 | 40,600,000 | 40,600,000 | 40,600,000 | 40,600,000 | 40,600,000 | 40,600,000 | 40,600,000 | 121,800,000 |
|  |  |  | 2층 | 4 | 236,965,000 | 178,035,000 | 415,000,000 | 41,500,000 | 41,500,000 | 41,500,000 | 41,500,000 | 41,500,000 | 41,500,000 | 41,500,000 | 124,500,000 |
|  |  |  | 3~5층 | 12 | 246,672,000 | 185,328,000 | 432,000,000 | 43,200,000 | 43,200,000 | 43,200,000 | 43,200,000 | 43,200,000 | 43,200,000 | 43,200,000 | 129,600,000 |
|  |  |  | 6~10층 | 20 | 251,811,000 | 189,189,000 | 441,000,000 | 44,100,000 | 44,100,000 | 44,100,000 | 44,100,000 | 44,100,000 | 44,100,000 | 44,100,000 | 132,300,000 |
|  |  |  | 11~20층 | 40 | 256,950,000 | 193,050,000 | 450,000,000 | 45,000,000 | 45,000,000 | 45,000,000 | 45,000,000 | 45,000,000 | 45,000,000 | 45,000,000 | 135,000,000 |
|  |  |  | 21층 이상 | 10 | 262,089,000 | 196,911,000 | 459,000,000 | 45,900,000 | 45,900,000 | 45,900,000 | 45,900,000 | 45,900,000 | 45,900,000 | 45,900,000 | 137,700,000 |
| 59.9952 | 59B | 105동(2호) 106동(2호) | 1층 | 1 | 222,119,000 | 166,881,000 | 389,000,000 | 38,900,000 | 38,900,000 | 38,900,000 | 38,900,000 | 38,900,000 | 38,900,000 | 38,900,000 | 116,700,000 |
|  |  |  | 2층 | 1 | 227,258,000 | 170,742,000 | 398,000,000 | 39,800,000 | 39,800,000 | 39,800,000 | 39,800,000 | 39,800,000 | 39,800,000 | 39,800,000 | 119,400,000 |
|  |  |  | 3~5층 | 5 | 236,965,000 | 178,035,000 | 415,000,000 | 41,500,000 | 41,500,000 | 41,500,000 | 41,500,000 | 41,500,000 | 41,500,000 | 41,500,000 | 124,500,000 |
|  |  |  | 6~10층 | 10 | 242,104,000 | 181,896,000 | 424,000,000 | 42,400,000 | 42,400,000 | 42,400,000 | 42,400,000 | 42,400,000 | 42,400,000 | 42,400,000 | 127,200,000 |
|  |  |  | 11~20층 | 10 | 247,243,000 | 185,757,000 | 433,000,000 | 43,300,000 | 43,300,000 | 43,300,000 | 43,300,000 | 43,300,000 | 43,300,000 | 43,300,000 | 129,900,000 |

공급금액 및 납부 일정

· 59A 타입의 평당가는 어떻게 구할까?

59A 타입의 공급면적 소계 83.3779에 0.3025를 곱하면 25.22평이다. 이걸 밑에 기준층(59A 타입 중 가장 세대수가 많은 층) 가격인 4억5천만 원으로 계산하면 평당가는 약 1,780만 원이 나오게 된다.

## 파트4

### 1) 'Ctrl+F' + '발코니'

간과하면 안 되는 비용이 있다. 바로 발코니 확장 비용인데, 발코니 확장을 하지 않고서는 집을 온전히 쓸 수 없으므로 꼭 나가는 필수 비용으로 계산해야 한다. 따라서 제대로 된 평당가를 구하기 위해서는 앞서 평당가를 구하는 방식, 즉 기준층 가격에 발코니 확장 비용을 더한 금액을 공급면적으로 나누어 평당가를 계산하여야 진짜 내가 내는 실제 평당가가 나옴을 기억하자.

■ 시스템 에어컨

1. 시스템 에어컨 공급금액

| 구분 | 선택1(부분) | | 선택2(전실) | | 비고 |
|---|---|---|---|---|---|
| | 설치위치 | 금액 | 설치위치 | 금액 | |
| | | | | | |

### Ⅶ  발코니확장 및 추가 선택품목 계약 (유상옵션)

※ 발코니 확장공사 및 추가 선택품목의 계약은 공동주택 공급계약과 별도로 계약을 진행합니다.

※ 발코니 확장공사 및 추가 선택품목의 계약내용, 납부일정(계약금, 중도금, 잔금 등), 납부계좌 및 제품에 관한 사항 등은 별도 안내 예정입니다.

※ 발코니 확장공사 및 추가 선택품목의 납부 방법은 계약금, 중도금, 잔금 순으로 분할 납부 예정이며, 자세한 사항은 계약 시 별도 안내 예정입니다.

■ 발코니 확장

1. 발코니 확장공사비
(단위/면적 : ㎡, 금액 : 원)

| 구분 | 발코니 확장 금액 | 계약금(10%) 계약 시 | 중도금(20%) 2021.09.06 | 잔금(70%) 입주지정일 | 비고 |
|---|---|---|---|---|---|
| 59A | 21,740,000 | 2,174,000 | 4,348,000 | 15,218,000 | |
| 59B | 20,900,000 | 2,090,000 | 4,180,000 | 14,630,000 | |
| 59C | 23,540,000 | 2,354,000 | 4,708,000 | 16,478,000 | |
| 84A | 24,930,000 | 2,493,000 | 4,986,000 | 17,451,000 | |
| 84B | 23,110,000 | 2,311,000 | 4,622,000 | 16,177,000 | |
| 84C | 25,850,000 | 2,585,000 | 5,170,000 | 18,095,000 | |
| 111 | 29,740,000 | 2,974,000 | 5,948,000 | 20,818,000 | |

※ 확장 선택형에 따라 에어컨 및 조명기구, 전기기구 등의 사양, 설치위치, 설치방향 등이 변경될 수 있습니다.

| | | 일반형 | 공기청정형 | | 일반형 | 공기청정형 | |
|---|---|---|---|---|---|---|---|
| 59A | 거실+안방 (실내기 2대) | 3,300,000 | 4,000,000 | 거실+안방+침실2+침실3 (실내기 4대) | 5,960,000 | 7,340,000 | |
| 59B | 거실+안방 (실내기 2대) | 3,300,000 | 4,000,000 | 거실+안방+침실2+침실3 (실내기 4대) | 6,460,000 | 7,840,000 | |
| 59C | 거실+안방 (실내기 2대) | 3,290,000 | 3,990,000 | 거실+안방+침실2+침실3 (실내기 4대) | 6,460,000 | 7,840,000 | |
| 84A | 거실+주방+안방 (실내기 3대) | 5,610,000 | 6,650,000 | 거실+주방+안방+침실2+침실3 (실내기 5대) | 8,180,000 | 9,890,000 | |
| 84B | 거실+주방+안방 (실내기 3대) | 5,580,000 | 6,620,000 | 거실+주방+안방+침실2+침실3 (실내기 5대) | 8,430,000 | 10,140,000 | |
| 84C | 거실+주방+안방 (실내기 3대) | 5,580,000 | 6,620,000 | 거실+주방+안방+침실2+침실3 (실내기 5대) | 8,430,000 | 10,140,000 | |
| 111 | 거실+주방+안방 (실내기 3대) | 5,700,000 | 6,740,000 | 거실+주방+안방+침실2+침실3+침실4 (실내기 6대) | 10,300,000 | 12,350,000 | |

※ 시스템 에어컨 옵션 선택시 거실 및 안방의 냉매매립배관은 설치되지 않습니다.

**발코니확장 및 추가 선택 품목 계약 제시 예**

### 꼼수 부동산 팁

## 59A 타입의 발코니 확장 포함 평당가는 어떻게 구할까?

59A 타입의 공급면적 소계 83.3779에 0.3025를 곱하면 25.22평이다. 이걸 밑에 기준층(59A 타입 중 가장 세대수가 많은 층) 가격 4억5천만 원에 발코니 확장비 2,174만 원을 더한 금액인 47,174만 원을 25평으로 나누어 계산하면 평당가는 약 1,880만 원이 나오게 된다.

계약자 중도금 대출안내(중도금 이자후불제)

## 2) 'Ctrl+F' + '에어컨'

천장형 시스템 에어컨에 대한 인기가 높아지고 있다. 스탠드형 에어컨보다 자리를 덜 차지함으로써 공간 활용도를 높이고 미관이 좋아지기 때문이다. 과거에는 오피스텔에만 있던 옵션이었는데, 아파트 시장에서도 필수적인 요소가 되어가고 있다. 천장형 시스템에어컨의 옵션 여부는 실거주를 할 것인지 투자용으로 청약받는지에 대해 구분하여 선택하면 편하다. 다만 시스템에어컨에 대한 선호도가 높아졌기 때문에 에어컨이 설치되어 있다면 그렇지 않은 집보다 더 잘 팔린다는 장점이 있으니 투자금 내에서 가능하다면 선택하는 것도 바람직하다.

## 1) 'Ctrl+F' + '중도금대출'

파트5에서 중요한 사항은 바로 중도금 대출을 무이자로 시행하는지, 이자 후불제로 할 것인지에 대한 정보다. 무이자는 말 그대로 중도금 대출을 받아도 이자를 내지 않는 것인데, 비인기 지역의 경우 분양을 위한 촉진 전략으로 사용한다. 이자 후불제는 중도금 대출에 대한 이자를 내지 않고 있다가 잔금 납부 시점에 그간 이자를 한 번에 내는 경우인데, 요즘은 이 후불제 제도를 많이 사용하고 있다. 간혹 이 부분이 모집공고에 없는 때도 있는데, 그때는 모델하우스에 직접 전화해서 확인하자.

## 파트 6

### 1) 'Ctrl+F' + '주민 공동 시설'

파트6에서는 주민공동시설, 즉 부대복리시설이 어떤 종류가 있는지 간단하게 확인하자. 더 자세한 건 분양 홈페이지에 나와 있다.

■ 주민공동시설
- 주민공동시설은 공간 활용의 개선을 고려해 동의 면적조정 또는 실 배치가 변경될 수 있으며, 분양시 홍보물, 모형, 이미지 등에 제시된 마감재 및 제공품만은 실제 시공시 재질, 색상, 디자인, 수량이 다소 변경될 수 있음. - 부대복리시설, 주민공동시설의 구성 및 건축이용계획은 인/허가 과정에나 본 공사 현장상황에 따라 변경될 수 있음. - 부대복리시설, 주민공동시설 관련 시설 및 프로그램은 입주시 변경 될 수 있음. - 부대복리시설은 법적으로 설치가 의무화된 품목만 당사가 시공하므로 제공집기, 마감재 및 그 외의 품은 변동될 수 있음. - 주민공동시설이 설치되어 본 별도로 운영될 예정이며, 입주 후 입주민들의 이해관계에 의한 사용상 불편함에 대하여 아래를 제기 할 수 없음. - 부대복리시설에는 관리사무소, 주민운동시설, 경로당, 보육시설 등이 계획되어 있으며, 이는 관계법령 (주택건설기준등에 관한 규정) 에 의해 적정하게 계획되었음. - 분영광보용 CG, 견본주택 내 모형 등에 표현된 부대복리시설의 실 내부구성은 소비자의 이해를 돕기 위한 예시로서 주부 입주자의 운영에 따라 달라질 수 있음. - 장애인관련 반급 등으로 인해 시설물의 크기, 위치, 사양, 단차 등이 변경될 수 있음. - 주민공동시설의 지는 시설물은 입주시 현장에 따라 변경될 수 있음. - 부대복리시설.주민공동시설의 실 명칭, 실배치는 추후 실통도의 성격을 고려하여 변경될 수 있음. - 부대복리시설, 주민공동시설과 인접한 세대는 소음 및 환경권의 제약이 있을 수 있음. - 본 공고에 명시되지 않은 사항은 명시되지 않았더라도 「주택법」 및 「주택공급에 관한 규칙」등 관련 법령에 따름.

■ 학교관련 유의사항
- 초등학교 통학구역 및 중학교군(구)은 구리남양주교육지원청의 학생배치계획에 따라 조정될 수 있으며, 중학교는 초·중등교육법 시행령 제68조에 따라 학군 내 지방별 컴퓨터 추첨에 의하여 배정(임의화)되고 있으므로 거주지 인근 중학교로의 진학이 이루어질 수 있음. - 고등학교 상립 및 학생배치에 관한 사항은 경기도교육청에서 주관하고 있으며, 이와 관련된 자세한 사항은 경기도교육청에 문의하시기 바람.

■ 주변 환경
- 구리시 및 인허가 관청의 도시계획시설(주변 도로, 도로확장사운 개발계획, 실시계획 변경 등으로 사업계획은 취소·변경·축소·지연될 수 있음. (임의 해당 개발사업 주체 문의, 확인하시기 바람) - 사업지 북측측 구리농수산물도매시장이 위치하고 있어 주변세대는 주변환경의이 문제 될 수 있으므로 계약체시기 전에 확인 후 계약하시기 바람. - 분양 시 홍보물의 내용 중 공종 / 교육시설 / 주변 환경에 대한 사항은 관계기관의 사정에 따라 개발계획이 변경될 수 있음 취소·변경·축소·지연될 수 있음.(임의 해당 개발사업 주체 문의, 확인하시기 바람) - 분쟁 관련 모명 및 자료에 표기된 도로 혹은 도시계획상 도로 폭마 현황 도로 폭 차이가 있으므로 계약 전 확인바람

주민 공동 시선 및 학교관련, 주변 환경에 대한 유의사항

## 파트 7

파트7에는 홈페이지 주소, 사업지 현장 주소, 모델하우스 주소 및 전화 번호와 어떤 시행사와 시공사, 신탁사가 건설하는 건지 확인할 수 있으니 참조하자.

**궁금한 사항은 통화를 통해 직접 확인할 것**

지금까지 입주자 모집 공고에서 필수적으로 봐야 하는 키워드 등을 살펴보았는데, 이 방식은 청약 전 빠르게 모집 공고를 파악하는 꼼수이기 때문에 만약 청약이 당첨된 단지라면, 이렇게 보는 것만으로는 부족하다. 청약 당첨 후에는 모집공고를 반드시 인쇄본 혹은 저장본으로 가지고 수시로 점검해야 한다. 만약 시공이 제대로 이루어지지 않거나 법적 분쟁 요소가 발생한 상황이라면 입주자 모집 공고가 기준이되기 때문이다. 이는 시행사, 시공사로서도 매우 신중하고 심혈을 기울여서 작성한 문서이므로 청약하기 전에 이를 꼭 정독하길 추천한다.

LESSON 05

# 시차로 인해 판단하기 힘든 분양가 분석하기

"분양가가 이렇게 비싼데 청약해도 되나요?"라는 질문을 자주 받는다. 내 답은 대부분 '그렇다'이다. 그 이유는 생각보다 간단하다. 분양 시점과 입주 시점이 다르기 때문이다. 분양 시점은 보통 입주 2~3년 전에 하므로, 실제로 다 지어지고 들어가 살게 되는 시기는 3년 후이다. 요즘 같은 시기에 3년이면 천지가 개벽한다. 3년이면 그 동네는 더 발전해 있을 것이고, 교통과 기반 시설 그리고 여러 개발 호재가 더 생겼을 것이다. 물가는 끊임없이 상승하고, 풍부한 현금 유동성 때문에 자산 가치도 급속히 올라 있어 분양 당시 비쌌던 가격은 3년 후엔 결코 비싼 가격이 아닌, 오히려 저렴한 가격이라고 생각될 수 있다. 모집공고 파트에서는 간단하게 평당가 산정 방법을 적어두었지만, 중요한 부분이기에 먼저 자세히 살펴보고 넘어가자.

## 아파트 평당가 산정 방법

청약에 관심이 없는 사람이라도, '평당가'라는 말은 한 번쯤은 들어본 적이 있을 것이다. '이번에 분양하는 아파트는 평당가가 얼마인데 저렴한 거 같다' 혹은 '비싼 거 같다'는 말을 주변에서 흔하게 접할 수

■ 공급대상
(단위: ㎡, 세대수)

| 주택구분 | 주택관리번호 | 모델 | 주택형(전용면적) | 약식표기 | 주택공급면적(㎡) 주거전용 | 주거공용 | 소계 | 기타공용면적(지하주차장등) | 계약면적 | 세대별대지지분(㎡) | 총공급세대수 | 특별공급 세대수 기관추천 | 다자녀가구 | 신혼부부 | 노부모부양 | 생애최초 | 계 | 일반공급세대수 | 최하층우선배정세대수 |
|---|---|---|---|---|---|---|---|---|---|---|---|---|---|---|---|---|---|---|---|
| 민영주택 | 2020001183 | 01 | 084.5614A | 84A | 84.5614 | 33.0157 | 117.5771 | 68.0988 | 185.6759 | 40.0549 | 164 | 16 | 16 | 32 | 4 | 24 | 92 | 72 | 4 |
| | | 02 | 084.5680B | 84B | 84.5680 | 33.2267 | 117.7947 | 68.1041 | 185.8988 | 40.0580 | 187 | 18 | 18 | 37 | 5 | 28 | 106 | 81 | 5 |
| | | 03 | 084.9734C | 84C | 84.9734 | 32.7070 | 117.6804 | 68.4306 | 186.1110 | 40.2500 | 169 | 16 | 16 | 33 | 5 | 25 | 95 | 74 | 4 |
| | | 04 | 099.6563A | 99A | 99.6563 | 38.0747 | 137.7310 | 80.2550 | 217.9860 | 47.2050 | 88 | - | 8 | - | 2 | - | 10 | 78 | 2 |
| | | 05 | 099.9298B | 99B | 99.9298 | 38.5108 | 138.4406 | 80.4753 | 218.9159 | 47.3345 | 132 | - | 13 | - | 3 | - | 16 | 116 | 3 |
| 합 계 | | | | | | | | | | | 740 | 50 | 71 | 102 | 19 | 77 | 319 | 421 | 18 |

별내자이 전용,공급,분양면적 설명표

| 84A | 주거전용 | 주거공용 | 소계(공급면적) | 기타공용 | 계약면적 |
|---|---|---|---|---|---|
| | 84.56 ㎡ | 33.02 ㎡ | 117.58 ㎡ | 68.10 ㎡ | 185.68 ㎡ |
| | 25.6 평 | 10.0 평 | 35.6 평 | 20.6 평 | 56.2 평 |
| | 84(TYPE) / 35평형 | | | | |

| 공급 면적 기준 | 계약 면적 기준 |
|---|---|
| 아파트, 도시형생활주택, 생활숙박시설 | 오피스텔, 상가 |

있다. 이 평당가라는 말의 정의는 이해하지만 실제로 산정하는 방법을 모르는 사람들이 꽤 많다. 평당가를 구하기 위해서는 먼저, 전용면적, 공급면적, 계약면적(분양면적)의 차이점을 이해해야 한다.

아파트의 경우 매매가액 혹은 분양가를 '공급면적'으로 나누어서 산정한다. 예를 들어 84type은 공급면적이 117㎡이다. 이는 평수로 환산하면, 35.6평이다. '공급면적 × 0.3025= 평' 이렇게 환산된 평수로 분양가를 나누면 그 금액이 평당가이다. 평당가가 중요한 이유는 타 지역이나 상품과 가격을 비교하기 용이하고, 총 가격을 계산하는데 편리하기 때문이다. 33평=7억 원, 평당 2,122만 원이, 좀 더 직관적인 비교가 가능하고 최소 만 원 단위로 비교할 수 있다. 간혹 건설사 혹은 시행사에서 평당가를 낮추기 위해 분양가격은 낮추고 발코니(확장)금액을 높이는 꼼수를 부리기도 하는데, 실질적으로 분양가만 놓고 평당가를 계산할 때와 발코니를 포함해서 평당가를 산정할 때 가격 차이가 꽤 많이 나는 경우가 있으므로 유의하자.

발코니 확장 금액은 이제 선택 사항이 아닌 필수 사항이기 때문에(발코니 확장 없이 사용 불가능하게 설계를 함) 반드시 평당가 계산을 할 때는 발코니 확장금액을 놓치지 말고 포함하여 평당가를 계산하자. 분양가는 발코니 옵션, 가구 옵션, 여러 가지 옵션 등등을 추가하게끔 책정해놓는데, 이중 필수옵션인 발코니의 비용과 분양가를 합친 금액에 평당가를 계산하면 명확하게 금액을 볼 수 있다.

또한 평당가를 통해 주변에 입지가 비슷한 아파트의 시세 및 최근 분양한 아파트의 분양가와 비교가 편리하며, 추후 상급 입지에 있는 아파트의 평당가를 분석해서 대략 얼마나 더 상승할 수 있을지 예측해 볼 수 있는 척도로써 활용할 수 있다.

## 2. 공급금액 및 납부일정(발코니 확장금액 별도)

[단위 : 원]

| 주택형 | 공급<br>세대수 | 동 구분<br>(라인) | 층 구분 | 해당<br>세대수 | 공급금액 | | | | 계약금(10%) | | 중도금(60%) | | | | | | 잔금(30%) | 입주지정<br>기간 |
|---|---|---|---|---|---|---|---|---|---|---|---|---|---|---|---|---|---|---|
| | | | | | 대지비 | 건축비 | 부가세 | 계 | 계약시 | | 1차(10%) | 2차(10%) | 3차(10%) | 4차(10%) | 5차(10%) | 6차(10%) | | |
| | | | | | | | | | | 2021.03.15. | 2021.07.15. | 2022.01.17. | 2022.07.15. | 2022.12.15. | 2023.04.17. | |
| 84.5614A | 164 | 101동 3호<br>102동 3호<br>103동 2호<br>105동 2호<br>105동 3호 | 2층 | 4 | 234,411,000 | 252,589,000 | - | 487,000,000 | 48,700,000 | 48,700,000 | 48,700,000 | 48,700,000 | 48,700,000 | 48,700,000 | 48,700,000 | 146,100,000 |
| | | | 3~4층 | 8 | 239,417,000 | 257,983,000 | - | 497,400,000 | 49,740,000 | 49,740,000 | 49,740,000 | 49,740,000 | 49,740,000 | 49,740,000 | 49,740,000 | 149,220,000 |
| | | | 5~9층 | 20 | 244,375,000 | 263,325,000 | - | 507,700,000 | 50,770,000 | 50,770,000 | 50,770,000 | 50,770,000 | 50,770,000 | 50,770,000 | 50,770,000 | 152,310,000 |
| | | | 10~19층 | 40 | 249,380,000 | 268,720,000 | - | 518,100,000 | 51,810,000 | 51,810,000 | 51,810,000 | 51,810,000 | 51,810,000 | 51,810,000 | 51,810,000 | 155,430,000 |
| | | | 20~29층 | 36 | 254,386,000 | 274,114,000 | - | 528,500,000 | 52,850,000 | 52,850,000 | 52,850,000 | 52,850,000 | 52,850,000 | 52,850,000 | 52,850,000 | 158,550,000 |
| | | | 30층이상 | 56 | 259,344,000 | 279,456,000 | - | 538,800,000 | 53,880,000 | 53,880,000 | 53,880,000 | 53,880,000 | 53,880,000 | 53,880,000 | 53,880,000 | 161,640,000 |

## 1. 발코니 확장 공사

### 1. 발코니 확장 공사비

[단위 : 원 / 부가가치세 포함]

| 구분(주택형) | 발코니 확장 금액 | 확장 내용 |
|---|---|---|
| 84A | 7,240,000 | 거실 + 침실2 + 침실3 + 베타룸 + 펜트리 + 주방식당 + 확장형 주방가구 |
| 84B | 8,520,000 | 거실 + 침실2 + 침실3 + 안방 + 베타룸 + 펜트리 + 주방식당 + 확장형 주방가구 |
| 84C | 6,570,000 | 거실 + 침실2 + 침실3 + 알파룸 + 베타룸 + 주방식당 + 확장형 주방가구 |
| 99A | 9,140,000 | 거실 + 침실2 + 침실3 + 침실4 + 안방 + 베타룸 + 주방식당 + 확장형 주방가구 |
| 99B | 9,700,000 | 거실 + 침실2 + 침실3 + 침실4 + 안방 + 베타룸 + 현관 + 주방식당 + 확장형 주방가구 |

## 평단가 산정 방법

| 구분 | 분양가 | 발코니 금액 | 합계 | 평당가 | | 비고 |
|---|---|---|---|---|---|---|
| | | | | 발코니<br>(미포함) | 발코니<br>(포함) | |
| 분양가<br>(84A-기준층)<br>(30층 이상) | 538,800<br>천 원 | 7,240<br>천 원 | 546,040<br>천 원 | 15,151<br>천 원 | 15,355<br>천 원 | *발코니(미포함)=<br>(분양가) / 평수<br>*발코니(포함)=<br>(분양가+발코니) / 평수 |

## 적정 분양가

앞서 평당가를 산정하는 방법을 익혔다. 그렇다면, 적정 분양가란 무엇일까? 〈꼼수 부동산 TV〉 채널을 구독하는 구독자들은 익숙할 만한 내용이다. 대부분 예상되는 분양가격을 적정 분양가와 거품 분양가로 나눈다. 이렇게 2가지로 예상 분양가를 나누는 기준은 무엇일까? 그 기준은 시점이다. '현재 기준으로 주변 시세와 호 재, 프리미엄을 가격에 반영한 것인가? 아니면 입주할 당시 청약 후(약 2~3년 뒤) 충분히 먹을 것이 있는가?'의 기준이다. 적정 분양가란, 현재의 주변 시세를 반영한 분양가라고 보는 것이 타당할 것이다. 즉, 분양하려는 입지의 주변의 현시점 기준의 시세를 그대로 반영한다면, 〈꼼수 부동산 TV〉에서는 적정 분양가라는 표현을 쓴다. 만약 적정 분양가라고 분양가가 측정된다면, 입주 시점 혹은 비과세 요건을 충족할 수 있는 소유권 이전 등기(입주) 후 2년 뒤(분양 후 약 4년 뒤) 얻을 수 있는 시세차익은 매년 지가가 상승하는 지가 상승률과 주변 지가상승 호재 등 많은 변수의 합으로 매매가액이 측정될 것이며, 상대적으로 거품 분양가보다 높은 수익률을 달성할 가능성이 크다. 그렇다면, 적정 분양가를 산출하는 방법은 무엇인지 한번 알아보자.

### 1) 가장 가까이에 있는 아파트 실거래 가격을 확인할 것

일단 입지는 불변이다. 한번 지어진 아파트는 이동하지 않고 불변

한다는 것을 명심하자. 그 말은 곧 내가 청약할 아파트의 주변의 아파트 가격이 곧 나의 아파트 가격이라는 말로 봐도 무방하다. 물론, 여러 변수로 인해 가격의 범위는 달라지겠지만, 주변에 가장 비슷한 입지를 가진 비교대상지가 지은지 10년 이내의 아파트라면, 가격의 범위가 현격히 차이가 나는 않는다. 따라서 인근 주변에 10년 이내의 입지가 비슷한 아파트가 있다면, 그 아파트의 최근 실거래 가격을 꼭 확인해봐야 한다.

## 2) 가장 최근에 분양한 인근 아파트 분양가를 확인할 것

청약 예상지의 적정분양가를 확인하려면 사업대상지(청약하려는 아파트 부지) 인근 혹은 같은 행정구역 내에 분양 이력을 살펴보자. 한국부동산 원에서 운영하는 '청약홈'과 '호갱노노' 사이트에서 쉽게 확인할 수 있으므로 활용해보자.

최근 분양이 적정 분양가인지 거품 분양가인지를 확인하는 방법은 청약 경쟁률을 통해 쉽게 확인할 수 있다. 경쟁률이 높은 단지라면 그만큼의 수요가 확보되어 있고, 그 가격을 인정하는 수요가 많다는 방증이기 때문에 그 가격은 적정 분양가로 봐도 무방하다. 반대로 최근 인근 분양한 아파트의 분양가를 보고 청약 경쟁률이 현저하게 떨어졌거나 혹은 미분양이 생겼다면, 그것은 적정 분양가가 아니라 거품 분양가일 가능성이 매우 크다.

## 거품 분양가

그렇다면 거품 분양가란 무엇일까? 거품 분양가는 말 그대로 '지나치게 높게 책정된 분양가'라는 뜻이다. 즉, 시행사 혹은 시공사가 자신들의 이득을 극대화하기 위해서 매우 높은 분양가를 측정했다는 뜻이다. 그만큼 입지에 자신이 있거나 혹은 부동산 시장 상황이 매우 좋을 때 주로 나타나는 흐름이다. 시행사의 입장에서 보면 사업대상지(분양예정지) 주변 인근에 아파트 가격이 상승하고 교통 호재 혹은 개발 호재 등 긍정적인 효과를 불러일으킬 만한 것이 반영될 예정이거나 되는 중이라면 분양가를 낮출 이유가 전혀 없다. 시장은 수요와 공급 법칙에 따라 가격이 형성되기 때문에 수요자는 많고 공급이 적다면 당연히 공급자 우위의 시장으로서 분양가를 높게 측정할 수 있다. 리스크가 적은 시장에서 굳이 낮은 분양가를 측정할 필요는 없는 것이다.

그러나 아파트를 건설하기 위해선 HUG<sup>주택도시보증공사</sup>의 분양보증을 받아야 하고, 이를 위해선 주변 시세와 분양가를 고려하여 분양가를 산정해야 하기에 최근 수도권 대부분의 지역에서 분양가를 임의대로 높게 책정할 수는 없다. 곧 HUG의 분양가 심사 기준을 주변 시세의 90%로 올리겠다는 계획이 발표되었으니 이것은 계속 지켜봐야할 일이다. 그렇다면 거품 분양가를 확인할 방법은 무엇이 있을까?

그 누구도 알려주지 않았던 청약 당첨의 기술

## 1) 주변 시세 동일 면적 아파트 가격보다 분양가 높다.

가장 확실한 증명이다. 인근 아파트 시세(동일 평형대)보다 분양가가 높은 것은 명백하게 거품 분양가라는 뜻이다. 최소한 인근 비교대상지 아파트보다 분양가는 낮거나 비슷해야 적정한데, 주변 인근 아파트 동일평형 실거래가 금액보다 분양가가 높게 나왔다면 거품 분양가를 의심하자.

## 2) 최근 분양한 인근 아파트분양가보다 보다 분양가가 평당가가 100만 원 이상 높다.

인근에 최근 6개월 내 분양단지가 있고, 그 분양단지의 분양가보다 평당가가 100만 원 이상 높다면, 그것은 거품 분양가일 확률이 높다. 평당 100만 원 차이면 33평 기준으로는 약 3,300만 원 이상 분양가가 높아졌다는 뜻이다. 이때는 어떤 호재가 선반영 되어 있는지, 그럴만한 가치가 있는 호재인지 다시 한번 심사숙고해서 판단해보아야 한다.

# 당첨 확률이 높아지는 타입은 따로 있다

청약을 넣을 아파트는 정했는데, 그 안에도 많은 타입이 존재해서 어디 타입을 넣어야 괜찮을지, 어떤 타입이 당첨 확률이 조금이라도 높을지 고민이 많이 될 것이다. 우선 실거주 예정으로써 직접 살기에 좋은 평면의 집이었으면 좋겠는지, 일단 실거주할지 투자용으로 쓸지 당첨이 되고 보자거나, 많이 오를 것 같아서 투자용으로 입주 시에 팔 생각이 있거나 등의 청약에 대한 목적이 있어야 한다. 목적에 따라 내가 선택해야 할 타입들이 달라지기 때문이다. 즉, 내가 가족들과 진짜 실거주를 하고자 하는 측면에서 접근한 평면을 설명하였다. 반면에 투자 측면에서 생각하고 접근한다면 평면이 좋고 나쁜 것보다는 무조건 일단 당첨이 되는 것이 더 중요할 것이다. 당첨의 확률을 높이는 것은 간단하다. 가장 낮은 경쟁률이 예상되는 타입에 지원하면 되는 것이다. 그럼 낮은 경쟁률이 나올만한 타입은 어떤 것일까?

(1) 앞서 설명한 좋은 평면에 해당하는 것이 아니어야 한다. 판상형 평면들은 실거주하려는 측면과 좀 더 높은 프리미엄을 받을 수 있다는 점으로 인해 청약경쟁률이 보통 더 높다. 따라서 경쟁률이 아래의 그림과 같은 타워형 평면들에 지원하는 것이 좀 더 확률을 높일 수 있다.

**타워형 평면도 제시 예**

(2) 대표 평형의 각 A 타입은 피하자. 보통 평면을 잘 보지 못하거나, 묻지마 투자를 하는 사람들이 주로 각 평형의 대표 주력 타입이라 세

대수가 가장 많은 59A, 84A 등에 잘 보지 않고 묻지마 청약을 넣는 경우가 많다. A 타입의 분양가가 상대적으로 다른 타입에 비해 저렴한 경우도 많다. 따라서 보통 각 아파트 단지의 대표 평형의 A 타입 경쟁률이 가장 높고 치열할 때가 많으므로 되도록 피하자.

(3) 모델하우스 안에 전시된 타입은 피하자. 청약 시장에서의 가장 대표적인 행사는 모델하우스 개관이다. 시행사들은 청약경쟁률을 높이기 위해 적게는 2개, 많게는 5개의 타입을 디스플레이한다. 많은 사람들이 선호하는 타입 혹은 자신 있는 타입, 그리고 세내수가 많은 타입 등을 섞어 전략적으로 만들어 배치한다.

필자가 추천하는 전략은 경쟁률을 피해 조금 우회하자는 전략이다. 모델하우스에 방문하는 대부분의 사람들은 직접 눈으로 보고, 느껴본 전시된 타입을 선택할 가능성이 크다.

따라서 모델하우스를 방문하되, 청약하고 싶은 아파트의 내부 인테리어의 분위기, 평면구조, 마감재 등을 현장에서 직접 피부로 느껴보고 실전 청약접수는 모델하우스 내에 배치되어 있지 않은 타입을 선택하는 것이다.

현재는 코로나로 인해 모델하우스를 청약 전에 방문하는 사례가 드물지만, 과거 코로나 이전 청약 시장에서는 청약 신청 전 모델하우스

집객숫자로 청약의 승패를 판단하기도했었다. 코로나는 언젠가는 종식될 것이고, 청약시장은 다시 예전의 분위기로 돌아갈것은 분명하다. 현시점에서는 통하지 않는 전략일수도 있으나, 모델하우스 출입이 자유로워지는 시점이 온다면, 분명히 효과적인 전략이다.

(4) 일반 공급의 청약을 넣는 것이라면 전날 진행되었던 특별 공급의 타입별 경쟁률을 확인해보자. 특별 공급 경쟁률은 보통 특별 공급 청약일 당일 저녁 7~8시에 청약 홈 홈페이지에서 확인할 수 있다. 따로 경쟁률이 표시되지는 않고 특별 공급 세대수 대비하여 몇 개의 청약이 접수되었는지 확인하여 타입별 일반청약 경쟁률을 유추해 볼 수 있다. 이 경쟁률 확인만으로도 여러 정보를 얻게 된다. 가장 먼저는 신혼부부 및 다자녀, 기관특공, 생애 최초, 노부모 등 특별 공급요건에 해당하는 사람들이 어느 타입을 선호하는지를 확인할 수 있다. 그러므로 이 특별 공급의 경쟁률이 일반 공급에도 그대로 반영될 가능성이 매우 크다. 따라서 내가 청약 가점이 상대적으로 낮고, 다른 지역이라면 그나마 비선호 타입을 노려야 확률을 높일 수 있다. 일반 청약신청일 전날 특별 공급 경쟁률을 꼭 한번 확인해보고, 특별 공급에서 경쟁률이 낮은 비선호 타입으로 우회 선택을 하는 것이 당첨 확률을 매우 높게 끌어올릴 수 있는 비결이다.

| 주택형 | 공급세대수 | 지역 | 접수건수 | | | | | | 청약결과 |
|---|---|---|---|---|---|---|---|---|---|
| | | | 다자녀가구 | 신혼부부 | 생애최초 | 노부모부양 | 기관추천 | 이전기관 | |
| 084.5614A | 92 | 배정세대수 | 16 | 32 | 24 | 4 | 16 | 0 | 청약접수 종료 |
| | | 해당지역 | 23 | 182 | 291 | 17 | 13(32) | 0 | |
| | | 기타경기 | 41 | 565 | 700 | 31 | | 0 | |
| | | 기타지역 | 33 | 942 | 1322 | 69 | | | |
| 084.5680B | 106 | 배정세대수 | 18 | 37 | 28 | 5 | 18 | 0 | 청약접수 종료 |
| | | 해당지역 | 23 | 305 | 348 | 20 | 17(40) | 0 | |
| | | 기타경기 | 63 | 774 | 893 | 36 | | 0 | |
| | | 기타지역 | 63 | 1470 | 1858 | 90 | | | |
| 084.9734C | 95 | 배정세대수 | 16 | 33 | 25 | 5 | 16 | 0 | 청약접수 종료 |
| | | 해당지역 | 54 | 336 | 496 | 51 | 13(34) | 0 | |
| | | 기타경기 | 94 | 645 | 964 | 65 | | 0 | |
| | | 기타지역 | 98 | 1122 | 1846 | 87 | | | |
| 099.6563A | 10 | 배정세대수 | 8 | 0 | 0 | 2 | 0 | 0 | 청약접수 종료 |
| | | 해당지역 | 21 | 0 | 0 | 9 | 0(0) | 0 | |
| | | 기타경기 | 43 | 0 | 0 | 22 | | 0 | |
| | | 기타지역 | 42 | 0 | 0 | 21 | | | |
| 099.9298B | 16 | 배정세대수 | 13 | 0 | 0 | 3 | 0 | 0 | 청약접수 종료 |
| | | 해당지역 | 65 | 0 | 0 | 22 | 0(0) | 0 | |
| | | 기타경기 | 102 | 0 | 0 | 30 | | 0 | |
| | | 기타지역 | 96 | 0 | 0 | 86 | | | |

**별내자이 더스타 특별 공급 경쟁률**

그 누구도 알려주지 않았던 청약 당첨의 기술

실거주 예정으로써 직접 살기에 좋은 평면의 집이었으면 좋겠는지, 일단 실거주할지 투자용으로 쓸 지 당첨이 되고 보자거나, 많이 오를 것 같아서 투자용으로 입주 시에 팔 생각이 있거나 등 청약에 대한 목적이 있어야 한다. 목적에 따라 내가 선택해야 할 타입들이 달라지기 때문이다. 즉, 내가 가족들과 진짜 실거주를 하고자 하는 측면에서 접근한 평면을 설명하였다. 반면에 투자 측면에서 생각하고 접근한다면 평면이 좋고 나쁜 것보다는 무조건 일단 당첨이 되는 것이 더 중요할 것이다.

# PART 4

# 당황하지 않게
# 알차게 세우는
# 진짜 자금 계획

# 장·단기 상황별로 투자금 계획을 세우자

옛말에 '개처럼 벌어 정승같이 쓰라'는 말이 있다. 하지만 지금 대한민국은 개처럼 벌고 싶어도 꼼수 없이는 벌 기회조차 없는 힘든 세상이다. 그래도 우선 꼼수라도 부리려면 좋든 싫든 투자금이 있어야 한다. 투자금을 모으는 방법은 각기 다르지만 그중에서도 가장 빠르고 안전한 방법은 땀 흘려 번 값진 월급을 최대한 안 쓰면서 차곡차곡 투자금을 모으는 것이다. 언뜻 이 방법이 가장 느려 보이고 힘든 방법인 것처럼 보일수도 있지만, 처음에는 착실하게 돈을 모으는 절약습관이 몸에 배면 이돈을 함부로 투자하여 잃어버리는 일을 최소화할 수 있다. 그렇다면 힘들게 모은 이 돈을 잘 사용하기 위해서는 자금계획을 어떻게 세우는 것이 좋을까?

1) 꼼수 인생 5년 후

대학생 때의 일이다. 그 당시 작은 중소기업에서 인턴 생활을 하고 있었다. 어느 날 전무님의 책상을 정리하다가 우연히 하우석 저자의 《내 인생 5년 후》를 보게 되었고, 그 순간은 인생의 터닝포인트가 되었다. 이 책은 숱한 자기계발서 중에서도 내가 직접 실천할 수 있게끔 나를 이끌어준 책인데, 책의 내용을 간단히 말하자면 꿈을 이루기에 10년 단위는 시간이 너무 길기 때문에 목표가 흐지부지될 수 있고, 1년 단위는 목표를 이루기에는 그 시간이 너무 짧으므로 5년 단위가 가장 적당하다는 것이다. 김연아, 박태환 등 본인의 분야에서 최고의 위치에 올랐던 이들도 5년 단위로 자신의 삶을 계획하여 매년 한발씩 나아가며 성장한다고 말했다. 작가의 의견에 따르면 올림픽이 4년 주기로 열리는 것도 이와 같은 이치이지 않을까.

지금부터 인생을 5년 단위로 계획해보는 건 어떨까? 5년이라는 시간은 생각보다 길지 않다. 5년 전에 여러분은 무엇을 하고 있었는지 잠시 생각해보자. 주마등처럼 스쳐 가는 기억과 함께 '시간이 참 빠르구나!'라는 것을 느꼈을 것으로 생각한다. 자금계획 이야기로 돌아와서, 그렇다면 투자 또한 내 인생계획과 맞물려 진행되어야 한다. 가령 향후 5년 이내에 결혼, 출산이나 유학 또는 이직 등을 고려한다면 5년 내 지출 예정인 금액을 작성해보고, 필수 지출 예산을 제외하고 남은 돈으로 어떤 투자를 어떻게 할 것인가에 대한 고민이 필요하다.

| 목표 | 투자방향 | | | | |
|---|---|---|---|---|---|
| 연도 | 2021 | 2022 | 2023 | 2024 | 2025(투자) |
| 나이 | 30 | 31 | 32 | 33 | 34 |
| 연수입(세후) | 2,000 | 2,100 | 2,500 | 2,600 | 2,700 |
| 자산 | 1,000 | 2,000 | 3,000 | 4,000 | 5,000 |
| 투자가능금액 | - | - | - | - | 5,000 |

**5년 투자 계획 예시 도표**

연 수입의 절반을 모은다는 목표를 세우고, 자산을 매년 최소 1천만 원씩 모아서 늘려간다고 가정하자. 5년 뒤인 2025년 5천만 원으로 첫 투자를 시작하겠다는 마음가짐으로 열심히 모으고 저축하자. 다른 투자를 병행해도 무방하지만 리스크도 있고, 지식도 적으니 첫 아파트 투자금을 모을 때까지는 열심히 저축하는 것이 가장 좋은 방법이라고 생각한다.

5년은 생각보다 빠르게 찾아온다. 5년 뒤, 아무것도 하지 않은 지금과는 많이 달라질 자신의 모습을 상상하며 당장 펜을 들고 고민해보자. 자금 계획을 세우는 것이 투자의 첫걸음이라지만, 이 계획을 실천하지 않는다면 그저 낙서에 지나지 않는다는 것을 명심하자. 자, 5년의 단기 계획을 세웠다면, 이젠 장기 계획이 필요한 시점이다.

## 2) 꼼수 인생 10년 후

10년이면 강산이 변한다고 했다. 5년 후의 투자 계획을 잘 세웠다면, 10년 후의 계획도 아마 막힘없이 세울 수 있을 것이다. 5년의 단기 계획보다는 거시적인 관점에서, 두 번째 혹은 세 번째 투자를 계획해볼 수 있다. 세운 목표를 예를 들어 '내 집 마련'이라는 목표를 한 번에 이루고 이에 만족하고 끝낼 수도 있지만, 물질적으로 좀 더 윤택하고 풍요로운 삶, 자유로운 삶을 살고 싶다면 다음 단계의 투자 계획도 미리 세워두는 게 좋지 않을까. 10년이 꽤 긴 시간 같이 보이지만, 부동산 투자 주기를 살펴보면 그리 길지만도 않다. 먼저 향후 10년 동안 내가 벌어들일 월급과 기타 소득부터 모두 적어보자. 사실상 고정된 월수입이 있어도 매월 고정적으로 지출하는 생활비나 기타 지출, 그리고 첫 번째 투자에 청약 혹은 매매를 진행했다면 그에 대한 이자를 내다보면 실상 많은 금액을 모으기는 어려울 것이다.

10년 계획은 5년 계획보다 장기적인 계획이기 때문에 '이벤트성 지출' 발생 빈도도 높고, 그 액수도 커질 수밖에 없다. 하지만 직장이 있거나 고정적인 수입이 있는 사람이라면, 보다 안정적으로 장기적 투자에 임할 수 있고, 자신의 신용도를 바탕으로 '신용 대출'도 고려해볼 수 있다. 10년 동안 연봉이 어느 정도는 인상되었을 것이고 이직 등을 통해 내 몸값을 더 높일 수도 있다. 그렇게 근로 소득을 모으면서 첫 투자의 싸이클이 끝나면 거기에 들어간 돈을 빼고, 그 투자 원금과 수익금을 회수한 돈으로 어떤 투자를 할지 재투자 계획을 세워야 한다. '돈이 돈을 불린다'는 말처럼 첫 투자에 들어간 원금은 상당히 많이 불어나 있을 것이다. 이를 되찾아 두 번째 투자할 때, 좀 더 큰 규모의 투자가 가능하다.

사실 청약 통장을 써서 당첨되면 향후 최소 10년간은 재당첨이 어렵고, 그 이후라도 또 당첨되리란 보장이 없으므로 두 번째 투자 계획부터는 좀 더 머리를 써야 한다. 첫 번째 투자는 그냥 당첨만 되면 가능할 정도로 간단했다면, 두 번째부터는 세부적인 계획과 전략이 필요하다. 적은 리스크로 안전하고 천천히 가는 방식을 선택할 것인지, 번 돈과 투자 시간이 많이 남아있으니 큰 금액을 베팅해볼 것인지 선택해야 한

단위/ 만 원

| 연도 | 2021 | 2022 | 2023 | 2024 | 2025 | 2026 | 2027 | 2028 | 2029 | 2030 |
|---|---|---|---|---|---|---|---|---|---|---|
| 나이 | 31 | 32 | 33 | 34 | 35 | 36 | 37 | 38 | 39 | 40 |
| 연수입 | 2,000 | 2,100 | 2,500 | 2,600 | 2,700 | 3,200 | 3,300 | 3,400 | 3,500 | 4,000 |
| 이벤트 | | | 승진 | | 결혼 | 출산 승진 | 부모님 환갑 | | 승진 | 내집 마련 |
| 지출 예정액 | | | | | 1000 | 500 | 100 | | | |
| 자산 | | | | | 5000 | 16000 | 17000 | 18000 | 19000 | 20000 |
| 투자 가능 금액 | | | | | 5000 | 1000 | 2000 | 3000 | 4000 | 5000 |
| 투자 방법 | | | | | 청약 | | | | | 재청약 준비 |
| 투자 수익 | | | | | 10000 (청약프리미엄) | | | | | |

**10년 투자 계획 예시 도표**

그 누구도 알려주지 않았던 **청약 당첨의 기술**

다. 투자 방법에 관해서는 앞으로 자세히 다루도록 하겠다. 10년 후 계획은 거시적인 관점에서 내가 벌고 싶은 금액, 미래에 내가 갖고 있을 자산 규모 등의 목표를 세워본다는 느낌으로 작성해보자. 분명 계획과 목표가 있는 사람은 그렇지 않은 자와 반드시 차이가 생긴다.

이런 식으로 인생 로드맵을 그려보고 고민해보고 계획해보자. 모이는 돈이 크지 않다고 낙심하지 말자. 한번 청약에 당첨되면 내가 현금화하지 않은 분양권 상태더라도 프리미엄이 붙어 자산은 금세 눈덩이처럼 불어나기 시작할 것이다.

분양을 받기 위해선 분양가의 10%에 해당하는 계약금과 옵션 계약금 일부가 필요하다. 추가 유상옵션에 따라 달라지겠지만 대부분 발코니확장비를 필수로 선택해야 하기 때문에 분양가의 11~12%에 해당하는 금액 정도는 미리 준비해놔야 한다. 이후에 바로 레버리지 효과를 보기 위해 대출을 적극적으로 활용하면 분양가의 반도 안 되는 내 돈만으로도 집을 살 수 있다.

계약금 10%에 해당하는 금액이 일부 모자라면 신용대출이나 마이너스 통장을 활용하여 부족분을 보충하여 일단 계약하고 대출부터 빠르게 갚아나가는 전략을 세우도록 한다. 계약금까지 대출받는 것은 풀 레버리지라 자칫 잘못하면 자금 유동성이 악화하고, 만약 잔금 대출 시까지 상환하지 못한다면 신용대출 잔액도 잔금 대출 한도액에 합산되어 계산되므로 유의해야 하며, 다달이 나가는 이자와 생활비를 감당하고 대출을 줄여나갈 수 있는지 철저하게 계산 후 진입하여야 하는 전략이다. 따라서 첫 분양 계약에서는 권장하지 않으니, 내가 청약 넣을 곳의 분양가를 미리 대략 파악한 후 차곡차곡 돈을 모아 놓도록 하자.

따라서 대출에 대해서 조건 없는 거부감과 두려움을 갖기보다는 적극적으로 활용 가능한 대출과는 친해지는 것이 좋다. 계속되는 경기불황으로 지속해서 금리가 인하되고 있으므로 제로 금리라고 봐도 무방할 정도로 대출이자가 많지 않아, 자금 계획을 잘 세워 본인이 감당 가능할 정도의 레버리지를 활용해보자. 이젠 집 사는데 내 돈이 100% 필요하다는 생각은 버리자. 다음 파트부터는 위에서 언급했던 것들을 하나씩 상세하게 파악해보겠다.

# 당장 돈이 없어도
# 분양자금 마련하는 법

아파트를 구매하는 것은 여러분이 지금까지 평생 구매했던 모든 것을 통틀어서 가장 비싼 재화일 것이다. 필자는 보통 아파트를 우리나라에서 살 수 있는 가장 비싼 물건이라고 표현하기도 한다. 따라서 아파트를 청약 혹은 매매 하기 위해선 철저한 자금계획이 필수적이다. 이 자금계획을 세우는 과정에서 가장 중요한 핵심은 대출 가능 여부이다. 대한민국에 아파트를 가진 현금만으로 사는 사람이 몇이나 될까? 설령 있다 하더라도 전부 현금을 주려고 하기보다는 최대한 대출을 활용하여 여러 개를 사려고 계획을 세운다. 따라서 대출을 활용한 레버리지로 수익률을 극대화하는 방법이 필요하다.

사회초년생들은 아무래도 자본이 많이 부족하다. 즉, 자기자본이 적기 때문에 나의 자본을 제외한 부분은 타인자본인 대출을 통해 해결해야 한다. 대출에 대해 거부감을 가진 이들이 상당히 많다. 하지만 대출받을 수 있는 것은 또한 능력이다. 시중은행에서는 대출을 실행할 때 요구하는 서류들이 참 많다.

당신에게 대출을 해주어도 괜찮을지, 대출 실시 이후 상환은 잘할 수 있는지에 대한 보증이 필요하기 때문이다. 월 소득 내역, 가족관계, 직장의 신용도 등 채무자의 능력을 먼저 평가하고 그 채무자가 갚을 수 있는 한도 내에서 대출을 실행시켜준다.

재직 증명서부터 건강보험자격득실확인서, 소득증명서(직전 2개년도 원천징수영수증, 연봉계약서) 등 사업자일 경우(사업자등록증, 소득금액증명원) 가족관계증명서 등 매우 많은 서류를 요청한다. 은행에서도 리스크 관리가 필수적이기에 채무자가 채무를 이행하지 못하면 매우 곤란해지기 때문이다. 따라서 이 파트에서는 청약을 위해 필요한 대출(중도금 대출, 잔금 대출, 주택담보 대출) 등에 대해서 다루면서 자금 계획과 전략을 수립하는 방법에 대해 알아보자.

## 계약금 - 10% 또는 20%

청약 시 가장 처음 지출해야 하는 금액은 계약금이다. 보통 분양가의 10% 혹은 20%(투기과열지구 중 일부)를 선택하는데, 계약금이 10%인 경우는 잔금이 30%이며, 계약금이 20%인 곳은 잔금이 20%이다.

(단위 : ㎡, 원)

| 주택형 | 동별 | 공급세대수 | 층구분 | 해당세대수 | 분양가격 | | | 계약금 (10%) | | 중도금 (60%) | | | | | | 잔금 (30%) |
|---|---|---|---|---|---|---|---|---|---|---|---|---|---|---|---|---|
| | | | | | 대지비 | 건축비 | 계 | 1회 계약시 20.09.20 | 2회 | 1회 21.01.10 | 2회 21.05.10 | 3회 21.09.10 | 4회 22.01.10 | 5회 22.05.10 | 6회 22.09.10 | 입주지정일 |
| 75.72A6A | 104동,105동,106동 1,2호 라인 | 138 | 3층 | 6 | 152,287,000 | 231,713,000 | 384,000,000 | 10,000,000 | 29,400,000 | 38,400,000 | 38,400,000 | 38,400,000 | 38,400,000 | 38,400,000 | 38,400,000 | 115,200,000 |
| | | | 4층 | 6 | 152,287,000 | 243,713,000 | 396,000,000 | 10,000,000 | 29,600,000 | 39,600,000 | 39,600,000 | 39,600,000 | 39,600,000 | 39,600,000 | 39,600,000 | 118,800,000 |
| | | | 5층 이상 | 126 | 152,287,000 | 251,713,000 | 404,000,000 | 10,000,000 | 30,400,000 | 40,400,000 | 40,400,000 | 40,400,000 | 40,400,000 | 40,400,000 | 40,400,000 | 121,200,000 |
| 84.9080A | 101동,102동,103동,104동,105동,106동,107동,108동,109동 3,5호 라인 | 450 | 1층 | 18 | 170,755,000 | 224,245,000 | 395,000,000 | 10,000,000 | 29,500,000 | 39,500,000 | 39,500,000 | 39,500,000 | 39,500,000 | 39,500,000 | 39,500,000 | 118,500,000 |
| | | | 2층 | 18 | 170,755,000 | 242,245,000 | 413,000,000 | 10,000,000 | 31,300,000 | 41,300,000 | 41,300,000 | 41,300,000 | 41,300,000 | 41,300,000 | 41,300,000 | 123,900,000 |
| | | | 3층 | 18 | 170,755,000 | 255,245,000 | 426,000,000 | 10,000,000 | 32,600,000 | 42,600,000 | 42,600,000 | 42,600,000 | 42,600,000 | 42,600,000 | 42,600,000 | 127,800,000 |
| | | | 4층 | 18 | 170,755,000 | 269,245,000 | 440,000,000 | 10,000,000 | 34,000,000 | 44,000,000 | 44,000,000 | 44,000,000 | 44,000,000 | 44,000,000 | 44,000,000 | 132,000,000 |
| | | | 5층 이상 | 378 | 170,755,000 | 278,245,000 | 449,000,000 | 10,000,000 | 34,900,000 | 44,900,000 | 44,900,000 | 44,900,000 | 44,900,000 | 44,900,000 | 44,900,000 | 134,700,000 |
| 84.9279B | 101동,102동,103동,107동,108동,109동 2호 라인 | 150 | 1층 | 6 | 170,795,000 | 215,205,000 | 386,000,000 | 10,000,000 | 28,600,000 | 38,600,000 | 38,600,000 | 38,600,000 | 38,600,000 | 38,600,000 | 38,600,000 | 115,800,000 |
| | | | 2층 | 6 | 170,795,000 | 233,205,000 | 404,000,000 | 10,000,000 | 30,400,000 | 40,400,000 | 40,400,000 | 40,400,000 | 40,400,000 | 40,400,000 | 40,400,000 | 121,200,000 |
| | | | 3층 | 6 | 170,795,000 | 246,205,000 | 417,000,000 | 10,000,000 | 31,700,000 | 41,700,000 | 41,700,000 | 41,700,000 | 41,700,000 | 41,700,000 | 41,700,000 | 125,100,000 |
| | | | 4층 | 6 | 170,795,000 | 259,205,000 | 430,000,000 | 10,000,000 | 33,000,000 | 43,000,000 | 43,000,000 | 43,000,000 | 43,000,000 | 43,000,000 | 43,000,000 | 129,000,000 |
| | | | 5층 이상 | 126 | 170,795,000 | 268,205,000 | 439,000,000 | 10,000,000 | 33,900,000 | 43,900,000 | 43,900,000 | 43,900,000 | 43,900,000 | 43,900,000 | 43,900,000 | 131,700,000 |
| 84.9080C | 101동,102동,103동,107동,109동 1호 라인 | 139 | 2층 | 1 | 170,755,000 | 232,245,000 | 403,000,000 | 10,000,000 | 30,300,000 | 40,300,000 | 40,300,000 | 40,300,000 | 40,300,000 | 40,300,000 | 40,300,000 | 120,900,000 |
| | | | 3층 | 6 | 170,755,000 | 246,245,000 | 417,000,000 | 10,000,000 | 31,700,000 | 41,700,000 | 41,700,000 | 41,700,000 | 41,700,000 | 41,700,000 | 41,700,000 | 125,100,000 |
| | | | 4층 | 6 | 170,755,000 | 259,245,000 | 430,000,000 | 10,000,000 | 33,000,000 | 43,000,000 | 43,000,000 | 43,000,000 | 43,000,000 | 43,000,000 | 43,000,000 | 129,000,000 |
| | | | 5층 이상 | 126 | 170,755,000 | 278,245,000 | 449,000,000 | 10,000,000 | | 43,800,000 | 43,800,000 | 43,800,000 | 43,800,000 | 43,800,000 | 43,800,000 | 131,400,000 |

※ 계약금 2차, 중도금 및 잔금 납부일이 토/일요일 또는 공휴일인 경우 익일 은행영업일을 기준으로 합니다.

**공급금액 및 납부일정 제시 예**

2020년 8월에 분양했던 고덕신도시 제일풍경채2차 모집공고를 살펴보자. 84A 타입 기준층(5층 이상) 분양가는 4.49억 원이다. 이중 계약금 10%는 4,490만 원이고 이를 1차, 2차로 나누어 낸다. 여기서 핵심은 계약금 10%를 1차(5%), 2차(5%)로 두 번에 걸쳐 나눠 낸다는 것이다. 이는 시행사(분양사업자)가 초기 분양률을 높이고자 입주자를 배려하는 차원에서 수립한 전략으로 이 근방 청약시장 분위기가 썩 좋지 못하다는 반증이기도 하다. 다시 말해, 미분양 리스크가 높으므로 리스크를 줄이려는 방안으로 위와 같은 방법을 사용했을 가능성이 크다.

이와 반대로 계약금이 20%인 청약 아파트는 굉장히 인기가 많게 과열되어 있어 미분양 리스크가 전혀 없는 지역이기에 분양에 자신 있다는 반증이기도 하다. 다시 본론으로 돌아와서 현재 규제지역(조정대상지역)에 속한 평택시 내에 조성되는 고덕신도시 제일풍경채2차의 경우, 계약금 10%만 내면 중도금 60% 중 마지막 차수(6회 차10%-자납)를 제외하고 총 분양가의 60%(계약금10%+중도금50%)가 일단 해결이 된다는 것이다.

### 🖐 꼼수 부동산 팁

1) 조정대상 지역은 중도금 60% 중 50%만 중도금 대출승인이 가능하고, 10%는 본인 예산으로 납부(자납)해야 한다.

⇨ (서민 실수요자 60% 전액 가능)

2) 투기과역 지구는 중도금 60% 중 40%만 중도금 대출승인이 가능하고, 20%는 본인 예산으로 납부(자납)해야 한다.

⇨ (서민 실수요자 50%까지 가능)

**서민 실수요자란?**

1. 부부합산 연 소득 8천만 원 이하 (생애최초구입자 :9천만 원 이하)

2. 주택가격 투기지역,주기과열지구 - 6억 원 이하

조정대상지역 - 5억 원 이하

3. 무주택가구주

위의 3가지 요건 중 한 가지라도 충족하지 못하면 불가능

모집공고일이 2020년 8월 6일이므로 마지막 차수(6회차) 10%를 자진해서 내기까지 2년이 넘는 시간 동안 오직 분양가의 10%의 금액(4,490만 원)으로 4.49억 원짜리 아파트를 소유할 수 있는 권리를 획득하는 것이다. 이게 얼마나 큰 혜택인지 체감되지 않을 수도 있으나 주식과 비교해보면 4.49억 원 어치의 삼성전자 주식을 4,490만 원으로 취득하고 2~3년간 보유를 할 수 있으며 그동안 주식을 팔순 없지만 2년 뒤에 6억원이 되든 8억 원이 되든 10억 원이 되든 4.49억 원에서 4,490만 원을

제외한 금액만 내면 전량 소유할 수 있고 심지어 매도까지 할 수 있다는 것과 같은 상황이다. 앞서 설명했던 재테크 방법 중 주식이 가지고 있는 변동성의 리스크, 원금손실 리스크를 크게 줄일 수 있으며 상대적으로 안정적으로 투자금을 운용할수있다.

## 중도금 - 무이자 OR 후불제

필자가 청약에 처음 당첨 되었을때는 이제 막 사회생활을 시작하는 초년생이였다. 나의 첫 직장은 동탄신도시에 위치한 작은 무역 업체였는데, 2014년도 당시에는 동탄신도시2가 청약을 시작하고, 분양물량이 쏟아지던 그런 시기였다. 분양을 받지 못하면, 평생 집을 사지 못할 것 같다는 막연한 불안감과 부동산 열풍 분위기에 휩쓸려 '묻지마 청약'으로 인해 덜컥 청약이 당첨되어 버렸고 급하게 신용 대출을 끌어와 계약금을 치렀다. 하지만 계약금보다 더 큰 문제는 중도금이란 것이었다. 계약금을 간신히 치루고 나니 중도금 60%이라는 더 큰벽이 가로막고서 있었는데, 문제는 대출 실행 가능 여부였다.

당시 가장 큰 고민거리는 '분양가의 60%라는 큰돈을 이제 막 취업한 사회초년생이었기에 대출해 주는 곳이 있을까?'라는 것이었다. 이러한 걱정을 하고 있을 때 중도금 대출 서명(중도금자서)을 하러 오라는 모델하우스의 연락을 받았다. 모델하우스를 가는 길 내내 머릿속에는 혹시 "중도금 대출이 실행이 안 되면 어떻게 하지?" 하는 생각으로 가득

했다. 필자는 중도금 60%을 낼 돈은커녕, 10%만 더 내라고 해도 계약금을 날려버릴 상황이었다. 입주자 모집 공고에 적혀있는 "중도금 대출의 실행 여부는 개인의 신용에 따라 달라지며, 모든 책임은 개인에게 있음"이란 문구가 더욱 불안하게 만들었다. 계약금도 신용 대출을 통해 지급했는데, 중도금 대출이 안 나오면 청약에 당첨된 이력 때문에 재당첨 제한이 걸려 향후 5년간 청약 기회가 오지 않는 암울한 미래가 기다리고 있었다. "이 멍청이! 너 같이 월급 200만 원인 사람에게 그 큰돈을 대출해주겠냐? 은행이 멍청이도 아니고"라고 외치며 머리를 쥐어뜯으며 모델하우스를 들어갔다.

모델하우스를 들어가니 시행사가 지정한 중도금 대출 은행 상담사가 기다리고 있었고 앞에 앉아서 준비해 온 서류(재직 증명서, 원천징수영수증, 가족관계증명서)와 몇 마디 짧은 개인정보를 얘기하고 내 신용도를 조회해본 뒤, 곧바로 그 대출 서류를 받아 서명하고 중도금 자서를 마무리했다. 결과는 중도금 대출 승인이었다. 심지어 나의 소득에 관하여 묻지도 않았다. 고민한 기간에 비해 너무 쉽게 대출 승인이 나왔다. 지금 생각하면 가벼운 추억거리지만 당시에 온갖 생각을 다 했던 기억이 있다.

'중도금 대출'이 이렇게 쉽게 나오는 이유는 뭘까? 중도금 대출은 물론 개인의 신용도를 보지만(신용불량자가 아니고선 대부분 승인이 남), 정부의 주택도시보증공사HUG와 한국주택금융공사HF등이 보증을 서는 형태의 신용 대출이기 때문에 개인의 소득이나, 신용도는 영향 미미하다. 은행 입장에서는 개인이 갚지 못해도 정부 기관이 보증을 서는 형태이기 때문에 리스크가 적은 대출이라는 것이다.

### 꼼수 부동산 팁

중도금 대출은 여러분의 신용 및 소득이 일부 반영이 되는 신용대출의 형태이긴 하지만, 정부의 주택도시보증공사(HUG)와 한국주택금융공사(HF) 등이 보증을 서는 형태이므로 개인의 소득, 신용도 등의 영향이 적다.

※ 중도금자서 : 중도금대출 서류에 서명하는 행위를 말하는 부동산 용어

중도금의 형태는 크게 중도금 무이자 혹은 중도금 후불제 이 2가지로 나누어져 있는데, 결론부터 말하자면 둘은 이름만 다를 뿐이다. 무이자라고 좋아하지 말고, 후불제(잔금 납부 시 한 번에 이자 비용을 지불함)라고 포기하지 말라는 것이다.

무이자일 경우, 이미 중도금 이자비용이 분양가에 다 포함된 형태이다. 예를 들어 중도금 이자 후불제로 할 때 평당 1,300만 원에 분양을 해야 했던 아파트지만, 무이자라면 평당 1,350만 원에 함으로써 어차피 내가 낼 돈이 분양가에 포함되어 있거나, 포함되어 있지 않아서 나중에 한 번에 내야 하는 차이일 뿐이다. 하지만 요즘은 중도금 이자 후불제일 때가 대부분인데, 그 이유는 최근 정부의 부동산 정책 방향이 분양가를 많이 억제하는 방향으로 정책을 펼치고 있기 때문이다.

추후 분양가상한제 고분양가 관리지역 등 앞서 살펴봤던 분양가 규제가 조금 더 완화된다면 시행사 입장에서 중도금 무이자를 제공하여 미분양 위험성을 조금이라도 낮출 수 있기 때문에 분양가 규제가 완화된다면 중도금 무이자의 형태의 분양이 많아질 것이다.

결론은 무이자든, 후불제든 어차피 감당해야 할 돈이기 때문에 이 부분에서는 고민할 부분이 아니라는 것이다. 과거에 중도금 무이자 제도가 많았던 것은, 분양가에 대한 규제가 지금보다 상대적으로 덜했기 때문이지, 절대 시행사가 무주택자를 배려해서 무이자를 해주는 것이 아니다. 그러니 착각하지 말자. 시행사와 건설사의 이익금은 이미 사업이 시작하기 전부터 정해져 있고 그 이익금에 분양가를 맞추는 것이기 때문에 중도금 후불제라고 비싼 것이 아니고 중도금 무이자라고 해서 저렴한 것이 아니다. 단순 마케팅을 위한 기법이다.

| 중도금 무이자 | 중도금 후불제 |
|---|---|
| 이자 부담 x<br>심리적 안정감<br>분양가가 상대적으로 비싸다 | 이자 부담 O<br>심리적 부담감<br>잔금 납부 시 목돈 지출 추가 발생<br>분양가가 상대적으로 저렴하다 |

**중도금 무이자 vs 중도금 후불제 비교표**

그 누구도 알려주지 않았던 청약 당첨의 기술

# 잔금 마련을
# 겁내지 마라

주변 지인들과 이야기를 하다보면, 사회초년생들이 청약을 겁내는 이유는 잔금에 대한 공포가 가장 큰 비중을 차지하는 것 같다. "왜 청약을 안 해?"라고 질문하면 가장 많이 듣는 대답은 '계약금은 가능할 것 같은데, 잔금(30%)은 아무리 생각해봐도 지불할 능력이 없어. 그래서 잔금 때문에 청약할 엄두를 못내겠어'라고 이야기를 하곤 한다. 혹시 당신도 같은 생각을 하고 있는가? 물론, 틀린 말은 아니다.

잔금은 보통 분양가의 30%로 책정이 된다. 요즘 분양 중인 수도권 아파트의 분양가는 대부분 5억 원 이상으로 책정되기 때문에, 분양가를 5억 원으로만 가정해도 잔금 30%는 1.5억 원이라는 어마어마하게 큰 금액이 나온다. 하지만 간과해서는 안 되는 것은 도입부에서도 말했듯, 이 돈을 현금만으로 지불하는 사람은 대한민국에 그리 많지 않다. 아마 그만한 능력을 되는 사람들도, 현금으로 100%내지 않을 것이다. 만약 이 금액을 현금으로 낸다면 그 사람은 투자자로서는 0점짜리이다. 투자의 기본은 최소의 비용으로 최대의 이익을 내는 것인데 잔금을 자기자본으로 납부할 때는 최대의 비용으로 최소의 이익을 추구하는 투자로 볼 수 있다. 이 파트에서는 잔금을 내는 방법에 대해서 상세하게 설명할 것이다. 지금까지 잔금 30%를 단순히 숫자상의 계산으로 겁먹었던 사람은 눈을 크게 뜨고 주목하자.

## 잠깐! 대출용어부터 이해하자(LTV, DTI, DSR)

잔금 지급 시점에서는 여러 가지 방법을 선택할 수 있다. 가장 간단한 방법은 잔금 30%를 모두 현금으로 깔끔하게 내고 대출 없이 집을 장만하는 경우이다. 이는 가장 완벽한 방법이지만, 앞에서도 언급했듯 투자자의 입장에서 본다면 수익률을 극대화할 수 있는 방법은 아니기 때문에 추천하지 않는다.

그렇다면 다른 방법은 무엇이 있을까? 바로 대출을 통한 잔금 납부 방법이다. 현금이 부족하다면 주택담보 대출을 통해서 잔금 납부하여야한다. 주택담보 대출은 이름 그대로 담보 대출의 형태이기 때문에 담보가 없는 신용 대출보다 상대적으로 낮은 금리와 높은 한도를 받을 수 있다.

주택담보 대출이란 부동산 물적 담보로 자금을 융통하는 금융거래를 말한다. 즉, 부동산을 담보로 은행에 나의 주택을 채권으로 제공함으로써 내가 대출을 상환할 능력이 없을 경우 담보물건의 주택을 경매로 처분하여 채권대출을 상환하겠다는 대출을 말한다. 담보가 확실한 만큼 타 대출에 비해서 비교적 수월하게 대출을 실행할 수 있다.

그전에 대출용어에 관한 이해가 필요하다. 그 용어는 바로 LTV, DTI, DSR다. 어디선가 들어보지 않았는가? 뉴스나 부동산 재태크에 대해 이야기할 때 빠지지 않고 나오는 용어이다. 그러나 실제로 용어들의 정확한 뜻을 아는 사람들은 많지 않다. 친숙한 듯 친숙하지 않은 용어들이지만, 대출을 이해하기 위해선 꼭 숙지해야 한다. 생각보다 어렵지 않으니 천천히 살펴보기 바란다.

### (1) LTV^Loan to Value ratio : 주택 담보인정 비율

LTV는 주택담보 가치 대비 대출이 가능한 금액을 의미한다. 쉽게 설명하면 내 주택의 가치 대비 몇 %까지 주택담보 대출이 가능한지 따지는 비율이다. 여기서 말하는 시세는 주택담보 가치를 뜻하고 주택담보 가치는 총 4가지(KB부동산시세, 감정평가 법인에 의뢰한 감정가격, 국세청 기준시가, 한국부동산원 시세 중 한 가지)의 평가 자료를 사용하여 측정하게 된다.

예를 들어 나의 아파트의 가치가 KB시세로 5억 원이라고 가정하고

$$\text{LTV 비율} = \frac{\text{대출취급가능금액}}{\text{주택의 담보가치}} \times 100$$

이 주택이 속한 지역이 조정대상 지역일 때 50%의 담보 가치가 인정되기 때문에 2.5억 원이 주택담보 대출 한도로 잡힌다. 당신에게 사실상 적용될 주택담보 대출의 LTV 비율은 9억 원 이하 서민실수요자, 무주택자 이 2가지로 축약할 수 있다. 이 2가지 경우로 사례를 통해 이해해보자.

| 규제지역 | 주택가격 9억 원 이하(무주택자)인 경우 | | 주택가격 9억 원 이하(서민 실수요자)인 경우 | |
|---|---|---|---|---|
| | 비율 | 대출한도 (매매가:5억 원) | 비율 | 대출한도 (매매가:5억 원) |
| 투기과열지역, 지구 | LTV : 40% | 5억 원×40%=2억 원 | LTV : 60% | 5억 원×60% = 3억 원 |
| 조정대상 지역 | LTV : 50% | 5억 원×50%=3억 원 | LTV: 70% | 5억 원×70% = 3.5억 원 |

### 꿀수 부동산 팁

※ 신규 아파트 청약의 경우 시세가 존재하지 않기 때문에, 감정평가 혹은 KB부동산 시세 중 금융기관이 선택하여 주택 가치를 판단한다.

그 누구도 알려주지 않았던 청약 당첨의 기술

## (2) DTI Debt To Income : 총 부채 상환비율

　　DTI는 대출이용자의 연 소득 대비 대출 상환액을 의미한다. DTI 비율은 연간 총 소득을 연간 대출 상환액으로 나눈 금액에 100을 곱해서 계산할 수 있다.

$$\text{DTI 비율} = \frac{\text{연간 대출상환액}}{\text{연간 소득}} \times 100$$

　　예를 들어 내 연봉이 5,000만 원이라고 가정하고 내 주택이 속한 지역이 투기 과열지역일 때 내 연봉의 40%인 2,000만 원이 연간 대출 상환액을 넘지 않는 범위 내에서 대출이 실행 가능하다. 각 대출 상환액은 개인별 신용 상태, 금리의 차이로 인해 다르므로 은행과 개별 상담이 필요하다.

### 꼼수 부동산 팁

※ LTV는 충분하지만, DTI 때문에 대출 한도가 적게 잡히는 경우도 간혹 있으므로 사회초년생처럼 연봉, 소득이 적으면 대출 실행 전 금융기관에 사전에 확인하는 과정이 필요하다.

제시 예) KB부동산 시세 10억 원인 주택이 LTV 50%(조정 대상 지역)의 경우 5억 원 한도 내에서 대출이 나오지만, 연간 소득이 낮아 DTI가 최대한도 4억 원일 때 '주택 담보 대출'의 대출 한도는 4억 원으로 결정된다.

### (3) DSR<sup>Debt Service Ratio</sup> : 총 부채 원리금 상환 비율

연간소득 대비 대출 원리금 상환액이 차지하는 비율, 즉 대출하려는 사람이 전<sup>全</sup> 금융회사에 보유하고 있는 모든 대출의 원리금 상환 부담을 보여주는 지표로서 언뜻 보면 DTI와 매우 유사해 보인다. 하지만 DTI는 주택 대출 연간 원리금 상환액 + 기타대출 연간 이자 상환액을 반영하지만, DSR의 경우 연간 대출상환액은 주택담보 대출의 연간원리금 상환액 + 기타 모든 대출의 이자뿐만 아니라, 연간 원리금 상환액을 반영하기 때문에 더 정교한 대출 상환 능력을 반영한다. 다시 말해 DSR 수치가 낮을수록 대출 상환능력이 높다고 인정된다.

$$\text{DSR 비율} = \frac{\text{연간 대출상환액}}{\text{연간 소득}} \times 100$$

즉, DSR의 경우 주택 담보 대출뿐만이 아니라 신용대출과 신용카드 미결제액, 카드론, 임대보증금, 자동차 할부금 등 대출자의 모든 금융권 대출 원리금 상환 규모를 파악해 추가 대출 여부를 결정한다.

### 꼼수 부동산 팁

DTI=(주택대출 연간 원리금 상환액+기타대출 연간 이자 상환액) / 연간 소득
DSR=(주택대출 연간 원리금 상환액+기타대출 연간 이자, 원리금 상환액 / 연간 소득

그 누구도 알려주지 않았던 청약 당첨의 기술

## 주택담보 대출의 꼼수

앞서 주택담보 대출이 무엇인지, 그리고 주택담보 대출을 이해하기 위해서 꼭 필요한 용어들까지 살펴보았다. 이제는 주택담보 대출을 활용한 꼼수에 대해서 알아보자. 주택담보 대출은 쉽게 말하면, 내 주택의 현 시세 가격 비율만큼 대출해줄 수 있다는 것이다. LTV 40%면 5억 원짜리 주택을 2억 원에, LTV 50%일 때 5억 원짜리 주택을 2.5억 원 만큼 대출을 해주겠다는 의미다. 하지만 여기서는 내 주택의 현재 시세를 가장 중요하게 봐야 한다.

### 꼼수 부동산 팁

- 주택담보 대출에서 LTV, DTI의 기준이 되는 것은 '시세(분양가 X)'라는 금액을 기준으로 하는데 보통 (KB 부동산시세, 감정평가 법인에 의뢰한 감정가격, 국세청 기준시가, 한국부동산원 시세 중 한 가지) 4가지 중 각 금융 기관이 선택하여 LTV, DTI를 적용하여 산출된다.
- 기준이 되는 '시세'와 '분양가'의 2가지 기준을 착각하는 사람들이 많은데, 분양가와 시세는 매우 다른 개념이기 때문에 이점을 명확하게 구분해야 한다.

지금부터는 실제 사례를 통해 위에서 배웠던 계약금, 중도금, 잔금 등의 공식을 대입해보면서 빠르고 쉽게 이해해보자. 다음 페이지의 표는 2018년 09월 18일 날 모집공고가 발표되고 2021년 03월 입주 예정인 '병점역 아이파크 캐슬'의 모집공고이다.

# 병점역 아이파크 캐슬 입주자 모집 공고

※ 본 아파트 입주자모집공고의 내용을 숙지한 후 청약 및 계약에 응하시기 바라며, 미숙지로 인한 착오 행위 등에 대하여는 청약자 및 계약자 본인에게 책임이 있으니 이점 유의바랍니다.

- 본 아파트는 2018.09.18. 개정된 「주택공급에 관한 규칙」이 적용됩니다.
- 본 아파트의 최초 입주자모집공고일(2018.11.09.)은 청약자격조건의 기간, 나이, 지역우선 등의 청약자격조건 판단 기준입니다.
- 해당 주택건설지역(경기도 화성시)은 「주택법」제63조 및 제63조의2에 의한 규정에 따라 비투기과열지구 및 비청약과열지역이며 「수도권정비계획법시행령」 별표1에 의한 성장관리권역으로서, 본 아파트는 「주택공급에 관한 규칙」에 따라 1주택 이상 소유하신 분도 청약 1순위 자격이 부여됩니다.
- 본 아파트의 당첨자로 선정시 당첨자 및 세대에 속한 자는 당첨일로부터 향후 5년간 투기과열지구 및 청약과열지구에서 공급하는 주택의 1순위 청약접수가 제한되오니 유의하시기 바랍니다.
- 본 아파트는 최초 입주자모집공고일(2018.11.09.) 현재 화성시에 거주하거나 수도권(서울특별시, 인천광역시, 경기도)에 거주하는 세대주 또는 만19세 이상의 자(국내에서 거주하는 재외동포(재외국민, 외국국적 동포) 및 외국인 포함)도 청약 가능합니다. 다만 청약 신청자 중 같은 순위 내에 경쟁이 있을 경우 해당 주택건설지역이 화성시 거주자가 우선합니다.
- 주택형 표기방식은 기존(전용면적 + 주거공용면적)에서 주거전용면적만 표기하도록 변경되었으니 유념하시기 바랍니다.

### 병점역아이파크캐슬 입주자모집공고일 : 2018.11.09

병점아이파크캐슬 분양가

병점역 아이파크 캐슬은 84A 타입 기준층(6층 이상)을 분양가 3.68억 원으로 분양했다. 이 지역은 최근 조정대상지역으로 지정되면서, 주택담보대출의 LTV 50%로 확정되었다. 만약 분양가로 주택담보대출을 계산해보면 3.7억 원의 50%로 1.85억 원이 대출 가능하다. 나머지 1.5억 원은 자기자본금으로 채워야 한다. 하지만 병점역 아이파크 캐슬의

2020년 12월 현재(시세)는 분양가보다 약 2.3억 가량 상승해서 약 6억 원 정도로 시세가 형성되어 있다.

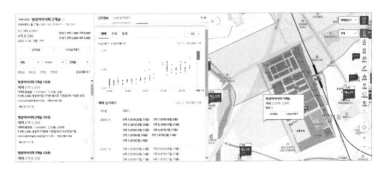

| 구분 | 금액(단위:천 원) | 비고 |
|---|---|---|
| 분양가 | 368,000 | |
| 계약금 | 36,800 | |
| LTV 50%<br>(주택담보대출) | 300,000 | 시세 6억 원 X 50% = 3억 원(조정대상지역:LTV50%) |
| 잔금 | 31,200 | 입주 시점:3,120만 원으로 입주 가능 |

병점역 아이파크 캐슬 84A 타입 기준층(6층 이상) 분양가를 보면 3.68억 원이다. 불과 2년 만에 약 2.5억 원이 상승했다. 이 아파트는 입주 시점인 2021년 3월에는 KB시세는 6억 원 이상의 실거래가가 있 었으므로 최소 6억 원 이상의 KB시세 혹은 감정평가 금액이 산정될 것으로 판단된다. 따라서 이 아파트 잔금대출 한도는 해당 지역이 조 정 대상 지역이므로, LTV 50%를 기준으로 최소 3억 원의 잔금 대출이 나온다.

분양가가 3.68억 원이고, 계약금 3,680만 원을 미리 지급했으니, 주택 담보 대출 50%=3억 원을 제외하면, 잔금으로 치러야 할 돈은 3,120만 원 취·등록세를 포함하더라도 3,500만 원 정도의 금액으로 입주가 가능하다.

그러니 겁먹지 마라! 분양가가 높아도, 분양가의 10% 금액(계약금)만 준비되면, 일단 진입은 가능하다. 그 이후 잔금은 30%가 정말 될지 아니면 위의 경우처럼 10% 미만이 될지 감히 예측하긴 어렵지만, 가능한 한 열심히 저축하다 보면 꿈만 같던 '내 집 마련'을 생각보다 더 빨리 할 수 있을지도 모른다.

혹시라도 잔금 시점에 아파트 가격 혹은 시세가 많이 오르지 않아서 30%를 온전히 다 내야 하는 최악의 상황이 오더라도 제2의 방안인 전세로의 전환이 남아 있으므로(다음 파트 주제), 일단 청약에 당첨부터 되고 생각해도 늦지 않다. 그리고 한 가지 확실한 건 3년 전 3억 원 대 중반이던 대부분의 아파트는 2021년 현시점기준으로, 여전히 3억 원 중반인 것은 없다는 것이다. 마찬가지로 2021년 하반기 수도권 대부분 지역에서는 5억 원 이상의 분양가가 나오고 있다. 하지만 3년 뒤 그 아파트가 여전히 5억 원일 리는 없다. 적어도 당신의 연봉 상승률보다는 수도권 신축 아파트의 가격상승률이 높을 테니, 더 늦기 전에 지금 바로 청약에 도전해보자.

## 자금이 부족하다면 전세를 이용하라

대한민국을 제외한 대부분의 나라에서는 매달 임대료를 내고 주택을 거주하는 '월세'와 직접 집을 구매하여 거주하는 '자가' 2가지 형태만 존재한다. 하지만 대한민국에는 그 어느 나라에서도 찾아볼 수 있는 특이한 주거방식이 존재하는데, 그것은 바로 '전세 제도'이다. 사실 현재 부동산 시장에서 문제가 야기되는 갭 투자, 다주택자, 수택가격의 상승 등 대 다수의 문제는 이 전세라는 특이한 제도 때문에 생기는 현상이라고 봐도 무방하다.

전세 제도의 시초는 조선 시대 시대 가옥의 대가의 반액 내지 7,8할을 지불하고 통상 1년 정도로 집을 빌렸다는 문헌의 기록으로 볼 수 있다. 하지만 현재의 전세제도가 본격적으로 자리를 잡은 건 급격한 산업화와 도시화가 시작된 1960년부터로 볼 수 있다. 부동산등기법이 만들어진 것도 이 무렵이라, 제도권 주택금융이 부실했던 시절이었기 때문에, 많은 사람들이 금융기관 대신 개인과 개인 간의 계약을 통해 안정된 주거를 해결하기 위한 수단으로 전세 제도에 관심을 두기 시작했고, 주택 가격이 상승하던 시절이라 소위 말하는 '전세를 끼고 집을 사는' 사람이 많아지면서 이를 이용한 시세차익을 남기기 위한 수단으로 작용하여 왔다. 역사적으로 조선 시대부터 있었던 전세 제도는 2021년인 현재도 대한민국의 가장 대표적인 주거 형태로 자리를 잡고 있다.

전세 제도가 대한민국 주택 시장에서 긍정적인지 부정적인지에 대한 판단은 잠시 미루고, 현재 있는 전세 제도를 활용하는 방법을 연구해야 한다. 전세 제도는 청약이 당첨되고 가장 우려가 되는 부분인 잔금이라는 무시무시한 산을 넘기위한 위한 가장 쉽고, 합법적인 방법이기 때문이다. 다만, 나의 자본이 아닌 타인의 자본을 이용한 취득이기 때문에, 언젠가는 내가 다시 돌려줘야 할 돈임을 분명히 하겠다.

원>통계정보>시장동향>공동주택실거래가격지수

**공동주택실거래가격지수**

공동주택 실거래 가격지수

| 연월 | 실거래<br>가격지수 |
|---|---|
| 2020.08 | 114.4 |
| 2020.07 | 112.8 |
| 2020.06 | 110.2 |
| 2020.05 | 107.9 |
| 2020.04 | 106.9 |
| 2020.03 | 106.9 |
| 2020.02 | 106.0 |
| 2020.01 | 104.6 |
| 2019.12 | 103.8 |
| 2019.11 | 102.7 |
| 2019.10 | 101.7 |
| 2019.09 | 101.2 |
| 2019.08 | 100.8 |

지역: 수도권

| 연월 | 실거래<br>가격지수 |
|---|---|
| 2020.08 | 129.0 |
| 2020.07 | 126.4 |
| 2020.06 | 122.0 |
| 2020.05 | 118.8 |
| 2020.04 | 117.7 |
| 2020.03 | 117.7 |
| 2020.02 | 115.7 |
| 2020.01 | 113.4 |
| 2019.12 | 112.1 |
| 2019.11 | 110.9 |
| 2019.10 | 109.7 |
| 2019.09 | 108.8 |
| 2019.08 | 108.1 |

**전국 및 수도권의 실거래 가격지수 최근 변화 현황**

위의 표는 2019년 06월, 아파트 매매 가격을 기준시점으로 잡고 매월 실 거래가를 근거로 공동주택 매매가액의 상승률 나타낸 한국 부동산원의 '공동주택 매매 실거래 가격 지수' 자료이다.

| 구분 | 2019년 08월 | 2020년 08월 | 매매가상승률 (연간) | 매매가상승률 (월간) |
|---|---|---|---|---|
| 전국 | 108% | 114.40% | 6.40% | 0.53% |
| 수도권 | 108.10% | 129.00% | 20.90% | 1.74% |

**2019.08~2020.08 1년간 공동주택 매매 실거래 가격 지수에 따른 매매가 상승률(연/월간)**

한국부동산원의 '공동주택 매매 실거래 가격지수'의 2019년 08월

~2020년 08월(1년간) 상승률을 정리하면 전국으로는 2019년 08월(108%)에서 2020년 08월(114.4%)로 1년간 6.4% 상승했다. 매 월 0.53% 상승했다는 의미이다. 수도권일 경우는 더욱 급격한 상승률을 보인다. 수도권 2019년 08월(108.1%)였지만, 2020년 08월(129%)로 1년간 무려 20.9% 상승했다. 5억 원짜리 수도권 아파트로 가정하면 1년 만에 1억 원 이상 상승했다고 볼 수 있다. 예를 들어 수도권 조정지역 내의 5억 원의 아파트의 청약에 당첨되었다고 가정해보자. 대부분의 조정 지역에서는 분양가는 계약금 10%와 중도금 60%=(대출 50% +자납10%), 잔금 30% 총 100%의 비율로 책정되어 있다.

여기서 계약금(10%)을 지급했고, 중도금 50% 대출이 무이자든, 후불제든 실행이 되었고, 중도금 마지막 회차인 6회차 자납(10%)까지 완료했다고 가정해보자. 잔금 지급전 5억 원짜리 아파트를 사들이기 위해 자신의 자금이 들어간 비율을 총 20%(1억 원)이다. 나머지 50%는 중도금 대출을 통해, 그리고 나머지 30%는 잔금으로 남아있다.

| 구분 | | 2020년 08월 | 2021년 08월 | 2022년 08월 | 2023년 08월 | 2024년 08월 | 2025년 08월 |
|------|------|---|---|---|---|---|---|
| 전국 | 금액 | 500,000 | 532,000 | 564,000 | 596,000 | 628,000 | 660,000 |
| | 상승률 | 0% | 6.4% | 12.8% | 19.2% | 25.6% | 32% |
| 수도권 | 금액 | 500,000 | 604,500 | 709,000 | 813,500 | 918,000 | 1,022,500 |
| | 상승률 | 0% | 20.9% | 41.8% | 62.7% | 83.6% | 104.5% |

실거래 가격지수 대입(2020년 08월 수도권 분양가 5억 원 아파트 당첨 가정)

이 시점에서 한국부동산원의 '공동주택 매매 실거래 가격 지수'를 대입해 보면 입주 시점(2022년 08월 약 3년 뒤) 아파트의 시세는 약 7.1억 원 정도로 예상된다. 그리고 시세를 반영하여 '전세'(시세의 70%)를 줄 때 우리는 분양가 5억 원에서 전세금 4.96억 원을 제외하고 남은 금액 370만 원으로 소유권을 확보할 수 있다.

| 분양가 | | 500,000 |
|---|---|---|
| 분양가 | 전세가 | 496,300 (709,000 X 70%) |
| | 자기자본 | 3,700 |
| | 합계 | 500,000 (기타 필요경비 제외) |

단위/천 원

통상의 전세 계약은 2년이기 때문에( 2년 뒤 실 거주를 예정으로 4년 전세기간 미적용) 청약~입주시점까지 3년 + 전세를 활용한 2년, 총 5년의 기간 동안 5억 원의 아파트를 3,700만 원이라는 적은 금액으로 5년간 실질적인 보유를 할 수 있게 된다. 게다가 전세가 만료되는 시점인 2025년에 주택담보대출을 실행한다면 약 5.1억 원, 분양가 이상의 금액을 대출받을 수 있다는 합리적인 결론이 나온다.

| 구분 | 2025년 08월 |
|---|---|
| 아파트 시세 | 1,022,500원 |
| LTV 50%<br>(조정 대상 지역) | 50% |
| 대출한도 | 511,250원 |

과거 1년의 '공동주택 매매 실거래 가격 지수'를 반영하여 5년간 아파트 가격이 상승한다면 전세가 만료되는 시점인 2025년 약 10억 원에 주택을 매도할 수 있다. 이 수익에서 물론 양도소득세를 내야 하지만, 양도소득세를 제외한 나머지 수익은 매입자에게 고스란히 귀속될 것이며, 이렇게 확보한 재원을 통해 신규 주택을 사거나, 기존주택에 세입자를 내보내고 본인이 주택 담보 대출을 활용한 실거주도 가능하다. 이렇게 약 5억 원의 수익을 내는 동안 잃게 될 기회비용은 5년이란 시간과 자기가 본 3,700만 원, 새집을 살 수 있는 권리 이 3가지 정도인데 이 권리를 잃는 기회비용에 대비 현격히 높은 이익을 얻을 수 있다.

하지만, 전세의 단점도 분명 존재한다. 청약을 받은 뒤 전세를 주게 되면, 비과세 요건인 '실거주 2년'을 놓치기 때문에 비과세 요건을 적용받을 수 없다. 비규제 지역에서는 '보유 2년'만 하면 비과세 요건을 충족할 수 있지만 규제지역(투기과열지역) '실거주 2년'을 채우지 못하면 비과세 요건을 충족할 수 없다. 이점을 유의해서 입주 시점에 자금 부족으로 2년간 전세를 줬다면 다음 2년은 실거주를 해서 비과세요건을 충족하고 매도를 하는 것이 수익률 측면에서는 훨씬 유리하다.

최근 쟁점이 되는 개정된 임대차 3법은 계약갱신청구권, 전월세상한제, 전·월세 신고제 도입을 골자로 하는 '주택임대차보호법' 및 '부동산거래신고 등에 관한 법률' 개정안을 말한다. 간단하게 임대차 3법을 설명하면, 기존에 2년이었던 임차인 보호 기간은 2+2년=총 4년으로 연장하는 내용이다. 세입자는 2년을 계약한 뒤 1회에 한해 임대차 계약을 2년 연장을 청구할 수 있다는 맥락이고, 임대인은 정당한 사유(직계존비속의 실거주) 없이 이를 거절하지 못한다는 것이다. 또한 임대료 상승 폭을 연 5%로 제한한다. 따라서 전세 계약 시 4년의 전세 기간을 염두에 두고 계획을 세우는 것이 더욱 안전하고 바람직하다.

임대차 3법에 대해서는 긍정적인 평가와 부정적인 평가가 동시에 나타나는데, 임차인(빌리는 사람)의 권리를 크게 신장시켜 전세 난민이 줄어들 것으로 기대가 되는 한편, '임대인이 매물을 거둬들여 장기적으

〈2019년 06월 84A타입 전세 실거래가〉1억 원 후반 ~ 2억 원 초반 형성

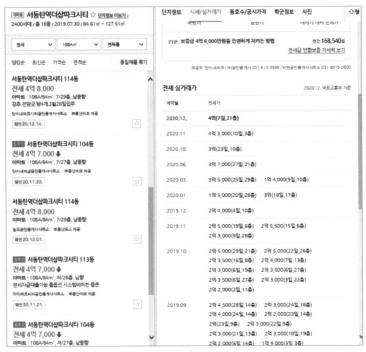

단지정보  시세/실거래가  동호수/공시가격  학군정보  사진  ↺평

전세 ∨   108A시 ∨   전체동 ∨

TIP. 보증금 4억 6,000만원을 안전하게 지키는 방법
전세금 반환보증 자세히 보기

랭킹순  최신순  가격순  면적순       동일매물 묶기

**서동탄역더샵파크시티 114동**
전세 4억 8,000
아파트 · 108A/84㎡ , 7/29층, 남동향
강추, 전망굿, 방4개,2월26일입주
단지내A파트사비스공인중개사사무소 · 부동산하브 제공
확인 20.12.14.  ☆

**서동탄역더샵파크시티 104동**
전세 4억 7,000 ↓
아파트 · 108A/84㎡ , 7/27층, 남동향
단지내상가공인중개사사무소 · 부동산하브 제공
확인 20.11.20.  ☆

**서동탄역더샵파크시티 114동**
전세 4억 8,000
아파트 · 108A/84㎡ , 7/29층, 남동향
쉴드공인중개사사무소 · 부동산포스 제공
확인 20.12.01.  ☆

**서동탄역더샵파크시티 113동**
전세 4억 7,000 ↓
아파트 · 108A/84㎡ , 저/26층, 남향
렌세자급대출가능 풀옵션 시스템에어컨 증은
아이파트치과공인중개사사무소 · 부동산하브 제공
확인 20.11.21.  ☆

**서동탄역더샵파크시티 104동**
전세 4억 7,000 ↓
아파트 · 108A/84㎡ , 저/27층, 남동향

**전세 실거래가**    2020.12. 국토교통부 기준

| 계약월 | 전세가 | |
|---|---|---|
| 2020.12. | 4억(7일,21층) | |
| 2020.11. | 4억 3,000(10일,3층) | |
| 2020.10. | 3억(23일,10층) | |
| 2020.06. | 3억 7,000(27일,21층) | |
| 2020.03. | 3억 5,000(25일,29층) | 1억 4,000(9일,10층) |
| 2020.01. | 1억 5,000(20일,28층) | 3억(18일,17층) |
| 2019.12. | 2억 4,000(4일,10층) | |
| 2019.11. | 2억 5,000(19일,6층) | 2억 5,500(15일,6층) |
| | 2억 3,000(9일,28층) | |
| 2019.10. | 2억 5,000(29일,21층) | 2억 5,000(22일,26층) |
| | 2억 3,500(16일,8층) | 2억 4,000(7일,13층) |
| | 2억 3,000(6일,19층) | 2억 3,500(6일,22층) |
| | 2억 3,500(6일,27층) | 2억 3,000(3일,22층) |
| | 2억 2,000(2일,11층) | |
| 2019.09. | 2억 4,500(28일,14층) | 2억 3,000(24일,18층) |
| | 2억 4,000(24일,14층) | 2억 2,000(24일,14층) |
| | 2억(23일,9층) | 2억 3,000(22일,9층) |
| | 2억 3,000(21일,13층) | 2억 3,000(18일,19층) |
| | 2억(20일,6일,14층) | 1억 9,000(3일,3층) |

**2020년 12월 전세 실거래가**

로 전세가의 상승을 일으킨다라는 부정적인 평가가 동시에 나타나고
있다. 하지만 '임대차 3법' 개정안으로 요즘 전셋값은 하늘 높은 줄 모
르고 치솟고 있다. 실제로 주변에 전세로 거주하는 사람들, 혹은 전세
를 구하는 사람들을 보면 정말 기가 막히고 코가 막히는 상황이다. 불
과 1.5년 전 약 2억 원에 전세 계약을 했던 아파트의 전세가가 현재 4억
원 이상을 형성하고 있다.

2019년 07월 입주 시점에 '서동탄역 더샵파크시티'의 아파트의 경

우 1억 원 후반~ 2억 원 초반의 가격의 전세가를 형성하고 있었다. 하지만 약 1.5년이 지난 시점인 2020년 12월 현재 전세의 호가는 4.7억 원에 형성되어 있고, 실거래 가격은 1.5년 전에 비해 약 2억 원 이상 높아진 4억 원 초반대로 실거래가 찍히고 있는 상황이다.

전셋값은 보통 매매가의 5~70% 정도의 선에 위치하는데, 요즘은 매매가의 7~90%에 이를 정도로 상승하였다. 그것보다 더 큰 문제는 임대차 3법과 그동안 지속해서 발표되었던 부동산 정책들로 인해 전세 공급 자체가 줄어들었다는 것이다. 임대차 3법의 핵심은 계약갱신청구권인데 이는 임차인으로 사는 전세 세입자가 2년을 거주한 뒤에 2년 더 계약갱신을 요구할 수 있고, 임대인은 특별한 사정이 아니라면 이를 허용해 주어야 한다. 상한선이 5%로 법적으로 정해져 있어 그 이상 임대료를 올릴 수 없다는 것이다. 하지만 거의 유일하게 계약갱신청구권을 거부할 방법이 한 가지 있는데 이는 직계비속의 실거주이다. 즉, 나 또는 내 가족이 실제로 입주를 하면 이를 거부할 수 있다. 이처럼 부동산 전세 시장에서 임대인과 임차인의 관계를 상생의 관계에서 일순간에 경쟁의 관계로 만들어버린 정책 때문에, 당분간 전세 시장은 혼란이 지속할 것으로 보인다.

필자는 '임대차 3법'으로 인한 혼란을 '재산권 vs 임차권' 대립으로 보고 있는데, 이는 사실 비교 자체가 불가한 사항이라고 생각한다. 재산권은 인간의 기본적인 권리인 기본권이고 현재 임대차 3법은 기본권을 침해 하는 것이라 생각한다. 따라서 지금 일어나고 있는 전세가 폭등 현상은 정부의 무리한 부동산 정책 때문에 재산권 침해가 발생하였고 그로 인해 시장 왜곡 현상이 벌어지고 있다고 생각된다.

하지만 이런 상황이 아이러니하게도 투자자에게는 매우 유리한 시장인 것은 분명하다. 그 이유는 무엇일까? 바로 전세금이 상승했기 때문이다. 전세가가 상승한다는 것은 '분양가 - 전세가 = 내야 할 돈', 즉 입주 시 전세를 줄 경우, 내가 내야 할 돈(자기자본)이 점점 줄어든다는 이야기이다. 요즘 전세가는 매매가의 최대 90%의 가격까지 형성하고 있다. 이 기준은 분양가가 아닌 매매가(시세)이다. 입주 시점이 됐을 때 전세를 줄 경우, 계약금을 제외한 모든 금액(중도금+잔금)의 금액을 모두 '전세금'으로 확보가 될 가능성이 크고, 심지어 자금이 남을 수도 있다.

# 은근히 발생하는 기타 비용 꼼꼼하게 살펴보기

청약을 받거나, 주택을 매입할 때 많이 놓치는 부분이 있는데 이 부분이 바로 기타 비용이다. 기타 비용은 매매가액에 따라서 결정되는 소유권이전 등기 비용, 중개사수수료 등이 있는데 놓치기에는 만만치 않은 금액이다. 청약이든 매매이든 이 부분을 꼭 파악하고 자금 계획을 세워야 한다. 분양가에 비해 적은 비용이더라도, 이런 비용들이 쌓이고 쌓여 목돈이 되기 때문에 기타 비용 또한 자금계획안에 포함해서 계산해보자.

### 소유권이전 등기가 뭐야?(등기 비용 아끼자. 셀프등기 어렵지 않아!)

소유권이전 등기를 정확하게 이해하려면 분양권과 소유권의 차이를 정확히 인지해야 한다. 분양권이란, 준공 후 특정 아파트에 입주할 수 있는 권리를 말한다. 즉, 특정 아파트에 아파트가 다 지어지면, 들어가서 살 수 있는 권리를 뜻한다. 정리하면 분양권은 아직 소유권을 인정받지 못한 상태에서, 추후 소유권을 획득할 수 있는 권리를 나타내는 증명서라고 생각하면 이해가 쉽다.

그렇다면, 소유권이란 무엇일까? 소유권이란 재산권 중 가장 기본이 되는 권리이며, 소유권의 내용인 물건을 전면적으로 지배할 수 있는 권리이다. 소유자는 소유물을 법률의 범위 내에서 자유로이 사용, 수익, 처분할 수 있는 권리를 뜻한다. 분양권은 단지 소유권을 획득하기 위한 단계의 한 부분으로 봐야 하고 아파트가 다 지어지고 준공이 되면, 이 아파트의 ○○동 ○○호의 정식 소유권을 확보하는 법률적 행위가 소유권이전 등기이다.

소유권이전 등기란 도대체 무엇일까? 필자는 청약에 당첨되고 계약서에 서명하고 돈만 내면 아파트가 내 소유가 되는 줄 알았다. 그리고 3년 뒤 입주시기가 다가오고 잔금을 내고난 뒤에 모델하우스에서 소유권이전 등기 절차를 진행하라고 연락이 왔다. 사실 그 당시 나는 등기라는 용어는 낯설고 어려웠다. 등기부등본 보는 법도 몰랐고, 등기에 '등'자만 나와도 어렵다고 생각하던 시절이었기 때문에 엄두도 나지 않았다. 결국 나는 어렵고 힘들고 솔직히 말해서 귀찮아서 공인중개사에서 소개받은 법무사를 통해 소유권이전 등기를 했다. 지금 생각하면 참 바보 같은 짓이었다. 반 나절이면 다할 수 있는 이 절차를 굳이 법무사수수료(통상 20~80만 원)를 내가면서 해야 했을까 싶다. 요즘은 많은 아파트 단지에서 잔금 시점에 잔금대출을 하기 위해 집단법무사 등기를 무료로 진행하는 때도 있지만, 그렇지 않은 단지도 있다. 지금부터는 소유권이전 등기를 스스로 하는 방법에 관해서 설명하겠다.

## 소유권 이전 등기 셀프로 하기

소유권이전 등기를 스스로 진행하기 전에 먼저 등기부 등본부터 알아야 한다. 등기부 등본이란 부동산에 대한 권리관계 및 현황을 등기부에 기재되어 있는 공적 장부를 뜻한다. 즉, 대상 부동산의 지번, 지목, 면적 등의 현황과 소유권, 저당권, 전세권, 가압류 등의 권리설정 여부를 알 수 있는 서류이다. 등기부 등본은 크게 3가지(표제부, 갑구, 을구)로 구성되어있는데, 표제부에는 부동산의 소재지와 그와 관련된 현황(면적,지목, 대지권의 표시, 전유부분표시) 등이 있고 갑구에는 소유권 및 소유권 관련 권리관계(소유자, 소유자의 주소, 매매 원인, 날짜) 등을 표시하며, 을구에는 소유권 외의 권리(저당권, 전세권, 지역권, 지상권 등)가 포함되어 있다. 소유권 이전 등기 진행 시 등기부등본상 갑구에 소유권을 기록하게 되는 것을 뜻한다.

| 【 표 제 부 】 | | | ( 전유부분의 건물의 표시 ) | |
|---|---|---|---|---|
| 표시번호 | 접 수 | 건물번호 | 건 물 내 역 | 등기원인 및 기타사항 |
| 1<br>(전 1) | 1973년5월21일 | 제1층 제101호 | 철근콩크리트조<br>101.95㎡ | 도면편철장 제2책 제323장 |
| | | ( 대지권의 표시 ) | | |
| 표시번호 | 대지권종류 | | 대지권비율 | 등기원인 및 기타사항 |
| 1<br>(전 1) | 1, 2, 3, 4 소유권대지권 | | 867.5분의 29 | 1986년9월17일 대지권<br>1986년9월17일 |

**등기부등본 '표제부'**

<표제부>

건물 등기부등본에는(주소, 면적, 용도) 등을 알 수 있고, 토지 등기부일 경우(지번, 지목, 면적)을 확인할 수 있다. 부동산을 계약하기 전에 계약서상의 지분과 건물의 구조 등이 일치하는지를 확인하는 부분이다.

| 【 갑 구 】 | | | ( 소유권에 관한 사항 ) | |
|---|---|---|---|---|
| 순위번호 | 등 기 목 적 | 접 수 | 등 기 원 인 | 권 리 자 및 기 타 사 항 |
| 10 | 소유권이전 | 2005년2월17일<br>제4173호 | 2005년1월19일<br>매매 | 소유자 ███ ███-1██████<br>서울특별시 ████████████ |

**등기부등본 '갑구'**

<갑구>

• 소유권에 관한 사항이 적혀있는 부분이다.
• 부동산의 주인이 누구인지 표기되어 있으며, 소유권 보존 등기(최초의 소유자 시행사명 또는 신탁사명), 이전 등의 변경 사항과 소유자에 대한 내용 및 각종 권리 사항(압류, 가압류, 가등기) 과 그 변경, 소멸 등에 관한 사항이 적혀 있다.

| 【 을 구 】 | | | ( 소유권 이외의 권리에 관한 사항 ) | |
|---|---|---|---|---|
| 순위번호 | 등 기 목 적 | 접 수 | 등 기 원 인 | 권 리 자 및 기 타 사 항 |
| 13 | 근저당권설정 | 2005년2월17일<br>제4174호 | 2005년2월17일<br>설정계약 | 채권최고액 금300,000,000원<br>채무자 ███████<br>서울 ██████████ ██████████<br>근저당권자 주석회사 ███████은행<br>서울 종로구 ████████████<br>( 개인여신팀 ) |

**등기부등본 '을구'**

그 누구도 알려주지 않았던 청약 당첨의 기술

지금까지 분양권과 소유권이 개념 및 등기부 등본을 보는 법에 대해서 살펴봤다. 이제는 스스로 소유권 이전 등기를 하는 방법을 같이 한번 알아보자. 소유권 이전 등기란 앞서 살펴본 등기부 등본의 갑구에 해당하는 소유권자를 변경하는 행위를 말한다(최초의 소유자 : 시행 사 혹은 신탁사명의 ⇨ 수분양자). 장담컨대, 반나절이면 처리할 수 있는 범위이므로 아래와 같이 따라해 보면 쉽게 할 수 있을 것이다.


(1) 입주자 지원센터(고객센터)

소유권 이전 등기를 위한 첫 번째 단계는 잔금 납부하기이다. 잔금을 내야 시행 사 혹은 입주센터에서 '분양대금(옵션)납부확인서'를 발급받을 수 있다. 발급받은 분양대금(옵션)납부확인서를 들고 시청에 가서 취득세 신고를 하고 취득세를 내야만, 비로소 취득세 납부확인증을 발급받을 수 있다. 또한 취득세 납부확인증 외로 시행 사 혹은 입주자 지원 센터에서 받아야 할 서류들이 몇 가지 더 있는데, 꼭 미리 요청해서 잔금 확인증을 받을 때 같이 받을 수 있도록 한다.

입주자 지원센터에 전화를 걸어 스스로 소유권이전등기를 진행하겠다고 하면, 대부분 입주자 지원센터에서는 위의 서류들을 준비해준다. 요즘은 셀프 소유권이전등기가 대세이기 때문에 대부분 이점을 인지하고 신속하게 준비해주는 편이다. 하지만 1~2주 정도 시간이 필요로 하므로 잔금을 납부하고 위의 서류들은 입주자 지원센터에 요청해놓고, 느긋하게 위 서류들이 처리 완료될 때까지 천천히 남은 서류들을 챙기면 된다.


(2) 은행가기

소유권 이전등기를 하기 위해서는 국민주택채권을 매입해야 하는데, 국민주택채권 매입이 가능한 은행은 우리은행, 국민은행, 기업은행 농협중앙회(단위 농협 불가), 신한은행 등이 있다. 모든 은행이 다 국민주택채권을 취급하진 않으므로 위에서 언급한 은행에 방문하는 것이 편리하다.

> **〈국민주택채권 매입가능한 은행〉**
> - 국민은행
> - 기업은행
> - 우리은행
> - 신한은행
> - 농협중앙회(단위 농협 불가)

　(3) 관할시청 방문(민원과, 세무과)

　잔금을 납부하고, 입주자지원센터(고객센터)에 요청했던 위의 서류들이 도착했다고 연락이 오면 이제 그 서류들을 가지고 관할 시청을 방문해야 한다. 시청에 도착하면 1층 민원과로 가서 분양계약서 검인 절차를 진행한다. 비교적 간단한 절차이고 대부분 친절하게 안내해준다. 그리고 이 검인된 계약서를 가지고 '세무과'로 가서 취득세 신고를 진행하고 납부번호를 발급받고, 취득세까지 내면 된다.

> **시청 방문 전 준비서류**
> (1) 신분증, 취득세 신고서(미리 작성해서 가는 것이 편함)
> (2) 검인받은 분양계약서(원본)
> (3) 옵션계약과 분양금 옵션 납부 확인서(사본)
> (4) 부동산매매계약서(사본)
> (5) 부동산거래 신고필증(전매 또는 증여 시)
> (7) 분양대금 완납증명서(원본)
> (8) 주민등록초본(최근 5년치), 집한건축물대장, 토지대장대지권등록부(정부24에서 발급가능)

　(4) 관할 등기소 방문

　시청에서 취득세 신고를 마치고 취득세를 내면 취득세 납부 확인 증명을 발급해 준다. 지방세 납부 확인 증명서를 가지고 관할등기소에 방문하여 등기소에서 소유권이전등기 신청서와 구비 서류를 제출했다면 2~3일 뒤에 소유권이전등기가 완료되어 해당 등기부 등본을 발급해보면 소유자의 명의가 나온다.

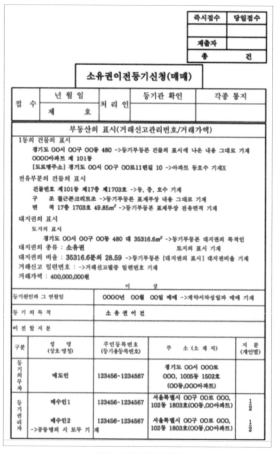

소유권이전등기신청 제시 예

위의 내용처럼 소유권 이전 등기 신청은 생각보다 간단하게 할 수 있다. 입주자 지원센터에서 준비만 잘해준다면, 직장인이라면 오전 반차 정도로 진행 가능하다. 이 절차를 진행해보면, 법률적인 등기 절차 및 행위에 대해서 직접적으로 참여할 수 있으므로 부동산 지식 측면에서도 정말 많은 도움이 된다. 비용도 아끼고, 경험도 쌓을 수 있다. 소유권이전등기는 어렵지 않으니, 법무사에 맡기지 말고 스스로 해보는 것이 어떨까?

## 공인중개사 수수료는 무조건 더 줘라!

당신이 특정 지역에 아파트를 분양받았다면 그 어떤 부동산 전문가보다 지역의 인근 공인중개사들이 당신의 아파트에 대해서는 최고 전문가다. 누구보다 훨씬 더 그 아파트의 객관적인 가치를 잘 알고 있을 것이다. 그러므로 동네 아파트의 최고 전문가들과 친하게 지내서 나쁠 것은 전혀 없다. 가장 먼저 해야 할 것은 주변 공인중개사와 친분을 쌓는 것이다. 공인중개사도 사람이기 때문에 자신과 친한 사람들에게 더 좋은 정보를 주고 더 빠른 일 처리를 해줄 수 있다. 특히 입주 시점, 입주 후 2년 뒤(비과세 시점) 이 기간에는 단지 내 매물들의 공급이 폭발하

는 시점이므로 흔히 말하는 RR(로얄동 로열층)을 제외한 대부분의 세대
는 공인중개사의 매물 소개해주는 말 한마디에 결정된다고 생각해도
될 정도로 영향력이 크다. 잔금을 치르고 실거주하는 사람들도 물론
공인중개사와 친해지면 좋겠지만 잔금을 전세금으로 치러야하는 분
들은 공인중개사의 말 한 마디가 특히 전세에 있어서 매우 큰 힘으로
작용한다. 따라서 잔금 시점에 전세를 치러야 하는 분들은 필수적으로
공인 중개사와 친해지길 바란다. 그리고 절대로 공인중개사 수수료를

● 주 택

| 거래내용 | 거래금액 | 상환요율 | 한도액 | 중개보수 요율 결정 | 거래금액 산정 |
|---|---|---|---|---|---|
| 매매·교환 | ⊙ 5천만원 미만 | 1천분의 6 | 25만원 | ⊙ 중개보수 한도 = 거래 금액 × 상환요율 (단, 이 때 계산된 금액은 한도액을 초과할 수 없음) | ⊙ 매매:매매가격 ⊙ 교환:교환대상 중 가격이 큰 중개대상물 가격 |
| | ⊙ 5천만원 이상~2억원 미만 | 1천분의 5 | 80만원 | | |
| | ⊙ 2억원 이상~6억원 미만 | 1천분의 4 | 없음 | | |
| | ⊙ 6억원 이상~9억원 미만 | 1천분의 5 | 없음 | | |
| | ⊙ 9억원 이상 | 거래금액의 1천분의( )이하 | | ⊙ 상환요율 1천분의 9 이내에서 개업공인중개사가 정한 좌측의 상환요율 이하에서 중개의뢰인과 개업공인중개사가 협의하여 결정함. | |
| 임대차 등 (매매·교환 이외의 거래) | ⊙ 5천만원 미만 | 1천분의 5 | 20만원 | ⊙ 중개보수 한도 = 거래 금액 × 상환요율 (단, 이 때 계산된 금액은 한도액을 초과할 수 없음) | ⊙ 전세:전세금 ⊙ 월세:보증금 +(월 차임×100). 단, 이 때 계산된 금액이 5천만원 미만일 경우: 보증 금액+(월 차임× 70) |
| | ⊙ 5천만원 이상~1억원 미만 | 1천분의 4 | 30만원 | | |
| | ⊙ 1억원 이상~3억원 미만 | 1천분의 3 | 없음 | | |
| | ⊙ 3억원 이상~6억원 미만 | 1천분의 4 | 없음 | | |
| | ⊙ 6억원 이상 | 거래금액의 1천분의( )이하 | | ⊙ 상환요율 1천분의 8 이내에서 개업공인중개사가 정한 좌측의 상환요율 이하에서 중개 의뢰인과 개업공인중개사가 협의하여 결정함. | |

※ 분양권의 거래금액 계산 : [거래당시까지 불입한 금액(융자포함)+프리미엄] × 상환요율

**부동산 중개 법정 수수료**

그 누구도 알려주지 않았던 청약 당첨의 기술

아까워하여 깎지 마라. 하지만, 공인중개사를 만나러갈때에는 반드시 법정수수료(공인중개 수수료)는 기억하기 바란다.

옆 페이지의 표에서 볼 수 있듯이 중개수수료율은 금액에 따라 달라진다. 예를 들어 4억 원에 전세를 줄 때 3억 원 이상~6억 원 미만의 수수료율인 1천 분의 4인 160만 원 정도이다. 인근 단지의 경쟁에 따라 어느정도의 차이는 있겠지만, 통상적으로 공인수수료율을 따르는 게 정석이다. 대략적인 금액은 중개사 몇 곳만 돌아보면 평균금액이 정해진다. 여기서 포인트는, 몇 군데를 돌아보면 어느 곳이 장사가 잘되는 거 같이 보이고, 손님들이 많아 보이고 거래도 잘할 것 같은 중개사분을 알 수 있을 것이다. 그분께 정중하게 "중개 비용 얼마 드리면 될까요?"라고 여쭤보자. 그러면 그쪽에서 제안하는 금액이 있을 것이다.

물론 공식적인 중개사 비용은 알고 가야 한다. 대부분 공인중개사 수수료 법정 요율대로 산정해주실 것이다. 거기에다가 반드시 멘트를 하나 더 붙이자. "조금 더 드릴게요, 잘 부탁드립니다!" 이런 멘트와 함께 매물을 내놓는다. 이렇게 되면 공인중개사 입장에서는 수많은 매물 입주 시기에는 특히나 수십 개의 전세가 매물로 쏟아져 나오는 상태에서 전화로 매물을 내놓은 사람도 아니고, 직접 사무실로 찾아와 이야기도 해보고, 수수료도 더 주겠다는 사람이 있는데 과연 다른 세대를 안내할까? 아니다. 한정적으로 그 공인중개사 사무실로 들어온 매수자 혹은 세입자들은 당신의 물건(아파트)을 최우선으로 소개받을 것이다. 이는 다른 사람의 물건보다는 훨씬 더 빠르게 팔리거나, 세입자를 구할 수 있다는 의미이다. 막대한 물량이 쏟아지는 잔금 납부 시기 혹은 2년 뒤 비과세 시점에는 특히 시간이 곧 돈이기 때문에 이 시간을 추가 비용을 지출해서라도 과감하게 줄일 필요가 있다. 앞서 설명했던 소유권 이전 등기 법무사 수수료를 셀프등기를 통해 아끼고 절약한 금액을 중개 수수료에 추가 지출하는 것도 필요하다. 현명한 투자자가 되려면 쓸데없는 지출은 아끼되, 필요한 지출은 과감해야 한다.

# 머리 아픈 유상옵션 선택 이것만 기억 할 것

청약 당첨 후 가장 먼저 선택해야 하는 것은 '실거주를 할 것인가? 아니면 전세를 줄 것인가?'이다. 그래야 옵션에 대한 선택 및 판단의 기준이 생기기 때문이다. 이 파트에서는 정답은 없다. 당신이 하고 싶은 옵션은 추가하면 되고 하기 싫은 옵션은 선택을 안 하면 된다. 다만, 실거주인지, 투자인지의 기준에서 옵션 선택의 기본 기준을 제시하기 위한 파트이다.

만약 당신이 청약에 당첨된다고 가정해보자. 기쁨과 동시에 또 한 가지의 큰 고민에 빠지게 된다. 수많은 유상옵션 중 발코니 확장은 필수적인 요소가 되어버렸고, 그다음은 시스템에어컨은 해야 하는지도 고민하게 된다. 빌트인 가전제품, 전기오븐, 식기세척기, 빌트인 쿡탑

인덕션, 현관 중문, 빌트인 가구, 주방 마감, 벽체 마감 등 다양한 유상 옵션이 있다. 선택의 폭이 넓어짐과 동시에 '선택의 고통'도 따라오게 된다. 실거주를 가정해도 무작정 옵션을 많이 넣는다고 다 좋은 것은 아니고, 전세를 준다고 가정해도, 옵션을 아예 안 넣은 것도 적절한 판단은 아니다.

## 실거주의 경우

실거주를 가정한다면, 가장 우선 선택해야 하는 옵션은 발코니 옵션이다. 과거에는 '발코니 옵션'을 선택하지 않아도, 서비스 면적이 넓었기 때문에 가구를 배치하고, 공간을 활용하는 데는 큰 문제는 없었다. 하지만 요즘 나오는 주택 평면도를 보면, 발코니 확장을 하지 않으면 도저히 사용할 수 없게 설계를 해놓는 경우가 대부분이다. 또한 시장 분위기상 발코니 옵션이 포함되지 않은 주택은 일단 매매거래든 전세거래든 잘 이루어지지 않는다는 치명적인 단점이 있다. 당신이 매수자 입장이라면 발코니 확장이 안 되어 있는 집에 전세 혹은 매매를 하겠는가? 매물이 없지 않은 이상 발코니 확장은 이젠 필수적인 옵션이 되어 버린 것이다.

그 다음 순서로 고려해야 할 유상옵션은 시스템에어컨이다. 불과 5년 전만 해도, 대부분 가정집에는 스탠드형 에어컨이 거실 한구석에 규칙처럼 자리 잡고 있었다. 천장에 달린 시스템에어컨은 고급 호텔에서나 찾아볼 수 있는 형태였고, 개인의 가정집에 설치하는 것은 현실적으로 매우 어려운 상황이었다. 하지만 시스템에어컨이 분양시장의 유상옵션으로 등장하게 된 이후에는 시스템에어컨의 설치 여부가 매매 혹은 전세의 선택에 영향을 미치기 시작했다.

하지만 발코니 확장옵션만큼의 중요한 부분은 아니므로 실거주의 경우라면 현재 보유하고 있는 에어컨을 가져갈지 말지에 대한 판단을 기준으로 선택하면 된다. 만약 최근에 신규 스탠드 에어컨을 구매했다면, 굳이 시스템에어컨을 유상옵션으로 설치할 필요는 없고, 현재 소유하고 있는 에어컨이 노후화된 에어컨이라면 신규 입주할 때 시스템에어컨을 설치하는 것도 좋은 선택이 될 수 있다.

나머지 옵션(빌트인 가구, 인덕션, 주방 마감, 벽체 마감, 빌트인장) 등은 과감하게 포기하길 권한다. 나머지 옵션들은 꼭 계약 시에 선택하지 않아도 입주 시점에 '입주박람회 공동구매'를 통해 충분히 설치할 수 있는 품목이다. 그리고 지금 선택한 옵션의 사양이 현재 최신 사양이라 하더라도, 당신이 입주할 때쯤은 이미 2~3년이 지난 구형 모델이 될 것이다. 굳이 구형 모델은 2년 전에 구매해놓을 필요는 없지 않은가(입주 시점 최신의 제품을 설치해주는 곳도 있음)?

그리고 빌트인 가전이라고 현혹되지 마라. 요즘은 빌트인 가전의 설치도 입주 후 충분히 가능하다. 입주 기간이 시작함과 동시에 당신의 아파트를 위한 '입주박람회 공동구매'가 진행될 것인데, 이 박람회에서는 당신의 아파트 평면 및 컨디션을 충분히 인식하고 있는 업자들로 채워진다. 그 업자들에게 입주민들이 단체로 박람회에 참가해 공동으로 구매하는 형태를 말한다. 굉장히 합리적이고 편리한 형태인데 여기선 굳이 사이즈를 말하지 않아도, 딱 맞는 냉장고 및 빌트인 가전을 구매할 수 있고, 수분양자인 당사자 보다 그 집에 대해 잘 아는 전문가들이 계약 시 진행했던 유상옵션을 공동구매 전제 하에 합리적인 가격으로 제안한다. 이렇게 편리한 '입주박람회 공동구매'를 활용해서 추후 충분히 유상옵션을 설치할 수 있으므로, 발코니 확장, 시스템에어컨 이 2가지를 제외한 나머지 유상 옵션은 계약 시에는 과감하게 포기하길 권장한다.

## 전세 혹은 월세의 경우

청약에 당첨됐지만 나의 생활권 혹은 자녀의 교육 문제로 도저히 실거주할 수 없는 상황이 올 수도 있다. 혹은 실 거주용이 아니라, 투자용으로서의 청약일 수도 있다. 이런 경우 실거주를 배제한 다른 선택은 전세 또는 월세이다. 아파트는 전세의 비율이 상당수를 차지한다. 만약 내가 전세를 주기로 마음을 먹었다면, 딱 한 가지 옵션만 추가하면된다. 바로 발코니확장 옵션이다. 앞서도 설명했듯, 발코니확장 옵션을 선택하지 않는다면, 집을 사용할 수 없게 평면설계를 해놓았다. 따라서 발코니확장은 필수적이다. 건설사들의 꼼수로 발코니확장 비용을 매우 높게 설정해놓는 형태이긴 하지만 당신은 집의 가치를 높이기 위해 아닌, 다른 집에 비해 현격히 가치가 떨어지는 것을 방지하지 않기 위해 울며 겨자 먹기 식으로라도, 발코니확장은 선택해야 한다.

참 안타까운 형태이긴 하지만, 법적 제도적으로 장치로 보완되지 않는 이상 현 상태에서는 비싼 '발코니 확장비'를 수용할 수밖에 없다. 전세를 줄 때 선택은 발코니확장까지이다. 다른 옵션은 애초에 고려하지 마라. 그 이유는 전세세입자들은 신혼부부들이 아닌 이상 대부분 가전을 구비하고 있다. 오히려 시스템에어컨이 설치돼 있는 아파트의 경우 자가 에어컨을 버리고 들어와야 하는 상황이기 때문에 시스템에어컨 설치 유무가 큰 영향을 끼치지는 않는다. 시스템에어컨의 경우 치명적인 단점 중 하나는 관리가 부실하면 A/S 및 수리의 비용들이 일반 스탠드 에어컨보다 현격히 높으므로, 관리 면에서도 좋은 선택은 아니다. 전세를 줄 때 시스템에어컨의 고장은 집주인의 몫이 되어버린다. 또한 기타 유상옵션(빌트인 가구, 인덕션, 주방 마감, 벽체 마감, 빌트인장)도 마찬가지로 과감하게 포기하자. 위와 같은 옵션이 있다고 전셋값이 현저히 높아지거나 없다고 현저하게 낮아지지 않기 때문에, 불필요한 지출은 줄이고 최소한의 옵션인 발코니확장으로 계약을 마무리하자.


## 입주자박람회(공동구매)

입주 시점이 다가오면 대부분 아파트 입예협(입주자 예정 협의회)에서

**입주자 박람회 포스터**

는 '입주자박람회'라는 행사를 개최한다. 이 행사는 사업자들의 이익과 아파트 분양받은 사람들의 이익이 맞아떨어지면서 생기게 된 것인데, 사업자들(가전제품, 가구, 에어컨, 인테리어, 중문, 이사, 입주 청소 등을 판매하는 이들)이 넓은 공간(킨텍스, 대학체육관)을 대여하고 이 공간으로 예비입주자를 초대해 약 일주일에서 2주일간 소비자와 도매판매자를 직접 연결해준다. 이 시기를 잘만 사용한다면, 건설사에서 제공하는 유상옵션보다 더 최신의 제품을 합리적인 가격으로 살 수 있다. 공동구매의 형태를 취하고 있으므로, 상대적으로 인터넷 판매가보다 저렴한 경우가 많다. 마찬가지로 입주자박람회에는 인테리어가 많은 비율을 차지하기 때문에 평면의 데드스페이스 등에 대해 공사를 통해 새롭게 효율성을

그 누구도 알려주지 않았던 청약 당첨의 기술

극대화하는 방법으로 인테리어를 제안하는 형태도 많이 있다.

물론 입주자 예정 협의회(입예협)에서 허락하지 않아 입주자박람회를 개최할 수 없는 상황도 간혹 있기는 하지만, 아파트를 위한 입주자 박람회가 개최된다면, 꼭 한번 방문해서 인테리어, 가전제품, 기타 아파트입주에 필요한 모든 것들 눈으로 직접보고 체험할 기회를 놓치지 말자. 혹시 구매하지 않더라도 많은 각자의 분야의 전문가들이 아파트를 어떻게 활용하면 좋은지에 대해 고민해볼 수 있는 공간이기 때문이다.

# 쏟아지는 부동산 정책에서 반드시 알아두어야 할 것

2017년 문재인 정부가 출범한 이후부터 현재까지도 부동산 정책이 셀수 없을 정도로 발표되었다. 정책이 너무 많고 종류가 방대해서 일일히 하나씩 다 설명할 수는 없기에 개략적인 연도별 정책에 따른 부동산 시장의 흐름을 파악해보고 가장 당신에게 영향을 미칠만한 정책들이 무엇인지 살펴보자.

### 2017년 부동산 정책의 흐름

먼저 2017년도 부동산 대책에 관해서 이야기해보자. 2017년 문재인 정부가 출범하기 전 부동산 시장은 비교적 안정된 흐름을 보여 왔다. 하지만 문재인 정부 출범 전부터 부동산과의 전쟁을 선포하며, 강력한 규제를 예고했었고, 출범 이전부터 너도나도 할 것 없이, 정책이 발표하기 전에 부동산을 사야 한다는 막연한 불안 심리로 인해 엄청난 투기수요가 몰리기 시작했다. 이 뜨거운 부동산 시장을 잠재우기 위해 문재인 정부는 처음으로 '6.19대책(조정 대상 지역추가, 전매제한, 재건축 규제 강화)'을 발표했지만, 부동산 시장은 이를 비웃기라도 하는 듯이 가파른 상승세를 보여오고 있다.

이에 정부는 빠르게 같은 해 '8.2대책(투기지역, 투기 과열지역 지정, 다주택자 양도세 강화, 대출 심사 강화, 청약요건 강화)' 등 강력한 규제로 대응했고, 이후 부동산 시장은 매수자와 매도자가 서로 눈치를 보며 거래가 잠시 주춤했다. 하지만 머지않아 강남을 중심으로 다시 상승세가 시작되었

## 2017년에 발표된 주요 부동산 대책

| 대책 발표 날짜 | 대책 주요 내용 |
|---|---|
| 2017년 6월 19일 | 주택시장의 안정적 관리를 위한 선별적 맞춤형 대응 방안<br>조정대상지역 추가지정 (경기 광명, 부산 기장군, 진구)<br>전매제한기간 강화, LTV, DTI 강화, 재건축 규제 강화 |
| 2017년 8월 2일 | 실수요 보호와 단기 투기수요 억제를 통한 주택시장 안정화 방안<br>투기지역 지정 (서울 11개 구, 세종)<br>투기과열지구 지정 (서울, 경기 과천, 세종)<br>양도세 강화 (다주택 중과, 2년 거주요건 추가)<br>LTV DTI 등 금융규제 강화 |
| 2017년 9월 5일 | 투기과열지구 추가지정 및 분양가상한제 적용요건 개선 추진<br>투기과열지구 추가지정 (성남 분당구, 대구 수성구) |
| 2017년 10월 24일 | 가계부채종합대책<br>신(新)DTI 도입 |
| 2017년 11월 29일 | 사회통합형 주거 사다리 구축을 위한 주거복지로드맵<br>생애단계별 소득수준별 맞춤형 주거지원 |
| 2017년 12월 13일 | 집주인과 세입자가 상생하는 임대주택 등록 활성화 방안<br>임대사업 등록 활성화 |
| 2017년 12월 14일 | 12·14 도시 재생 뉴딜 시범 사업 대상지 68곳 확정 |

다. 이전보다 더 가파른 상승세를 타기 시작하며, '똘똘한 한 채'라는 신조어를 만들며 각 지역 상급지 위주로 급등했다. 그 뒤를 따라 상대적으로 입지가 떨어지는 하급지 아파트들이 뒤따라 상승세를 키워갔다.

## 2018년 부동산 정책의 흐름

이후 2018년도에 들어서며 잠시 시장이 안정되는 듯 보였으나, 2018년 여름 다시 서울집값은 상승세를 타기 시작했다. 이때는 뿐만이 아닌 노도강(노원구, 도봉구, 강북구)까지 어마어마하게 올라버렸다.

### 2018년에 발표된 주요 부동산 대책

| 대책 발표 날짜 | 대책 주요 내용 |
|---|---|
| 2018년 4월 24일 | 서민 실수요자 주거 안정을 위한 금융지원방안 |
| 2018년 7월 5일 | 행복한 결혼과 육아를 위한 신혼부부, 청년 주거지원 방안<br>신혼부부 주거지원, 청년가구 주거지원 |
| 2018년 8월 27일 | 수도권 주택공급 확대 추진 및 투기지역 지정을 통한 시장안정 기조 강화<br>수도권 30만 호 주택공급이 가능한 공공택지 30여 곳 추가 개발<br>서울 동작, 종로, 중구, 동대문 4곳 투기지역 지정<br>경기 광명, 하남 투기과열지구 지정 |
| 2018년 8월 29일 | 실수요자 주거안정을 위한 금융지원방안 |
| 2018년 8월 31일 | 2018년 도시재생 뉴딜사업 선정<br>18년도 전국 99곳 선정 |
| 2018년 9월 13일 | 9·13 주택시장 안정 대책<br>종합부동산세 강화 (세율 인상, 3주택 조정대상지역 2주택 세율 및 세부담상한 인상 등)<br>양도세 강화 (일시적 2주택 3년 → 2년) |
| 2018년 9월 21일 | 수도권 주택공급 확대 방안<br>수도권 공공택지 확보 30만 호 공급 |
| 2018년 10월 12일 | 무주택 실수요자 우선 공급 등을 위한 주택공급제도 개선안 입법 예고<br>9·13 대책 후속 조치 |
| 2018년 12월 6일 | 주택공급에 관한 규칙 등 개정안 시행<br>9·13 대책 후속 조치 |
| 2018년 12월 19일 | 2차 공공택지 발표지역 7곳 토지거래허가구역 지정<br>3기 신도시 4곳 확정 (남양주 왕숙, 하남 교산, 과천 과천, 인천 계양) |

그 누구도 알려주지 않았던 청약 당첨의 기술

이 시기쯤 서울은 자고 일어나면 1천만 원씩 오른다는 말이 나올 정도였다. 이후 9.13대책(종부세 강화, 실거주 목적 외 주택 담보 대출 차단, 양도세 비과세기간 축소, 보유세 인상) 등 강력한 규제를 한 차례 더 시행했고 실거주 외 주택 담보 대출을 금지함으로써 잠시나마 집값 상승을 멈추었다. 이후 3기 신도시를 발표하며, 수도권 30만 호 공급 계획을 발표하면서 규제 대신 대규모 공급 계획을 발표하며 부동산 시장을 달래는 듯했다.

## 2019년 부동산정책의 흐름

2018년 하반기 대규모 공급대책을 발표함으로써 2019년 초기에는 시장이 안정을 찾는듯해 보였다. 이후 공시가격 현실화를 통해 종합부동산세를 강화하며, 추가적인 3기신도시 공급을 확정하여 2018년 공급을 통해 시장을 잠재우려는 노력을 계속해왔다. 이후 11.6민간택지 분양가상한제를 지정하였지만, 부산 3개구, 고양, 남양주 일부의 조정대상지역을 해제하는 정책을 발표했다. 이 포인트로 조정대상지역이 해제된 부산, 고양, 남양주를 필두로 다시 부동산 시장은 불이 붙었고, 이 열기는 다시 광역시, 수도권으로 이어졌다. 이를 진압하기 위해 2018년 12월 16일, 역대급 부동산 정책이라고 평가되는 '12.16 부동산 대책'이 발표되었다.

## 2019년에 발표된 주요 부동산 대책

| 대책 발표 날짜 | 대책 주요 내용 |
|---|---|
| 2019년 1월 8일 | **2018년도 세법 후속 시행령 개정안**<br>1세대1주택 양도세 비과세 요건 1주택만 보유한 날부터 보유 기간<br>장기임대주택 최초 거주 주택 양도 1회만 1세대1주택 비과세 허용 |
| 2019년 1월 8일 | **등록 임대주택 관리 강화방안** |
| 2019년 1월 24일 | **표준단독주택공시가격 현실화** |
| 2019년 1월 29일 | **2019 국가균형발전 프로젝트** |
| 2019년 2월 12일 | **표준지공시지가 현실화** |
| 2019년 3월 14일 | **공동주택 공시가격 현실화** |
| 2019년 4월 23일 | **2019년 주거종합계획**<br>공적임대 17.6만 호, 주거급여 110만 가구 |
| 2019년 5월 7일 | **제3차 신규택지 추진계획**<br>수도권주택 30만 호 공급방안<br>3기 신도시 고양창릉, 부천대장 |
| 2019년 5월 21일 | **위례신도시 트램 공공주도 추진** |
| 2019년 8월 12일 | **민간택지 분양가상한제 적용기준 개선 추진** |
| 2019년 11월 6일 | **민간택지 분양가상한제 지정**<br>서울 27개 동 지정<br>부산 3개 구, 고양, 남양주 부분 조정대상지역 해제 |
| 2019년 12월 16일 | **주택시장 안정화 방안**<br>9억 원 초과 주택 LTV 강화, 15억 원 초과 주택 담보대출 금지<br>DSR, RTI 강화, 9억 원 초과 전세자금대출 제한<br>종합부동산세율 인상, 세부담상한 상향(조정 2주택 200% → 300%)<br>종합부동산세 1주택 고령자 및 합산공제 확대, 공시가격 현실화<br>1세대1주택 장기보유특별공제 거주요건 강화<br>등록 임대주택 양도세 비과세 요건 추가<br>조정대상지역 양도세 줄과 주택 수 분양권 포함<br>양도세율 인상 (2년 미만 보유)<br>조정대상지역 양도세 중과 한시적 배제(2020년 6월까지)<br>민간택지 분양가상한제 적용지역 확대<br>전매 제한 및 재당첨 제한 요건 강화 |

## 2020년 부동산 정책의 흐름

2020년 2월 20일 '투기 수요 차단을 통한 주택시장 안정적 관리 기조 강화'를 통한 LTV 강화로 주택 담보 대출 비율을 낮추면서 연초부터 부동산정책에 관한 정부의 강한 의지를 나타냈다. 이후 5월 6일 '수도권 주택 공급기반 강화방안' 공급정책을 한 번 더 발표하면서 다주택자에

그 누구도 알려주지 않았던 청약 당첨의 기술

게는 채찍을 통해 투기수요를 억제하려 노력했고 무주택자에게는 추후 공급에 대한 당근을 던지며 달랬다. 하지만 시장의 반응은 싸늘했다. 주택 공급 대책은 최소 3년이라는 시간이 필요한 장기적인 대책인 만큼 불붙을 때로 붙어있는 시장을 잠재우긴 역부족이었다. 이후 6.17 부동산 정책과 7.10 부동산 정책을 연달아 발표하면서 규제지역 확대와 세금 강화의 또 한 번의 채찍을 가했다. 또한 '임대차 3법'을 개정하면서 이에 대한 부작용으로 전세난이 심화하여 전셋값이 급등하기 시작했고 전세 급등의 결과로 주택매매 가격도 상승했다. 결론적으로 2020년 부동산 정책도 매우 강력했지만 결국 투기 수요를 역시 막지 못했고, 전국적인 전세난과 전셋값의 상승에 의한 주택 매매가액이라는 부작용을 발생시켰다.

| 대책 발표 날짜 | 대책 주요 내용 |
|---|---|
| 2020년 2월 20일 | **'투기 수요 차단을 통한 주택시장 안정적 관리기조 강화'**<br>• 조정대상지역 LTV강화 : 현행 전지역 60% ⇨ 9억 원 이하(LTV40%), 9억 원 초과(LTV 30%)<br>• 조정대상지역 추가 : 수원시(영통구, 권선구, 장안구) 안양시(만안구), 의왕시 |
| 2020년 5월 6일 | **'수도권 주택공급 기반 강화 방안'**<br>• 서울도심 7만호 부지 추가확보 및 23년 이후 수도권 연 평균 25만호+α |
| 2020년 6월 17일 | **'주택시장 안정을 위한 관리방안'**<br>• 투기 과열 지구 추가 지정(경기 10개 지역, 인천 3개 지역, 대전 4개 지역)<br>• 조정 대상 지역 추가 지정(경기, 인천, 대전, 청주 등)<br>• 토지거래 허가 구역 지정<br>• 자금조달계획서 제출대상 확대(모든 규제 지역)<br>• 규제지역 주택담보대출 실행 시(6개월 내 전입 의무)<br>• 법인 세제 강화(종부세, 양도소득세) |

| | |
|---|---|
| 2020년<br>7월 10일 | **'주택시장 안정 보완대책'**<br>• 생애최초 특별 공급 적용대상 주택 범위 및 비율 확대(민영주택 도입)<br>• 신혼부부 소득기준 완화(소득비율 상향 및 취득세 감면)<br>• 서민 실수요자 소득기준 완화(생에 최초 연소득 9천만 원 이하)<br>• 다주택자 종부세 중과<br>• 단기보유주택 양도세율 인상<br>• 취득세율 인상(2주택 이상 : 1~3% ⇨ 8~12%)<br>• 부동산신탁을 통한 투기 제제(재산세 납세의무자 : 신탁 사 ⇨ 원소유자) |
| 2020년<br>8월 4일 | **'서울권역 등 수도권 주택공급 확대방안'**<br>• 서울권역 중심으로 총 26.2만호 +α공급추진 |

## 우리에게 영향을 줄 5가지 부동산 정책

각 연도 별로도 설명할 수 없을 정도로 많은 부동산 정책이 나왔다.

위의 수십 가지 부동산 정책을 한마디로 정리하면 다음과 같다.

다주택자에 대한 세금 및 대출을 강화
⇩
다주택자의 주택을 시장에 공급유도
⇩
실수요자 주택공급
⇩
주거안정

다주택자에 대한 세금 및 대출을 강화하여 다주택자의 주택을 시장
에 내놓게 하고, 그 주택들이 실수요자들에게 돌아가 주거 안정 효과
를 누릴 수 있도록 유도하는 정책이라고 정리할 수 있다. 핵심 대상층
은 2주택 이상의 다주택자이다. 다주택자들은 실질적인 피해자가 될
것이지만, 사회초년생 무주택자들에게는 큰 영향이 없다는 의미이다.

그 누구도 알려주지 않았던 청약 당첨의 기술

그렇다면 무주택자들에게 피부로 와 닿을만한 부동산 정책은 무엇일까? 이는 바로 청약제도와 주택담보대출이다. 이 2가지 외에는 대부분 2주택자 이상의 다주택자들에 대한 제한 사항이기 때문에 피부로 와 닿는 정책은 거의 없다.

취득세, 양도소득세, 재산세, 종부세 강화 등 세제 정책 또한 2주택자 이상의 다주택자를 대상으로 하고 있다. 오히려 현재 정권의 부동산 정책은 과거 정권의 정책보다 무주택자에게는 실질적으로 더 유리한 상황이다.

향후 청약에 당첨되기 위해서는 청약 제도에 관련된 정책과, 이후 입주를 위해서는 반드시 주택 담보 대출을 활용하여야 한다. 그리고 청약 요건이 어떻게 변경되느냐에 따라 청약전략을 다르게 세워야 할 것이고, 주택 담보 대출의 한도 가에 따라 자기자본 비율이 결정되기 때문에 가장 중요한 정책은 청약 조건과 주택 담보 대출의 제한사항 2가지로 압축된다. '사회초년생에게 영향을 미칠 청약 제도'와 '주택 담보 대출'을 정비하는 것을 핵심적으로 다뤄보면 아래와 같은 5가지 정책으로 요약할 수 있다.

- 2017년 8·2 대책을 통해서, 투기 과열 지구가 확대되었고, 이에 따라 투기 과열 지구의 LTV가 40%로 제한되었다.
- 2018년 9·13 대책으로 인해 무주택자 외 규제지역 내 주택 담보 대

| 연도 | 정책명 | 내용 | 비고 |
|---|---|---|---|
| 2017 | 8.2 대책 | - 투기 과열 지구 : 서울, 세종, 과천지정<br>- 금융규제 : LTV,DTI 40%(투기 과열 지구)<br>- 재건축, 재개발 규제 | - 주택 담보 대출 강화 |
| 2018 | 9.13 대책 | - 종부세 강화(조정 대상 지역)<br>  0.5~2% ⇨ 0.5~3.2%<br>- 주택 담보 대출 규제 : 규제지역 내 금지(2주택이상)<br>- 임대사업자 : 양도세, 종부세 부과<br>- 아파트공급 : 수도권 30만호<br>- 청약제도 강화<br>  분양권, 입주권소유자 주택 소유로 간주<br>  무주택자 청약 당첨기회 확대(추첨제 무주택자 우선)<br>  수도권 분양가상한제 주택에 대해 전매기간<br>  확대 및 거주의무기간 설정 | - 주택 담보 대출 강화<br> 실 거주 목적 외 주담대 원천<br> 차단<br><br>- 청약제도 강화<br> 추첨제 : 무주택자 우선<br> 분양가 상한제 주택<br> 전매, 의무거주 강화 |
| 2019 | 12.16 대책 | - 대출 : 9억 원 초과 ltv강화(20%)<br>         15억 원 초과 아파트 '주담대 금지'<br>         DSR,DTI 강화<br>         시가 9억 원 초과 주택보유자 전세자금 대출제한<br>- 세금 : 종부세 0.1%~0.8% ⇧<br>- 분양가 상한제 확대 : 27곳 ⇨ 322곳<br>- 양도세강화 : 분양권주택수포함, 양도세인상<br>- 전매제한 강화<br>- 재당첨제한요건 강화 | - 주택 담보 대출 강화 |
| 2020 | 6.17 대책 | - 전세 대출 규제(규제 지역)<br>  3억 원 이상 아파트 구입 시 회수<br>- 규제지역 확대 : 수도권 대부분지역<br>- 부동신법인 : 종부세 3~4%세율 | - 규제 지역 확대<br> (조정대상지역 확대)<br> 비규제 ⇨ 주정지역으로<br> 인한 청약제한 |
| | 7.10 대책 | -생애최초 특별 공급 적용대상주택 범위 및 비율 확대<br> (민영주택 도입)<br>-신혼부부 소득기준 완화(소득비율 상향 및 취득세 감면)<br>-서민 실수요자 소득기준 완화(생애 최초 연소득 9천 이하)<br>-다주택자 종부세 중과<br>-단기보유주택 양도세율 인상<br>-취득세율 인상(2주택 이상 : 1~3% ⇨ 8~12%)<br>-부동산 신탁을 통한 투기 제재<br> (재산세 납세의무자 : 신탁 사 ⇨ 원소유자) | -청약 완화<br> 신혼부부 소득기준완화<br> 생애 최초 특별 공급<br> (민영주택에 도입)<br><br>- 취득세 완화<br> 생애 최초, 무주택자<br><br>- 서민실수요자 요건완화 |

**우리에게 영향을 미치는 5대 부동산 정책**

출을 불가하게 원천 봉쇄하고, 청약에서 추첨제에 무주택자들을 우선 선정하면서 무주택자들의 당첨 확률을 높여주었다.

- 2019년 12.6 대책으로 인해 9억 원 초과 LTV 비율이 낮아지고 15억 원 이상의 아파트는 주택 담보 대출이 불가능해졌다.

- 2020년 6·17 대책으로 수도권 모든 지역이 조정대상지역으로 묶이 면서, 수도권 비규제 지역들이 청약시장에 있어서 1순위 조건(세대 원 ⇨ 세대주)으로 바뀌었고, 비규제 지역 주택담보대출 LTV 70% ⇨ 조정대상 지역으로 바뀌면서 LTV 또한 50%로 낮춰졌다.

- 2020년 7.10 대책으로 기존의 소득이 높아 신혼부부 특별 공급을 이용하지 못한 신혼부부들에게 기회가 생겼고, 생애 최초 특별 공급적용 대상이 민영주택에도 도입되어서 사회초년생들의 청약당 첨 확률이 높아졌다. 서민실수요자의 요건이 완화되면서 기존에 연 소득이 높아 정부지원 대출(보금자리론 등)을 저금리로 활용하지 못했던 이들에게도 정부 대출을 이용할 수 있는 출구가 열렸다.

## 다음 부동산 정책의 타깃은?

2017년은 명백하게 3주택 이상 다주택자를 타깃으로 부동산 세금 (양도소득세를 강화하면서 부동산 시장에서 3주택자를 겨냥)을 겨냥하며 정책을 펼쳐왔다. 반면에 주택임대사업자들에게는 임대사업을 통해 전세 주택 공급을 늘리기 위해 세제 혜택을 주면서 다주택자들을 임대사업자로 유도했다. 그래서 이 시기에는 3주택 이상의 대부분 투자자들이 임대업자로 돌리면서 주택을 매수했다. 하지만 2018년 9·13대책이 발표되면서 3주택자와 임대사업자들이 실질적인 타깃이 되었고, 이들뿐만 아니라 2주택자들에게도 실거주 외의 주택 담보 대출을 금지하면서 압박을 시작했다. 그리고 2019년에는 12·16대책으로 시가 9억 원 이상의 주택을 보유한 2주택자에게는 전세 대출 보증을 제한하고 종부세를 강화하면서 고가주택 소유한 2주택자들까지 타깃이 되어버렸다. 더 강력했던 것은 시가 9억 원이 넘는 주택을 매수하거나 2채 이상의 주택을 보유한 경우는 전세 대출을 '회수'하는 조치까지 취해버린 것이다. 이후 2020년 6.17대책으로 수도권 전 지역이 조정대상 지역으로 바뀌면서 3억 원 이상의 주택을 구매 시 전세 대출 회수해버리고, 7·10대책으로 2주택자 취득세를 강화하면서 완벽한 2주택자를 타깃으로 정책이 움직이기 시작했다.

---

**2017~2020 부동산 정책의 타깃**
- 2017년 타깃 - 3주택 이상 다주택자
- 2018년 타깃 - 주택임대사업자, 법인
- 2019년 타깃 - 법인, 고가 2주택자
- 2020년 타깃 - 법인, 2주택자
- 2021년 타깃 - ?

---

정리하자면, 다주택자 ⇨ 주택임대사업자, 법인 ⇨ 고가 2주택자 ⇨ 2주택자 순으로 정책을 바꿔갔다. 이렇게까지 정책으로 전방위로

압박했는데 부동산 시장은 좀처럼 가라앉지를 않는다. 그럼 다음 타깃은 누가 될 것인가?

아마도 '고가 1주택자'가 될 가능성이 매우 크다. 이렇게 생각한 이유는 지금 현 정부는 더 이상의 쓸 카드가 남아 있지 않기 때문이다. 고가 1주택자의 보유세를 올리는 것 외엔 더는 쓸 수 있는 여분의 카드가 없다. 2주택자 이상 주택 담보 대출 제한, 2주택자 전세대출 제한, 다주택자 양도소득세, 종부세, 재산세, 취득세, 전세대출 제한, 주택담보 제한, 분양가상한제, LTV, DTI 강화, 신용대출심사 강화 등 우리나라 역사상 모든 부동산 정책 규제 카드를 다 썼고, 수도권 30만 호 공급계획 3기 신도시 조기 분양을 통한 공급 카드 등 공급에 대한 카드까지 다 써버렸다. 하지만 부동산 시장은 아직도 불타오르고 있고 30대들까지 '영끌 매수'를 하고 있는 상황이다. 정부에게는 이제 남아있는 카드가 딱 2가지 정도로 압축된다.

> **남아있는 부동산 강화 정책**
> 1. 금리인상
> 2. 고가1주택자 보유세 강화

금리인상을 한다는 얘기는 나오지만, 당분간은 실질적으로 대폭 하긴 어렵다. 코로나19 여파로 인한 막대한 경제적 피해를 본 현시점에서 금리인상 카드를 꺼낸다면, 부동산이 잡기 이전에 경제부터 파탄으로 떨어질 가능성이 다분하다. 따라서 다가오는 2021년 현 정부의 부동산 정책 다음 타깃은 고가1주택자가 될 가능성이 매우 크다. 만약 이 카드마저 부동산을 잡지 못한다면, 더는 정부는 남아있는 카드가 존재하지 않는다. 그리고 2022년 대선을 앞둔 시기이기 때문에 섣불리 더 강력한 부동산 대책을 취하긴 쉽지 않고, '고가 1주택자 보유세 강화'를 마지막으로 '부동산 시장 vs 정부 '의 싸움은 부동산 시장의 승리로 막을 내릴 가능성이 커 보인다.

2020년 7. 10 대책으로 기존의 소득이 높아 신혼부부 특별 공급을 이용하지 못한 신혼부부에게 기회가 생겼다. 생애 최초 특별 공급적용 대상이 민영주택에도 도입되어서 사회초년생의 청약 당첨 확률이 높아졌다. 서민실수요자의 요건이 완화되면서 기존에 연 소득이 높아 정부지원 대출(보금자리론 등)을 저금리로 활용하지 못 했던 이들에게도 정부 대출을 이용할 수 있는 출구가 열렸다.

# 세금도 모르고
# 부동산을
# 산다고요?

# 일단 사면
# 무조건 내는 취득세

필자가 처음으로 청약을 통해 주택을 취득하였을 때, 잔금을 치르고 소유권이전 등기를 하면서 취득세를 처음 접하게 됐는데 내 자금 계획 상에서는 취득세라는 계산은 없었기 때문에 상당히 당황했었다. 2015년 당시 취득한 아파트는 분양가가 3억 원 대 후반이었으므로, 취득세가 약 400만 원 정도 나왔는데, 자금계획에 없던 비용이고, 결코 적은 금액이 아니었으므로 당시 주변 지인들에게 어렵게 자금을 빌려 취득세를 냈다. 필자처럼 이렇게 실수하지 않도록 자금 계획상 취득세라는 항목을 꼭 준비해놓자.

취득세란? 토지, 건축물, 차량, 기계장비, 항공기, 선박, 광업권, 어업권, 골프 회원권, 콘도미니엄 회원권 등 일정 자산의 취득에 대하여 당해 취득 물건 소재지의 시도에서 그 취득자에게 부과되는 것을 말한다. 청약으로 생애 최초로 주택을 취득할 때에는 면적에 대한 제한을 따로 없이 1.5억 원 이하는 100% 감면, 1.5~3억 원(수도권 4억 원) 50%가 감면된다(소득요건은 년 7천만 원 이하). 또한 신혼부부 생애 첫 주택 구매 시에는 면적 60㎡ 이하, 수도권 5억 원 이하, 비수도권 3억 원 이하, 맞벌이 연 7천만 원 이하, 외벌이 연 5천 만 원 이하는 기본세율 1%에서 0.5%를 감면해준다. 하지만 요새 수도권 청약 시장에는 4억 원 이하(생애 최초) 5억 원 이하(신혼부부 생애 최초)의 신규 아파트 분양의 금액은 거의 없다고 봐도 무방하며, 교통의 요충지 및 일자리 풍부 지역은 대부분 5억 원을 초과하는 실정이므로, 취득세 감면이 큰 의미는 없어 보인다.

| 취득 방법 | 매매 또는 교환 | | | | | | |
|---|---|---|---|---|---|---|---|
| | | 주택거래(일반 과세) | | | | | |
| | 일반 | 6억 원 이하 | | 6억~9억 원 원 이하 | | 9억 원 초과 | |
| | | ~85㎡ | 85㎡~ | ~85㎡ | 85㎡~ | ~85㎡ | 85㎡~ |
| 취득세 | 4% | 1% | 1% | 1~3% | | 3% | 3% |
| 농특세 | 0.2% | | 0.2% | | 0.2% | | 0.2% |
| 교육세 | 0.4% | 0.1% | 0.1% | 0.1% | 0.3% | 0.3% | 0.3% |
| 합계 | 4.6% | 1.1% | 1.3% | 1.1~3.5% | | 3.3% | 3.5% |

**주택의 취득세율 일반과세**

앞 페이지의 표는 무주택자 혹은 비조정 지역 내 2주택자까지 취득할 때 부과되는 기본 세율이다. 통상적으로 수도권 내에 6억 원 이하 아파트를 청약한다고 가정하면, 농특세를 포함해서 아파트 금액의 1.1%인 550~660만 원 정도 부과된다고 생각하면 된다(85㎡ 이하면, 85㎡ 이상일 경우 1.3%).

# 분양권 vs 주택소유권에 따라 양도소득세는 달라진다

사회초년생들이 양도소득세에 있어서 가장 혼동하는 부분은 바로 '분양권 전매의 양도 소득세와 주택 양도에 따른 양도소득세를 같다고 보는 것'이다. 분양권과 주택소유권은 양도 소득세에 있어서 분명한 차이가 있으므로 두 용어 및 세율 개념부터 확실히 살펴보자.

### 분양권이란?

분양권이란 무주택자인 세대주가 주택법에 따른 사업계획의 승인을 받아서 건설되는 주택을 취득할 수 있는 권리이다. 즉, 청약에 당첨이 되거나 미분양 물량을 계약하면 공동주택(아파트) 준공이 완료된 뒤에 아파트 분양 계약으로 아파트를 입주할 수 있는 권리를 뜻한다. 이 권리를 분양계약서를 근거로 사고파는 거래를 '분양권 전매'라고 표현하고 분양권 전매의 양도소득세를 분양권의 양도소득세라고 말한다.

## 분양권 전매 양도소득세

2020년 7.10부동산 대책으로 분양권에 대한 양도소득세가 개정되었다. 기존에 조정 대상 지역 내의 분양권 전매 시 양도소득세는 50%로 일괄 적용되었지만 2021.06.01일 이후 양도하는 분양권에 대해서는 1년 미만 70%, 2년 미만 60%, 소유권이전등기 전까지 60%로 변경되었다.

 **꼼수 부동산 팁**

**분양권 양도소득세 세율**

| 구분<br>조정 지역<br>(규제 지역) | | 현행 | | 개정안 |
|---|---|---|---|---|
| | | 조정대상 지역 | 비규제 지역 | 전 지역 |
| 보유<br>기간 | 1년 미만 | 50% | 50% | 70% |
| | 2년 미만 | | 40% | 60% |
| | 2년 이상 | | 기본세율(6~42%) | |

**7.10 부동산 정책 개정**
(적용 시기 : 21.06.01일 이후 양도분)

분양권 상태에서의 양도소득세는 일반주택의 양도소득세와 다르다는 것을 명심하자. 분양권은 투기과열지구 및 조정대상지역은 보유 기관과 상관없이 현행은 무조건 50%의 세율을 적용받는다.

그 누구도 알려주지 않았던 청약 당첨의 기술

## 주택 소유권이란?

주택의 소유권은 재산권 중에서 가장 기본이 되는 권리이며, 주택을 자신의 물건으로써 직접적, 배타적, 전면적으로 지배하여 사용, 수익, 처분할 수 있는 권리를 말한다. 이러한 소유권은 본질에서 물건이 갖는 사용가치와 교환가치를 전면적으로 지배할 수 있는 권리이다. 즉, 주택 = 아파트를 소유하고 직접 사용하고 처분할 수 있는 모든 총체적인 권리를 뜻한다. 이 권리를 사고 파는 행위를 '주택의 양도'라고 하며 (판매 가격-구매 가격=양도 차액) 금액을 양도 차액이라고 하고, 이 양도 차액에 세율을 곱한 것이 양도소득세이다.

| 용어 | 산정 방법 |
|---|---|
| 양도차액 | 판매 가격 - 구매 가격 = 양도차액 |
| 양도소득세 | 양도차액 × 양도세율 = 양도소득세 |

**양도차액 및 양도소득세 개념 설명**

## 주택의 양도소득세

주택을 양도하게 될 때는 양도 차액이 발생하는데 이 양도 차액에 대한 세금이 바로 양도소득세이다. 분양권의 양도 소득세보다 주택의 양도소득세는 조금 더 고려해야 할 사항들이 많다. 먼저 1가구 1주택일 경우 양도소득세에 대해서 한번 알아보자.

■양도세율
① 1세대 1주택

| 구분 | | 세율 | 누진공제 |
|---|---|---|---|
| 1년미만 보유 | 주택(조합원입주권 포함) | 40% | - |
| | 주택외 | 50% | |
| 1년이상~2년미만 보유 | 주택(조합원입주권 포함) | 기본세율<br>누진세 | |
| | 주택외 | 40% | - |
| 2년이상 보유 | 1,200만원 이하 | 6% | - |
| | 4,600만원 이하 | 15% | 108만원 |
| | 8,800만원 이하 | 24% | 522만원 |
| 과세<br>표준<br>(기본세율) | 1억5천만원 이하 | 35% | 1,490만원 |
| | 3억원 이하 | 38% | 1,940만원 |
| | 5억원 이하 | 40% | 2,540만원 |
| | 5억원 초과 | 42% | 3,540만원 |
| 미등기 자산 | | 70% | - |

**1세대 1주택 양도세율(출처: 부동산뱅크)**

주택양도에 따른 양도소득세는 크게 1년 미만 보유와 1년 이상, 2년 미만 보유, 2년 이상 보유 이렇게 3가지로 나눌 수 있다. 먼저 1년 미만 보유 시에는 양도 차액의 40%를 양도소득세로 내고, 1년 이상~2년 미만 보유일 때는 기본세율(누진 공제 없음) 2년 이상 보유 시 기본세율(누진 공제 있음)을 부과받는다.

 **꼼수 부동산 팁**

**기본세율**

| 과세표준 | 세율 | 누진공제 |
|---|---|---|
| 1,200만원이하 | 6% | |
| 1,200만원 ~ 4,600만원이하 | 15% | 108만원 |
| 4,600만원 ~ 8,800만원이하 | 24% | 522만원 |
| 8,800만원 ~ 1억5천만원이하 | 35% | 1,490만원 |
| 1억5천만원 ~ 3억원이하 | 38% | 1,940만원 |
| 3억원 ~ 5억원이하 | 40% | 2,540만원 |
| 5억초과 | 42% | 3,540만원 |

※ 조정지역내 2주택자 : 세율 + **10%**
※ 조정지역내 3주택자 : 세율 + **20%**

제시 예) 주택보유 2년 이상 주택 3억 원에
매수, 4억 원에 매도 시 :
= 양도차액 1억 원 ⇨ 세율35%
(8,800 만 원~1억5천 원 이하)
= 10,000만 원-1,490만 원(누진 공제)
= 8,510만 원(양도차액)
= 8,510만 원 X 35% = 2,978만 원

하지만 주택의 양도소득세 또한 7.10부동산 대책에서 단기보유 2년 이하에 대한 양도소득세 강화로 인해 2021년 6월 1일 이후 양도분에 대해서는 1년 미만은 40% ⇨ 70%, 2년 미만 기본세율(누진 공제 ×) ⇨ 60%로 강화되었다.

 **꼼수 부동산 팁**

**주택 양도소득세율**

| 구분 | 2021년 06월 1일 이전 | 2021년 06월 1일 이후 |
|---|---|---|
| 1년 미만 | 40% | 70% |
| 2년 미만 | 기본세율(누진공제X) | 60% |

| 가정 : 2020년 07월 15일 3억 원에 주택 취득(1년 미만 매도 가정) | |
|---|---|
| 2021.06.02일 4억 원에 매도 | 2021.05.31일 4억 원에 매도 |
| ⇨ 양도차액 1억 원 × 70%(1년 미만) = 7천만 원<br>⇨ 양도소득세 = 7천만 원 | ⇨ 양도차액 1억 원 × 40%(1년 미만) = 4천만 원<br>⇨ 양도소득세 = 4천만 원 |

# 양도소득세
# 덜 내는 법 안내는 법

세금은 국가가 유지되는 정말 중요한 수단 중의 하나이며, 국민의 의무이지만 모든 사람은 세금을 내는 것에 거부감이 큰 것은 명백한 사실이고 개인의 관점에서 세금으로 지출되는 금액이 참 아까운 것은 어쩔 수 없다. 탈세하는 것은 불법이다. 하지만 절세는 불법이 아니다. 탈세와 절세는 정말 종이 한 장 차인데, 탈세가 아닌 절세는 부동산 투자에 있어서 기본이다. 지금부터는 부동산 투자를 한다면 반드시 알아야 할 양도소득세를 절세하는 방법을 하나씩 파헤쳐보자.

### 덜 내고 싶은데?(기본세율, 장기보유 특별공제)

양도소득세를 덜 내고 싶다면 딱 4가지 방법이 있다.

첫 번째 방법은 싸게 파는 것이다. 즉, 원래의 가치보다 낮게 가격을 측정하면, 그만큼 양도 차액이 줄어들기 때문에 양도소득세를 덜 낼 수 있다. 하지만 증여가 아니고선, 그런 멍청한 짓을 하는 사람이 있을까?

두 번째 방법은 '최소 2년 이상 보유해서 기본세율을 받는 방법'이다. 현행은 보유 1년 이상부터 양도 차액에 따라 기본세율(6~42%)이 적용되지만, 2021. 06. 01일 이후 7.10 부동산 정책에 따라, 2년 미만일 경우 기본세율에서 양도 차액의 60%로 변경된다. 따라서 실거주를 하지 못하더라도, 최소 2년은 보유해서 기본세율을 부과받는 것이 차선책이 될 수 있다.

| 구분 | | 현행 | 개정안 |
|---|---|---|---|
| 보유<br>기간 | 1년 미만 | 50% | 70% |
| | 2년 미만 | 기본세율<br>(6~42%) | 60% |
| | 2년 이상 | | 기본세율(6~42%) |

**7.10 부동산 정책 개정 / 적용시기 : 21.06.01일 이후 주택 양도분**

세 번째 방법은 '최대한 오래 보유하는 것'이다. 양도소득세에서는 '장기보유특별공제'라는 것이 있다. 보유 기간이 길어질수록 세금의 공제가 더 많이 된다. 물론 1가구 1주택의 투기과열 지구든, 조정대상 지역이든, 비규제 지역이든 2년만 실거주 요건을 충족한다면 비과세에 해당하지만, 그게 아니라면 오래 보유할수록 최대 80%까지 공제받을 수 있다. 과거에는 10년 이상 보유만 하면 80%까지 장기보유특별공제를 받았으나, 21.06.01일 양도분에 대해서는 보유, 거주의 의무가 나뉘어서 보유, 거주 의무를 둘 다 충족해야 80%를 적용받을 수 있다.

□ 1세대 1주택(고가주택)에 대한 **장기보유특별공제율** 적용 요건에 **거주기간 추가**('21.1.1. 이후 양도분부터)

○ 보유기간 연 8% 공제율을 「보유기간 4%+거주기간 4%」로 조정

| 기간(년) | | 3년~ | 4년~ | 5년~ | 6년~ | 7년~ | 8년~ | 9년~ | 10년 이상 |
|---|---|---|---|---|---|---|---|---|---|
| 현행(%) | 보유 | 24 | 32 | 40 | 48 | 56 | 64 | 72 | 80 |
| 개정(%) | 보유 | 12 | 16 | 20 | 24 | 28 | 32 | 36 | 40 |
| | 거주 | 12(8*) | 16 | 20 | 24 | 28 | 32 | 36 | 40 |
| | 합계 | 24(20*) | 32 | 40 | 48 | 56 | 64 | 72 | 80 |

* 보유기간이 3년 이상(12%)이고 거주기간이 2년~3년(8%)인 경우 20% 적용

**7.10 부동산 정책**
(적용 시기 : 21.01.01일 이후 부과분)

네 번째 방법은 증여를 통한 절세이다. 양도소득세를 절세하는 방법 중 한 가지는 바로 증여를 통한 절세 방법이다. 대한민국 세법상 증여재산공제는 배우자일 때 6억 원 직계 존속(부모로부터의 증여) 5천만 원(미성년자 2천만 원)이다.

직계 비속(자녀로부터 증여받은 때) 3천만 원, 6촌 이내 혈족, 4촌 이내의 인척 증여의 경우 1천만 원의 증여재산공제를 받을 수 있다.

| 구분 | 공제금액 (10년간) |
|---|---|
| 배우자 | 6억 원 |
| 직계존속(부모로부터 증여) | 5천만 원(미성년자 2천만 원) |
| 직계비속(자녀로부터 증여) | 3천만 원 |
| 6촌 이내 혈족, 4촌 이내 인척의 증여 | 1천만 원 |

**증여재산 공제**

부부 간 증여는 10년 기준으로 6억 원까지 비과세되기 때문에 주택의 지분을 50%를 배우자에게 증여하고 매도하면 공동명의로 매도하는 것과 같은 세율이 적용되어 절세할 수 있다. 양도 차액이 크면 배우자에게 전부 증여를 이용하는 방법도 있다. 예를 들어 주택을 1억 원에 취득하였다고 가정해보자. 이후 주택가격이 5억 원 정도 올라서 6억 원이 되었으면, 6억 원을 전부 배우자에게 증여한 뒤 5년 후에 매도하게 되면(5년 이내 매도 시 증여자산 이월 과세 규정에 저촉됨) 증여 시점의 부동산 가격 6억 원이 취득 금액이 되므로 증여하기 전보다 훨씬 양도 차액이 줄어드는 효과가 있다.

 **꼼수 부동산 팁**

**증여자산 이월과세**

자산을 증여한 후 단기간 내에 해당 자산을 양도함으로써 양도소득세 부담을 회피하는 편법을 방지하기 위하여 '배우자 또는 직계존비속간 증여자산에 대한 이월과세 규정(소득세법 제97조의1의 제1항)'을 말하며, 증여 받은 자산을 5년 이내에 양도할 때 양도차익을 계산할 때 취득가액은 그 배우자 또는 직계존비속의 취득 당시 취득가액으로 소급적용하는 것을 말하고 결론적으로 증여를 받은 후 5년 이내 양도를 하면 양도소득세 절세 효과가 없으나, 증여취득세, 증여세 부담으로 오히려 세금 부담이 늘어날 수도 있다는 것을 뜻한다. 따라서 증여를 통한 양도소득세 감면을 활용하기 위해서는 최소 5년 후 양도 계획을 세우고 진행해야 한다.

## 최대한 절세하는 법

몸테크라는 말을 들어보았는가? 몸테크란 '몸+재테크'의 합성어로 낡은 주택을 매입해 재개발이나 재건축을 기대하면서 불편한 주거환경을 감수하고 거주하는 것을 의미하는 신조어이다. 하지만 이 몸테크라는 말이 꼭 낡은 주택을 매입해 재개발 재건축을 기대하는 것에 한정되는 용어는 아니다. 꼼수부동산에서는 '1가구 1주택' 혹은 '일시적 1세대 2주택'의 요건을 잘 충족시키면서 2년 동안 신축아파트 또는 교통의 요지의 아파트에 거주하면서 매매를 하는 것도 좋은 몸테크의 한 가지 예시라고 생각한다.

대한민국 세법에서는 국민의 주거 생활의 안정과 거주이전의 자유를 보장해주는 취지에서 '1가구 1주택'의 또는 '일시적 1가구 2주택'의 경우 주택양도에 대해 '비과세 제도'를 두어 세 부담을 줄여주고 있다.

1세대가 1주택밖에 없다면 본인의 주택을 매도할 때 양도세로 인해 실질적인 매도금액이 적어질 경우, 동일 지역의 주택으로 이동하는 것에 문제가 생길 수도 있다. 따라서 이와 같은 부작용이 발생하는 것을 막고자 대한민국 세법에서는 거의 유일하게 '1가구 1주택'의 또는 '일시적 1세대 2주택'일 때 양노소득세의 비과세 요건을 제공하고 있다. 요즘같이 정책이 남발되며 부동산 관련 세금이 높아져 가는 시기에, 양도소득세 비과세 혜택은 정말 가뭄의 단비처럼 소중한 기회인 만큼 반드시 양도소득세 비과세 요건을 충족하여 나의 재산 가치를 높여보도록 하자.

## (1) 1세대 1주택 비과세 요건

- 거주자여야 한다.

- 독립세대 요건을 만족해야 한다.

- 독립세대를 기준으로 매각 시 당시 1채의 주택을 보유하고 있어야 한다.

- 2년 이상 보유하여야 한다.

- 17.8.2 대책 이후 조정지역에서 산 주택은 보유 기간에 2년 이상 거주해야 한다.

- 고가 주택이 아니어야 한다(9억 원까지 비과세 9억 원 초과분은 과세).

1가구 1주택 비과세 요건을 충족한다면 양도소득세를 1원도 내지 않고 비과세를 할 수 있다. '1세대 1주택'의 경우 2년 이상 보유 후 매도할 때 비과세 요건에 해당한다(다만, 2017년 8월 3일 이후 취득의 경우, 취득 당시 조정대상 지역에 속할 때 2년 이상 거주요건도 충족하여야 비과세 요건 충족). 이때 실거래가 9억 원 이하의 주택이라면 비과세에 해당하고, 9억 원을 초과한다면 초과분에 대해서는 과세가 된다는 것을 유의하자.

---

**예외사항**
조정대상 지역 지정 전 계약을 체결하고 계약금을 지급한 경우 계약 당시 무주택자라면 거주요건 없이 2년 보유 시 비과세

---

## (2) 일시적 1가구 2주택 비과세 요건

일시적 1가구 1주택 비과세 요건은 아마 이제 대부분 이해를 하였으

리라 생각한다. 부동산에 조금이라도 관심이 있다면 이미 알고 있었던 정보일 수 있다. 하지만 일시적 1가구 2주택 비과세 요건이라고 하면 벌써 머리 아픈 이들도 많으리라 생각한다. 사실 일시적 1가구 2주택은 너무나 많은 경우의 수가 발생하기 때문에 이해하기 어려운 게 당연하다. 하지만 지금부터 최대한 쉽게 풀어서 설명하겠다.

우선 일시적 1가구 2주택 비과세 요건을 알기 위해서는 1가구 1주택 비과세 요건을 충족시킨 상태에서 이사를 위해 다음이 사갈 집을 한 채 더 구매했다는 가정에서 출발한다. 이사 갈 집을 먼저 구매하면, 이사를 가기 위한 주택 매수이지만, 양도소득세 비과세 판단은 '양도 시점'을 기준으로 하므로 양도 시점에는 2주택자가 되어버린다. 이런 경우의 2주택은 일시적인 2주택으로 보고 '1가구 1주택과 같은 비과세 요건'과 같이 취급해주는 것이 일시적 1가구 2주택 비과세 요건'이다.

---

**일시적 1가구 2주택 123 규칙**

조 기본 가정 : A -본래의 살고 있는 주택  B -이사를 위해 신규 취득 주택
- A주택을 사고 1년 터울을 두고 B주택을 매수할 것.
- A주택을 2년이상 보유하고(조정 대상 지역은 2년 이상 거주요건을 충족해야함)
  B 주택을 사고 3년 이내 A 주택을 처분할 것.

※ 2018.9.14.대책 이후 (조정 대상 지역)에 있는 주택을 사면 A 주택 처분을 3년 ⇨ 2년 이내로 강화
※ 2019.12.16. 대책 이후 (조정 대상 지역)에 있는 주택을 사려면 A 주택 처분을 2년 ⇨ 1년 이내로 강화하고 B주택에 반드시 전입신고를 해야 비과세를 해준다(기존 임차인이 있다면, 만기일까지 연장 가능).
※ 2021.1.1.일 이후 다주택자는 1주택자가 된 이후에 2년을 추가 보유해야 비과세가 된다(최종 주택의 개념 : 마지막 주택이 1가구1주택이 된 시점 이후 보유 2년 후 비과세 요건 충족).

일시적 1가구 2주택에서 〈1,2,3 규칙〉을 잘 기억하자. 하지만 현재 시점 기준으로 조정지역 내의 새로운 주택을 취득한다면, 〈1,2,3 규칙〉이 아닌 〈1,2,1규칙〉이 되어버린다. 그러므로 B주택을 사고 1년 이내 A주택을 처분해야 한다는 것을 명심하자.

## 진정한 부동산 투자의 승패는 양도소득세 차이

진정한 부동산 투자의 성패는 '양도소득세'로 가려진다고 해도 과언이 아니다. 아파트 가격이 얼마나 올랐는지? 얼마에 팔았는지? 보다 더 중요한 것은 '양도소득세를 얼마를 냈는지'이다. 즉, '순수익=매도가액-양도소득세'라고 생각하면 편하다. 한 가지 예시를 통해 살펴보자.

김 과장은 서울의 아파트를 5억 원에 분양받아서 입주 전까지 가격이 3억 원이 상승해서 8억 원에 분양권을 팔았지만, 양도소득세 1.5억 원(양도 차액의 50%)을 내는 바람에 순수익은 1.5억 원이었다. 반면 공 대리는 사회초년생이라 여유자금이 없어서 수도권 신도시 아파트를 간신히 4억 원에 분양받았고 아파트 가격이 입주 시점에 2억 원 올라 6억 원에 매각을 고민하다가, 조정대상 지역 2년 실 거주 요건을 채우고 비과세 요건을 충족하기 위해 2년을 실거주하였다. 2년 뒤 공 대리 아파트는 1억 원이 더 올라 7억 원에 비과세 요건을 충족하여 매각했고, 양도소득세를 한 푼도 내지 않고 분양 금액을 제외한 3억 원을 순수익으로 벌었다.

김 과장은 공 대리보다 입지가 좋은 서울에 아파트를 분양받았고 공 대리는 김 과장 보다 상대적으로 입지가 안 좋은 수도권 외곽 신도시를 분양받았다. 매도가액도 김 과장이 1억 원 가량 비싸게 팔았다. 하지만 순수익에 있어서는 정반대가 되었다. 그렇다면 이들의 차이점은 무엇이었을까?

| 구분 | 김 과장 | 공 대리 |
|---|---|---|
| 분양가 | 5억 원 | 4억 원 |
| 보유기간 | 3년(소유권 이전 등기 전) | 5년(소유권 이전 등기 후, 실 거주 2년) |
| 매도가 | 8억 원 | 7억 원 |
| 양도차액 | 8억 원-5억 원=3억 원 | 7억 원-4억 원=3억 원 |
| 양도소득세(세율) | 분양권 전매 양도소득세율- 50% | 1세대1주택 비과세(실 거주 2년) |
| 순 수익 | 3억 원 X 50% =1.5억 원 | 3억 원 |

김 과장과 공 대리의 투자의 차이는 양도소득세의 '과세'와 '비과세'에 있다. 양도소득세에 관해서 공부를 하지 않고는 부동산 투자를 논할 수 없는 이유가 바로 여기에 있다. 양도소득세는 부동산 관련 세금 중에 가장 높은 세율과, 높은 비율을 차지하는 세금인 만큼 모든 부동산 승패의 성패는 양도소득세에서 결론이 난다고 볼 수 있다. 세금 정말 어렵지만, 다른 세금 몰라도, 양도소득세만큼은 꼭 심도 있게 공부하고 투자를 시작하는 것이 현명한 투자자의 자세이다.

# 일명 부자 세금
# 보유세 파악하기

흔히 말하는 언론 보도나, 뉴스를 통해 접하는 '보유세'라는 말은 많이 들어봤을 것이다. 하지만 부동산 세금 정식 명칭 중 보유세라는 세금은 없다는 사실을 알고 있는가? 필자는 처음 주택을 구입했을 때 재산세, 보유세, 종부세 고지서 총 3개의 고지서가 매년 부과되는 줄만 알았다. 하지만 나는 7월에 받은 '재산세' 고지서를 끝으로 더는 '납세고지서'가 오지 않았다. 도대체 뉴스에서 계속 회자되는 보유세는 대체 뭘까?

먼저 보유세의 정의에 대해서 살펴보면 다음과 같다.

**보유세 [保有稅]**

- 납세의무자가 보유하고 있는 부동산에 부과하는 조세를 말한다. 재산세와 종부세가 대표적인 보유세다.
- 양도세와 더불어 부동산을 규제하는 대표적인 효율적인 부동산 규제 수단으로 여겨지고 있다.
- 재산세는 지방세로 분류되어 지방자치단체에 납부하지만 지방세가 개편되면서 재산세 납부는 기존과 같으나 종부세 과세 대상이 될 경우 먼저 납부한 재산세를 공제한 추가 금액을 국세로 납부해야 한다.

| | 항목 | 과세 주체 |
|---|---|---|
| 보유세 | 재산세 | 지방자치단체(지방세) |
| | 종합부동산세 | 정부(국세) |

보유세란 재산세 및 종부세, 이 2가지를 통칭하는 용어이다. 이 파트에서는 보유세에 해당하는 재산세와 종부세의 개념과 산출 방법에 대해서 이해해보자. 최근 부동산 정책 방향이 보유세를 강화하는 경향이 다분하므로 과거보다 보유세의 비중이 점점 높아지고 있다.

## 재산세

재산세란 납세자가 소유한 재산의 경제적 교환가치에 담세력을 두어 매기는 조세를 말한다. 쉽게 풀어 설명하면, 보유한 재산을 현재의 경제 가치로 따져서 세율을 정하고 그에 따라 국가에 내는 것이다. 과세 대상은 토지, 건축물, 주택, 선박, 항공기이다. 과세기준일은 6월 1일이며 과세기준일 당시 사실상의 소유자가 과세대상자가 된다. 과세 기간은 주택의 경우(제1기분:7.16~7.31일, 제2기분: 9.16~9.30)이며, 과세 표준은 주택의 경우(6,000만~3억 원 초과) 구간별로 세율이 다르게 적용된다.

| 구분 | 내용 | | | |
|---|---|---|---|---|
| 과세대상 | 토지, 건축물, 주택, 선박, 항공기 | | | |
| 과세기준일 | 매년 6.1(사실상의 소유자) | | | |
| 과세<br>납부기간 | **구분** | **납기** | **비고** | |
| | 토지 | 매년 9.16~9.30 | | |
| | 건축물 | 매년 7.16~7.31 | | |
| | 주택(제1기분) | 매년 7.16~7.31 | 20만 원 이하의 경우 | |
| | 주택(제2기분) | 매년 9.16~9.30 | 20만 원 이상의 경우 제1기,2기로 분납 가능 | |
| 세율<br>(주택) | **과세표준** | **세율** | **계산법** | |
| | 6,000만 원 이하 | 0.1% | 과세표준 X 0.1% | |
| | 6,000만 원 초과<br>1.5억 원 이하 | 0.15% | 6만 원 +<br>(6,000만 원 초과금액의 0.15%) | |
| | 1.5억 원 초과<br>3억 원 이하 | 0.25% | 19만 5천 원 +<br>(1억 원 5천만 원 초과금액의 0.25%) | |
| | 3억 원 초과 | 0.4% | 57만 원 + (3억 원 초과금액의 0.4%) | |
| 세율<br>(항목별) | **구분** | **세율** | **비고** | |
| | 토지 | 0.2~0.5% | 종합합산,별도합산,분리과세 대상에 따른 3단계 누진률 | |
| | 건축물 | 0.25~4% | 골프장,고급오락장 : 4%<br>주거지역등 공장 : 0.5% | |
| | 주택 | 0.1~4% | 4단계누진세율<br>별장:4% | |

**재산세 내용 요약**

## (1) 과세 표준이란?

재산세 부과기준을 이해하기 위해서는, 과세 표준이라는 개념을 먼저 숙지해야 한다. 과세 표준이란 세법에서 정하는 세액계산의 기준이 되는 금액으로 각, 세법이 정하는 과세 표준을 산출하고 산출된 과세 표준에 세율을 곱하면 산출세액이 나온다. 예를 들어 재산세는 '과세 표준 = 시가표준액 × 공정시장가액' 비율이 과세 표준이 되고 이 과세 표준에 세율을 곱하면 재산세 산출세액이 나온다.

### 꼼수 부동산 팁

- 주택 시세와 주택의 시가 표준액(공시지가)은 다르다.
- 주택의 시세를 주택의 공시가격으로 동일하게 보는 실수를 하는 경우가 있는데 주택의 시세(가격)와 주택의 공시가격은 분명히 다른 금액이므로, 명확하게 알아둘 필요가 있다.

※ 주택의 시세 : KB부동산 시세가 기준이 되는 경우가 다수 (대출실행 시 기준)
※ 주택의 시가 표준액 (공시가격) : 세법상 기준이 되는 가격(한국부동산원 '공시가격 알리미'를 통해 조회 가능)

**한국부동산원 부동산 공시가격 알리미**

 **꼼수 부동산 팁**

### 공정 시장가액 비율이란?

재산세 산정 시 과세표준 금액을 시가표준액 전체에 대해 산정하지 않고
주택의 시가표준액 × 공정 시장가액 비율(60%)을 곱하여 '과세표준'으로 산정

※ 재산세의 공정시장가액 비율은 60%

제시 예) 공시가격 3억 원 주택의 경우

3억 원(공시 가격) × 60%(공정 시장가액 비율) = 1.8억 원(과세표준)

---

## (2) 재산세 계산법

 **꼼수 부동산 팁**

### 재산세 계산 방법

#### 과세표준 산정 방법

| 구분 | 공시 지가 | 공정 시장 가액 비율 | 과세 표준 |
|---|---|---|---|
| 금액 | 3억 원 | 60% | 1.8억 원 |

#### 재산세 산정 방법

| 구분 | 계산 방법 | 금액 | 비고 |
|---|---|---|---|
| 재산세 | 19.5만 원 + {(1.8억 원 -1.5억 원 )× 0.25%)} <br> = 19.5만 + 7.5만 | 27만 원 | 1.5억 원 초과 <br> ~3억 원 이하 구간 |
| 지방교육세 | 27만 원(재산세액) × 20% | 5.4만 원 | 재산세 × 20% |
| 도시지역분 | 1.8억 원(과세표준) × 0.14% | 25만2천 원 | 과세표준 × 0.14% |
| **합계** | | **57만 6천 원** | |

- 지방교육세는 '재산세액'의 20%
- 도시계획세는 재산세의 '과세표준'의 0.14%
- 통상적으로 아파트의 재산세는(재산세, 지방교육세, 도시지역분) 3가지 세금의 합을 말한다.

    &#128279; www.kab.co.kr › kab

**부동산세금계산기 - 한국부동산원**

해당 페이지에 대한 정보가 없습니다.

※ 부동산계산기(한국부동산원)를 통해 쉽고 빠르게 재산세 조회를 할 수 있다.

## 종합부동산세(종부세)

종부세의 역사부터 살펴보자. 과거 노무현 정권 당시 부동산 폭등에 대응하기 위해 만든 세제로서, 과거 정부가 재산세를 강화하려고 시도할 때 집값 폭등의 근원지였던 강남구 등이 재산세를 감세해주는 방식으로 무력화하자 지방세인(재산세) 대신 지자체가 손댈 수 없는 국세의 한 형태로 '종부세'를 신설하게 된다.

이후 종부세를 부부간 증여를 통해 부부 공동명의로 바꾸면 종부세를 회피할 수 있다는 사실로 인해 대부분 고가의 주택소유자들은 부부 공동 명의로 종부세의 부담을 줄였다.

결국 2006년 참여정부는 종부세를 인별 과세가 아닌, 세대별 합산으로 바꾸었는데, 이에 대한 거센 조세저항이 일어나기 시작했고 그 이후, 2006년 제4회 전국지방선거에서 민주당의 참패를 시작으로 2008년까지 총 3년간 민주당의 암흑기가 시작되었다.

결국 2008년 이명박 정부 때 종부세 세대별 합산은 위헌판결을 받았고, 2009년 금융위기의 경기침체 상황 속에서 증가한 종부세에 대한 부담의 완화가 필요했다. 따라서 2009년 종부세는 세대 당 합산에서 인별 합산으로 바뀌었고 공시가격 기준도 6억 원에서 9억 원으로 올라갔다. 더불어 세율 인하를 목적으로 '공정시장가액 비율'이라는 것도 도입하고 80%로 설정하였다. 이것은 종부세의 세부담을 완화하기 위한 수단으로 공시가격에서 공정 시장가액 이율을 곱해 한 번 더 낮추는 방법이다.

예를 들어 공시가액 6억 원인 집이 있다면 여기에 80%를 곱해 4.8억 원을 만들어서 종부세 대상에서 제외를 시키거나, 세율을 떨어뜨리기 위함이다. 하지만 최근 들어 정부는 종부세를 더욱 강화하여(공정가액반영률 상향, 공시지가 상향, 다주택자 중과 등) 과거 참여정부 때의 상황을 다시 한번 재연하고 있다. 심지어 2주택자 뿐만 아니라 고가1주택자들까지 세 부담을 늘리고 있는 형국이다. 왠지 과거 2006년 노무현 정부 때를 떠올리게 한다. 이러한 증세 정책은 반드시 조세저항이 발생하기 때문에 정부는 증세 정책을 펼칠 때는 신중에 신중을 거듭하여 결정해야 하는 사안이라고 생각한다. 현 정부가 과거와 같은 실수를 반복하지 않았으면 하는 바람이다.

### (1) 종부세란?

종부세의 역사는 잠시 접어두고, 종부세가 과연 직접적으로 어떻게 다가올지 사회초년생의 입장에서 확인해보자. 미리 결론부터 말한다면, 청약을 통한 주택구입을 목적으로 하는 이들에게는 해당하지 않고, 혹여나 과세대상으로 포함되더라도 9억 원(1세대1주택)은 공제 받을 수 있으니, 실질적으로 종부세는 다주택자들 혹은 고가1주택자들에게만 해당 사항이 있다. 하지만 앞서 말했듯, 현 부동산 정책은 보유세를 강화하는 방향으로 정책을 펼치고 있는 상황이기 때문에 안심할 수는 없다. 이 파트에서는 향후 당신의 주택가격이 현격하게 높아질 경우, 혹은 정부의 부동산 정책으로 인해 과세 대상자가 될 수 있다는 가정을 하고 이해해보자.

| 구분 | 내용 |
| --- | --- |
| 과세 대상 | 주택 공시가격 : 6억 원 초과하는 자(1세대 1주택자 9억 원까지) |
| 과세 기준일 | 매년 6.1일(소유자) |
| 납부 기간 | 12.1~12.15(15일간) |
| 납부세율 | 과세표준(구간별) |
| 종부세 세액총합 | 종부세 + 농어촌특별세(종부세의 20%) |
| 세율 | 과세대상, 보유주택 수, 보유 지역 등에 따라 상이 |

**출처** 종부세 개념

종부세는 과세기준일(매년 6월1일) 현재 국내에 소재한 재산세 과세대상인 주택 및 토지를 인별로 합산한 결과, 그 공시가격 합계액이 인별(사람별) 소유한 주택의 공시가격 합계액이 6억 원을 초과하는 경우 (단, 1세대1주택의 경우 9억 원을 초과하는 자)에 납부한다.

## (2) 종부세 계산법

종부세(종부세)는 재산세를 내는 납세자 중 다주택자와 고가의 주택을 보유한 경우에만 부담하는 세금이다. 재산세와 같이 공시가격을 기초로 계산하면서도 주택이 여러 채일 때는 공시가격을 합산하고 보다 무거운 세율로 세금을 물린다는 차이가 있다.

그 누구도 알려주지 않았던 청약 당첨의 기술

1세대 1주택일 때 공시가격에서 9억 원을 공제해 9억 원 초과분에 대해서 종부세를 내지만, 2주택 이상부터는 공시가격에서 6억 원만 공제해 6억 원 초과분에 대해 종부세를 부담한다.

공시가격에서 공제금액을 뺀 후에는 종부세도 재산세처럼 공정시장가액 비율을 곱해서 과세표준을 산출한다. 다만 재산세는 공정시장가액 비율이 60%(아파트의 경우)로 고정되어 있지만, 종부세는 2020년 90%, 2021년에는 95%, 2022년 이후에는 100%로 공정시장가액 비율이 달라진다.

공제액을 제외한 공시가격의 공정시장가액 비율만큼이 종부세 과세표준인데, 여기에 종부세율을 곱하면 종부세를 산출할 수 있다. 종부세율은 보유지역과 보유 주택 수에 따라 세율이 구분되어 다소 복잡하다.

1세대 1주택자나 조정대상 지역이 아닌 일반 지역 2주택자는 과표구간 별로 0.5~2.7%의 세율이 적용된다. 조정대상 지역 2주택자나 3주택 이상을 보유한 경우에는 여기에 각 과표구간 별로 0.1~0.5%를 누진해서 더한 0.6~3.2%의 높은 세율을 곱해서 종부세를 계산한다.

과세표준에 세율을 곱하면 종부세가 계산되는데, 계산된 세액에서 재산세 과표와 중복된 부분만큼은 공제하는 절차도 있다. 같은 주택에 재산세도 부과하고 종부세도 부과하기 때문에 겹치는 부분은 빼주는 것이다. 이밖에도 1세대 1주택이라면 계산된 세액에서 추가적으로 장기보유 공제와 고령자 공제를 더 받을 수 있다.

장기보유 공제는 종부세 과세대상인 1세대 1주택자가 5년 이상 보유하면 20%, 10년 이상은 40%를 세액공제하며, 15년 이상이라면 세액의 50%를 공제하는 혜택이다. 고령자 공제는 납세자가 60세 이상인 경우 20%, 65세 이상 30%, 70세 이상 40%를 세액공제 하는 혜택이다. 다만, 장기보유 공제와 고령자 공제를 합해서 80%가 넘는 세액공제는 받을 수 없도록 공제 상한이 있다. 종부세는 집값에 따라 세부담이 전년대비 150%를 넘지 못하도록 하는 세부담 상한도 있다. 조정대상지역 2주택자는 200%, 3주택자는 300%가 상한이다.

| 과세표준 | 2주택 이하 | | | 3주택 이상, 조정대상 지역 2주택 | | |
|---|---|---|---|---|---|---|
| | 현행 | 개정(개인) | 개정(법인) | 현행 | 개정(개인) | 개정(법인) |
| 3억 원 이하 | 0.5% | 0.6% | 3% | 0.6% | 1.2% | 6% |
| 3~6억 원 | 0.7% | 0.8% | | 0.9% | 1.6% | |
| 6~12억 원 | 1.0% | 1.2% | | 1.3% | 2.2% | |
| 12·50억 원 | 1.4% | 1.6% | | 1.8% | 3.6% | |
| 50~94억 원 | 2.0% | 2.2% | | 2.5% | 5.0% | |
| 94억 원 초과 | 2.7% | 3.0% | | 3.2% | 6.0% | |

종부세 세율표

| 고령자 공제 | | | 장기보유 공제 (현행 유지) | |
|---|---|---|---|---|
| 연력 | 공제율(%) | | 보유기간 | 공제율(%) |
| | 현행 | 개정 | | |
| 60~65세 | 10% | 20% | 5~10년 | 20% |
| 65~70세 | 20% | 30% | 10~15년 | 40% |
| 70세 이상 | 30% | 40% | 15년 이상 | 50% |

고령자 공제 및 장기보유 공제

그 누구도 알려주지 않았던 청약 당첨의 기술

| 구분 | 내용 |
|---|---|
| ① 주택 합산 공시가격 | 보유주택 공시가격을 합산 |
| ② 공제금액 | 1주택자는 9억 원, 2주택 이상은 6억 원 공제 |
| ③ 공정시장가액비율 | 2020년 = 90%, 2021년 = 95%(종부세법 시행령 제2조의4) |
| ④ 종부세 과세표준 | = ( ① - ② ) x ③ |
| ⑤ 종부세 세율 | 보유주택에 따라 세율 변동 |
| ⑥ 종부세액 | = ④ x ⑤ |
| ⑦ 공제할 재산세액 | 종부세와 중복되는 과세구간의 재산세 납부액은 공제(이중과세방지) |
| ⑧ 산축세액 | = ⑥ - ⑦ |
| ⑨ 세액공제 | 1세대 1주택자 특별 세액공자(다주택자 불가)<br>- 장기보유 공제: 5년 이상 ~15년 이상(20~50%)<br>- 고령자공제 : 60세 이상~70세 이상(20~40%)<br>- 장기보유+고령자공제 한도 : 80% |
| ⑩ 세부담 상한 초과액공제 | 1,주택자 : (전년재산세+종부세) x 150% 초과금 공제<br>조정대상지역 2주택자 : (전년재산세+종부세) x 200% 초과금 공제<br>3주택자 : (전년재산세+종부세) x 300%(초과금 공제) |
| ⑪ 공제 후 종부세액 | = ⑧ - ⑨ -⑩ |
| ⑫ 농어촌특별세 | = ⑪ x 20%(공제 후 종부세 세액의 20%) |
| ⑬ 최종납부세액 | = ⑪ + ⑫(종부세+농어촌특별세) |

**종부세 계산법**

　　종합부동산세 계산법이 상당히 복잡해보이나, 차근차근 위의 계산식을 따라 계산해보면 쉽게 할 수 있다. 요새는 종합부동산세를 계산해주는 사이트들이 많으니 과거에 비해 더 쉽게 계산가능하다.

　　하지만 실질적으로, 사회초년생 혹은 1주택자들에게는 크게 해당하는 일이 없을 것이다. 따라서, 종합부동산세에 관한 이해는 대략만 하고 넘어가도 좋다.

# 부부 공동명의는
# 진짜 세금을 줄여줄까?

요새 부동산 세금 관련 핫 키워드는 부부 공동 명의이다. 과거 부부 공동 명의는 종부세를 제외하면, 큰 의미가 없었기 때문에 고가의 1주택자 혹은 다주택자들에게 한정된 관심사였다. 하지만 2017년부터 2020년의 3년의 기간 동안 수십 가지의 부동산 정책을 쏟아내면서 부동산 관련 세금(취득세, 재산세, 종부세, 양도소득세, 증여세 등) 중 개정하지 않은 것이 없고, 2020년 01월 서울의 중위 아파트 가격이 종부세 1가구1주택 기본공제액인 9억 원을 돌파하면서 부동산 시장에서는 부부 공동명의가 절세의 핫키워드로 자리 잡았다. 이 파트에서는 부부 공동명의 각 세금별(취득세, 재산세, 종부세, 양도소득세, 증여세) 장·단점에 대해서 간단하게 살펴보고, 각 상황에 따라 무엇이 유리한지 분석해 보자.

## 21. 중위주택가격 Median Housing price

### 1) 중위매매가격
Median purchase Price

(단위 : 만원)

| 지역 Region \ 구분 Classification | 종 합 Total | 아 파 트 Apartments | 단 독 Detached Houses | 연 립 Row Houses |
|---|---|---|---|---|
| 전 국 Total | 32,910 | 36,426 | 32,006 | 17,161 |
| 서 울 Seoul | 67,841 | 91,216 | 73,287 | 26,621 |
| 강 북(14개구) Northern Seoul | 51,163 | 64,274 | 64,295 | 24,485 |
| 강 남(11개구) Southern Seoul | 83,985 | 114,967 | 87,720 | 28,675 |
| 6개 광역시 6 Large Cities | 22,064 | 24,731 | 23,456 | 10,069 |
| 부 산 Busan | 22,450 | 26,198 | | |
| 대 구 Daegu | 24,241 | 25,935 | | |
| 인 천 Incheon | 20,787 | 25,101 | | |
| 광 주 Gwangju | 18,681 | 19,893 | | |
| 대 전 Daejeon | 24,842 | 27,344 | | |
| 울 산 Ulsan | 20,548 | 20,717 | | |
| 5개 광역시 5 Large Cities | 22,451 | 24,632 | 22,247 | 10,914 |
| 수 도 권 Seoul Metropolitan Area | 45,695 | 53,322 | 56,558 | 19,544 |

출처 KB국민은행 리브온 '2020년 01월' 〈월간KB주택가격동향 조사결과 보고서〉

**월간 KB주택가격동향 제시 예**

## (1) 취득세(공동명의)

취득세는 2020년 8월 12일부터 주택 수에 따라 1세대를 기준으로 몇 번째 취득인지와, 주택의 지역의 조정대상지역인지, 비 조정대상 지역인지에 따라 산정 식이 개정되었다. 아래 표를 보고 취득세가 중과되지 않도록 주의하자.

| 구분 | 1주택 | 2주택 | 3주택 | 4주택/법인 | 비고 |
|---|---|---|---|---|---|
| 조정대상 지역 | 1~3% | 8% | 12% | 12% | 일시적 1가구 2주택의 경우 제외 |
| 비조정대상 지역 | 1~3% | 1~3% | 8% | 12% | |

**취득세율 중과세**

**결론** 부부는 무조건 1세대(본인과 배우자)이므로, 공동명의 혹은 단독명의 인지에 따른 취득세의 차이는 없다.

## (2) 재산세(공동명의)

재산세는 지자체에서 관리하는 지방세의 개념이며, 과세대상 재산을 기준으로 부과하는 세목이므로, 과세표준인 공시지가와 공정시장가액이 같으므로 공동명의 시 1/2씩 각자 부과될 뿐 총액의 차이는 없다.

**결론** 재산세의 경우 과세표준이 같기 때문에 공동명의 혹은 개인 명의의 차이가 없다.

## (3) 종부세(공동명의)

종부세는 국가에서 관리하는 국세로서, 과세대상 기준이 1세대의 기준이 아니라, 인별 기준이기 때문에 단독명의 시 1세대1주택을 보유할 경우 9억 원이 공제되나, 부부 공동명의라면 인별 각각 6억 원씩 공제 가능하기 때문에 총 12억 원을 공제받을 수 있다. 또한 종부세는 과세표준이 높아질수록 세율이 높아지는 누진세율 구조이기 때문에 단독명의보다는 공동명의를 통한 인별 공제가 높아지므로 부부 공동명의가 유리하다.

**결론** 대부분은 부부 공동명의가 유리하지만, 장기 보유(15년 이상) 및 고령자공제(70세 이상)의 세제 혜택을 받을 수 있을 경우 상황에 따라 단

### 4. 종합부동산세법

① 부부 공동명의 1세대 1주택에 대한 특례 신설(종부법 §10의2)

| 현 행(정부안 없음) | 수 정 안 |
|---|---|
| 〈신 설〉 | □ 부부공동명의 1주택자에 대해 1주택자로 신고 허용<br><br>○ 기본공제 : 9억 원<br><br>○ 고령자 및 장기 보유 공제 적용 |

〈 **수정이유** 〉 부부 공동명의 1세대 1주택에 대한 세부담 완화

〈 **시행시기** 〉 '21년도 종합부동산세 부과분부터 적용

종부세 특례

---

독명의가 유리할 수도 있다. 하지만 1세대 1주택이라면 2021년부터 부부 공동 명의와, 단독명의 중 유리한 것을 선택할 수 있기 때문에 결론적으로 부부 공동명의가 유리하다고 볼 수 있다.


## (4) 양도소득세(공동명의)

양도세는 세대가 아닌 인별로 양도소득세를 과세하는 세목이다. 양도차익이 높을수록 세율이 높아지는 누진세율의 구조를 가지고 있기 때문에, 과세대상의 금액이 공동명의를 통해 낮아지면 그만큼 세율이 낮게 적용된다. 일별 기본공제 250만 원을 추가로 받을 수 있기 때문에 (단독명의 시:1명 기본공제 250만 원, 부부 공동명의 시 :2인 기본공제 250 ×2=총 500만 원 공제가능)

종부세와 마찬가지로 단독명의 보다 공동명의가 유리하다. 하지만

1세대 1주택 비과세 요건에 충족될 경우 (실 거주 2년) 비과세이기 때문에 큰 차이는 없다.

| 구분 | 단독 명의 | 부부 공동 명의 |
|---|---|---|
| 기본 공제 | 250만 원 × 1명=250만 원 | 250만 원 × 2명=500만 원 |

**결론** **부부 공동명의가 유리, 하지만 1세대 1주택 비과세 요건 충족 시 차이가 없다.**

### (5) 증여세(공동명의)

대한민국 세법에서는 배우자 증여 시 공제액은 10년 합산 6억 원까지 가능하다. 주택을 부부 공동 명의로 할 경우 최대 12억 원은 공동명의로 증여가 가능하고 증여세도 낼 필요가 없다.

| 구분 | 공제 금액 (10년간) |
|---|---|
| 배우자 | 6억 원 |

**배우자 증여공제**

부부 간 증여는 10년 기준으로 6억 원까지 비과세되기 때문에 주택의 지분을 50%를 배우자에게 증여하고 매도하면 공동명의로 매도하는 것과 동일한 세율이 적용되어 절세를 할 수 있다. 또한 양도차액이 크다면 배우자에게 전부 증여를 이용하는 방법도 있다. 예를 들어 주택을 1억 원에 취득하였다고 가정해보자. 이후 주택가격이 5억 원 정도 올라서 6억 원이 되었으면, 6억 원을 전부 배우자에게 증여한 뒤 5년 후에 매도하게 되면(5년 이내 매도 시 증여자산 이월 과세 규정에 저촉됨) 증여시점의 부동산 가격 6억 원이 취득가액이 되므로 증여하기 전 보다 훨씬 양도 차액이 줄어드는 효과가 있다.

그리고 맞벌이라면 배우자의 소득이 6억 원을 초과하더라도, 소명할 수 있다면 법적으로 문제는 없다. 부부 공동명의로 증여하는 방법은 개인이 홈택스에서도 쉽게 할 수 있으므로 아직 하지 않았다면 한 번 시도해보기 바란다.

**결론** 9억 초과 주택의 경우 배우자 증여를 통한 공동명의가 유리하다. 증여세의 경우 배우자에게 10년간 6억 원까지 기본공제가 가능하다. 이 점을 활용하여, 9억 원을 초과하는 1주택자의 경우 배우자 증여를 통해 증여세 없이 공동명의 전환이 가능하다(공동명의 전환시 양도소득세, 종 합소득세 절세 효과).

홈택스 증여세신고 위치

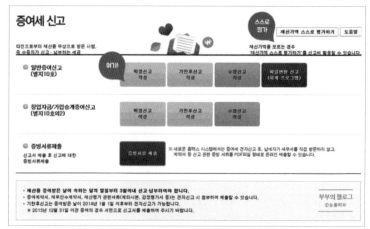

홈텍스 증여세 신고 작성

홈텍스 증여세 신고서 제출

그 누구도 알려주지 않았던 청약 당첨의 기술

증여세 산출세액확인

## (5) 종합 결론

　공동명의에 대해서 취득세, 재산세, 종부세, 양도소득세, 증여세 각 세금별로 공동명의의 유리한 점과 불리한 점에 대해서 살펴봤다. 각 항목상 부부 공동명의가 유리한 때도 있고 상황에 따라 단독명의가 유리한 경우가 있었다. 하지만 서울 중위 아파트 가격이 9억 원을 초과하는 현시점에서는 대부분은 공동명의가 유리한 상황이다. 종부세에 있어서도 단독명의가 유리한 경우는 1가구1주택일 때 장기보유 특별공제와, 고령화 공제에 해당 사항이 있을 때만 한정적으로 단독명의가 유리하다. 따라서 15년이상 장기보유 계획이 아니라면, 부부 공동명의가 더 유리하다고 판단할 수 있다.

| 구분 | 단독 명의 | 부부 공동 명의 | 결론 |
|---|---|---|---|
| 취득세 | 차이 없음 | 차이 없음 | 차이 없음 |
| 재산세 | 차이 없음 | 차이 없음 | 차이 없음 |
| 종부세 | 1세대 1주택의 경우<br>-장기 보유, 고령화공제 시<br>단독명의가 유리할 수 있음 | 다주택의 경우<br>부부 공동명의가<br>상대적으로 유리 | 상황에 따라 |
| 양도<br>소득세 | 불리<br>-누진세율<br>-기본공제 1명(250만 원) | 부부 공동명의가 유리<br>-누진세율(양도차액을 낮출 수 있음)<br>-기본공제 2명(500만 원) | 부부<br>공동명의 |
| 증여세 | - | 12억 원 이상의 경우<br>증여 6억 원 초과주의 | 부부<br>공동명의 |

종부세를 제외한 부동산 관련 세금(취득세, 재산세, 양도세, 증여세)의 경우 대부분 공동명의가 유리하거나, 차이가 없다. 종부세의 경우 장기 보유 시 장기 보유 공제(15년 이상) 및 고령자 공제(70세 이상)의 세제 혜택을 받을 수 있을 때 상황에 따라 단독명의가 유리한 경우가 간혹 있었 지만 최근 7.10 부동산 대책 이후 '1세대 1주택 종부세 특례 신설'로 인 해 2021년 공동명의(1세대 1주택)일 때 납세자가 단독명의, 공동명의 중 유리한 방법으로 신고할 수 있다. 결론적으로, 현 세법상 부동산 관련 세금(1세대 1주택의 경우)는 단독명의보다, 공동명의가 훨씬 유리하다.

부부 공동명의가 유리한 때도 있고 상황에 따라 단독명의가 유리한 경우가 있었다. 하지만 서울 중위 아파트 가격이 9억 원을 초과하는 현시점에선 대부분은 공동명의가 유리한 상황이다. 종부세에 있어서도 단독명의가 유리한 경우는 1가구1주택일 때 장기보유 특별 공제와, 고령화 공제에 해당 사항이 있을 때 한정적으로 단독명의가 유리하다. 그러므로 장기보유 계획이 없다면, 부부 공동명의가 더 유리하다고 판단할 수 있다.

# PART 6

# 과거에서 배우는
# 꼼수 투자법의 미래

# 1,2기 신도시로 배우는 신도시 성공 비밀 3가지

'온고지신溫故知新'이라는 말이 있다. 옛것을 익히고 그것을 미루어서 새것을 앎이라는 뜻인데, 이는 부동산 투자에서도 가장 기본이 되는 자세라고 생각한다. 특히 이번 정부가 추진하고 있는 내표적인 공급징책인 '3기 신도시'에 대해서 심도 있게 파악하기 위해 가장 먼저 해야할 과제가 있다. 먼저 시작한 1기 신도시, 2기 신도시의 사례를 익혀야 한다. 그것을 통해 발표된 3기 신도시에 대비하는 전략으로 임해야 승률도 높일 수 있다. 이번 파트에서는 1,2기 신도시를 근거로 3기 신도시를 분석해보겠다.

## 1기 신도시 분석

수도권 1,2,3기 신도시 현황

1,2,3기 신도시의 위치도 : 3기 신도시는 서울중심으로부터 20km 내외로 위치해 있다. 상대적으로 1기 신도시, 2기 신도시에 비해 입지적으로 우세하다.

| 구분 | 분당 | 일산 | 산본 | 중동 | 평촌 | 비고 |
|---|---|---|---|---|---|---|
| 면적(천 ㎡) | 19,693 | 15,736 | 5,106 | 4,203 | 5,456 | |
| 수용 인구(만 명) | 39 | 27.6 | 16.8 | 16.8 | 16.6 | |
| 인구 밀도(인/ha) | 199 | 175 | 329 | 399 | 304 | |
| 주택 건설(천 호) | 94.6 | 63.1 | 41.4 | 41.4 | 40.5 | 총 28만 호 |

1기신도시 상세 내역(면적, 인구, 밀도, 주택 수)

1기 신도시는 1989년 노태우 정권 시기 집값을 안정화하기 위해(성남시 분당, 고양시 일산, 군포시 산본, 부천시 중동, 안양시 평촌) 등 서울로부터 약 20~25km범위 내 5곳을 신도시를 계획하고 만들었다. 1기 신도시의 목표는 오직 밀집된 서울의 인구 분산이었다. 인구의 분산이 유일한 목표이므로, 주택수를 늘리는 것에 정부에서 할 수 있는 모든 정책을 다 진행했다. 따라서 도시 계획, 토지이용 계획 등이 대부분 주거용지로 쏠려있었기 때문에 말 그대로 베드타운으로 전락한 곳이 대부분이다. 하지만 모두 실패한 것은 아니다. 1기 신도시 중 가장 성공한 사례로 꼽히는 2곳이 있는데 그곳은 바로 분당과 평촌이다. 이를 통해 신도시의 성공 비밀을 풀어보자.

## 1기 신도시(분당, 평촌) 성공 사례로 배우는
## 신도시 성공 비밀 첫 번째(강남과의 접근성)

### 분당 신도시

1기 신도시에서 성공한 신도시로 꼽히는 2개의 신도시(분당, 평촌)는 각각의 그 특징이 뚜렷하다. 분당은 분당선, 신분당선을 통한 10분대의 강남과의 접근성을 가지고 있으며 다수의 IT 대기업이 포진하고 있어 자급자족기능이 높은 도시이다. 평촌의 경우 서울의 베드타운 역할이 강하지만 4호선을 통한 30분대의 강남과의 접근성과, 매우 높은 교육 환경을 가지고 있다. 먼저 분당은 '천당 아래 분당'이라는 신조어를 만들 정도로 흥행에 성공하였다. 분당은 지하철 분당선, 신분당선을 이용해 서울 강남까지 이동시간이 10분대로 단축됐고 경부 고속도로를 끼고 있어 서울 외각 지역 보다 서울 중심지인 강남 접근성이 높다. IT 대기업의 입주로 고소득 전문직 인구가 대거 이동한 것이 최대 성공요 인으로 꼽힌다. 분당은 상업 기능과 기업 활동의 기능, 베드타운 기능 등의 순기능을 적절하게 분담으로서 자족기능이 가능한 유일한 1기 신 도시로 평가받고 있다.

분당(정자역) ⇨ 강남(강남역) = 18분 신분당선

● 소재지별

(단위 : 개, 명)

| 구분 | 계 | 수정구 | 중원구 | 분당구 |
|---|---|---|---|---|
| 사업체 수 | 65,511 | 14,890 | 17,986 | 32,635 |
| 종사자 수 | 462,083 | 67,261 | 94,217 | 300,605 |

성남시청 기업체 현황(2018년도기준)

(단위 : 개, 명)

| 계 | | 개인 | | 공장, 지사 | | 본사, 본점 | |
|---|---|---|---|---|---|---|---|
| 업체수 | 종사자 | 업체수 | 종사자 | 업체수 | 종사자 | 업체수 | 종사자 |
| 65,511 | 462,083 | 59,423 | 295,265 | 4,827 | 83,910 | 1,261 | 82,908 |

※ 사업체조사 자료는 통계청자료를 근거로 제공하고 있으며, 2020년 제공 통계자료는 2018년도 자료가 최신 자료입니다.

**성남시청 기업체 현황(2018년도 기준)**

---

## 분당신도시 성공비결 : 강남과의 접근성 + 자족 기능

### 평촌 신도시

평촌은 일부 베드타운 역할이 크지만, 전철 4호선(과천선)이 신도시 중심부를 관통하고 있으며, 강남까지 30분대로 이동 가능한 평촌역, 범계역이 있다. 또한 수도권 제1순환 고속도로가 도시의 남쪽을 동서로 관통하고 있으며, 평촌IC를 통해 판교 및 서울 진입이 쉽다.

평촌은 교육환경이 매우 우수한 신도시로 평가된다. 대한민국 3대 학원가(강남구-대치동, 양천구-목동, 안양-평촌) 중 하나인 평촌 학원가가 있다. 3대 학원가 중 유일의 비서울이다. 다른 지역과 비교해도 평촌이 속해 있는 안양시 학군은 인근 지역을 아우르는 특목고가 많은 편에 속한다.

자체 수요로 교육환경이 운영되는 분당, 일산 신도시와는 달리 안양은 주변 도시인 의왕, 군포, 수원 등에서 일부러 학군을 위해 평촌으로 이사 오는 경우도 많다. 특히 안양과 과천은 한 학군으로 묶여 있어서,

안양의 좋은 교육 환경과 과천의 높은 소득수준이 서로 시너지 효과를 나타내고 있다.

평촌(평촌역) ⇨ 강남(강남역) = 34분 4호선,2호선

□ 총 79개교(전체 고등학생 대비 재학생 비율 4.2%)

| 시도 / 유형 | 서울 | 부산 | 대구 | 인천 | 광주 | 대전 | 울산 | 세종 | 경기 | 강원 | 충북 | 충남 | 전북 | 전남 | 경북 | 경남 | 제주 | 합계 |
|---|---|---|---|---|---|---|---|---|---|---|---|---|---|---|---|---|---|---|
| 자사고 | 22 | 1 | 3 | 2 | - | 2 | 1 | - | 2 | 1 | - | 2 | 3 | 1 | 2 | - | - | 42 |
| 외고 | 6 | 2 | 1 | 2 | - | 1 | 1 | - | 8 | 1 | 1 | 1 | 1 | 1 | 1 | 2 | 1 | 30 |
| 국제고 | 1 | 1 | - | 1 | - | - | - | 1 | 3 | - | - | - | - | - | - | - | - | 7 |
| 합계 | 29 | 4 | 4 | 5 | 0 | 3 | 2 | 1 | 13 | 2 | 1 | 3 | 4 | 2 | 3 | 2 | 1 | 79 |

출처 교육부 보도자료 (고교서열화 해소 및 일반고 교육역량 강화방안)
2019년기준

앞 페이지의 표는 전국 고등학교 중 특수목적 고등학교(자사고, 외고, 국제고)의 현황이다. 이중 안양시 학군 내에 속하는 외국어고등학교는 경기, 안양, 과천 외국어고등학교로 경기지역 8개의 외고 중 3개(38%) (안양외국어고등학교, 경기외국어고등학교, 과천외국어고등학교)를 차지하고 있다.

## 평촌 신도시 성공비결 : 강남 접근성 + 교육환경

결론적으로 두 신도시(분당, 평촌)의 공통점은 강남과의 출·퇴근이다. 1기 신도시 중 성공 사례로 꼽히는 이 두 곳(분당, 평촌)과 나머지 신도시와의 차이점은 바로 강남과의 30분 이내의 출·퇴근 가능 여부다. 분당, 평촌은 지하철로 30분 이내로 강남으로 진입이 가능하다. 나머지 신도시들은 30분 내외를 초과하기 때문에 사실상 출·퇴근이 매우 어렵다고 볼 수 있다.

반대로 강남과의 출·퇴근 시간이 30분이 넘어간다면? 신도시의 성공을 장담할 수 없다. 따라서 1기 신도시에서 배울 수 있는 신도시 성공 비밀 첫 번째는 '강남과 30분 내외의 출·퇴근 가능 여부'다.

### 2기 신도시로부터 얻은 신도시의 비밀 두 번째, 일자리

부동산 가격에 지대한 영향을 미치는 여러 가지 요인 중 한 가지는 일자리이다. 아무리 살기 좋은 기반시설과 자연환경을 확보해도, 일자리가 없다면 그 도시는 말 그대로 '베드타운'에 불과하다. 1기 신도시, 2기 신도시 중 일부 신도시들이 자족도시로 거듭나지 못하고, 그저 서울의 베드타운으로 전락해버린 이유이기도하다.

기본적으로 도시는 기업이 유치되어야 일자리가 생기고, 일자리가 생겨야 인구가 유입되며, 인구가 유입되어야 세수가 확보되고, 세수가 확보되어야 기반시설이 탄탄해진다. 지금부터는 일자리 측면에서 2기 신도시를 살펴보고, 그 속에서 신도시의 성공비밀 2번째를 찾아보자.

수도권 2기 신도시 천안(아산 신도시), 대전(도안 신도시) 제외

2기 신도시는 2003년 참여정부 당시 서울 집값이 급등하는 것을 막기 위해 추진된 사업으로, 김포(한강), 인천(검단), 화성(동탄1,2), 평택(고덕), 수원(광교), 성남(판교), 송파(위례), 양주(옥정, 회천), 파주(운정), 충남(아산), 대전(도안) 등의 지역이 지정되었다. 2기 신도시 중 성공한 사례로 평가 되는 곳은 판교, 광교, 동탄 정도로 좁혀진다.

성남, 판교 신도시의 경우는 지리적 위치가 가장 강남에 인접해있고, 분당선과 신분당선 경부고속도로 등 교통 측면에서도 다른 2기 신도시와는 비교가 안될 정도로 입지가 좋은 편이다. 분당과 마찬가지로 IT대기업들이 다수 포진해있어 양질의 일자리가 넘쳐나기 때문에 대표적인 2기 신도시의 성공모델로 여겨진다.

수원 광교 신도시는 판교, 분당에 비해 절대적 입지가 떨어지는 것은 사실이긴 하지만, 분당, 판교, 광교로 나눠지는 삼각 축으로 판교 및 분당의 아우라를 흡수하는 수도권 남부측 핵심 입지를 가지고 있다. 또한 신분당선을 통한 강남 진입이 수월하며 도로교통 면에서도 영동고속도로, 경부고속도를 통한 사통팔달의 위치이다. 이러한 이유로 광교 신도시는 판교, 분당을 제외한 수도권 남부지역의 대장 역할을 하고 있다. 판교, 광교 이 두 신도시는 1기 신도시의 분당, 평촌의 강남과의 접근성에 의한 성공사례와 매우 흡사하다.

하지만 필자가 설명하고 싶은 2기 신도시는 화성시 '동탄 신도시'이다. 동탄 신도시는 수도권 외각 남부지역에 위치하고 동탄1,2를 합쳐서 약 33㎢으로 2기 신도시 한강, 광교, 양주 3개의 신도시를 합친 면적의 크기와 비슷하며 주택 수는 15.7만호로 한강, 광교, 양주 3개의 신도시를 합친 주택수보다 많은 규모이다. 북쪽으로 안산시, 수원시와 접하고 남쪽으로 오산시, 평택시가 동쪽으로는 용인시와 접하여 위치하는 동탄 신도시는 서울과의 거리가 약 40km 떨어진 매우 먼 곳에 위치하고 있으며, 위치적으로는 서울과 1기 신도시(분당, 평촌)와 다른 2기 신도시(판교, 광교)와 비교해도 상대적으로 강남과의 거리에 있어서 상당한 열세라고 볼 수 있다.

얼마 전 동탄역SRT이 개통하기 전까진 이용 가능한 지하철이 없는 철도교통에서는 최악의 신도시로 평가 받았던 곳이다. 하지만, 2020년 8월 기준 동탄2신도시의 아파트 매매 평단가는 3,000만 원에 육박하며, 최근 개통한 동탄역SRT 인근 시범단지 내 33평 아파트를 구입하기 위해서는 최소 10억 원 이상의 금액이 필요하다.

동탄 신도시(동탄1,2 신도시를 합쳐서)가 이처럼 성공할 수 있는 요건은 무엇일까? 앞서 설명했던 신도시의 성공비밀 첫 번째인 '강남과의 30분 내외의 출·퇴근 가능여부'는 동탄에 적용하기엔 너무 먼 이야기처럼 들린다. 현재는 동탄 역에서 강남역으로 갈 수 있는 지하철은 없고, 동탄역SRT기차를 통해 수서역에 도착해서 수서역에서 분당선을 타고 선릉역에 하차한 뒤 2호선으로 갈아타야 강남역으로 도착할 수 있다. 여러 차례 환승해야 하는 피곤함 때문에 현재 대부분의 동탄 시민들은 광역버스로 강남까지 이동하고 있다. 그나마 광역버스로 버스전용차로를 통해 1시간 이내로 가능하긴 하나, 출·퇴근시간에 자가로 이용 시 강남까지는 1시간 30분에서 넉넉하게 2시간을 잡아야한다. 지하철이 아닌 광역버스로의 교통은 어느 정도 한계점이 있고 결론적으로는 강남과의 30분 내의 출·퇴근 여부는 현실적으로 불가능해 보인다.

하지만 필자가 군이 '동탄 신도시'를 예를 들어 설명하는 이유는 바로 신도시의 성공요건 두 번째를 설명하기 위함이다. 교통과 입지 모든 면에서 열세임에도 불구하고 동탄 신도시가, 현재 경기남부의 중심축으로 성장하고 있는 명백한 이유는 바로 '삼성전자' 때문이다.

삼성반도체 본사가 강남에 위치해 있다고 생각하는 사람이 많을 것이다. 하지만 여러분이 알고 있는 강남의 삼성전자는 삼성전자 본사가 아닌, 삼선전자 '서초사옥'이다. 삼성전자 본사는 경기도 수원시에 위치하며, 주 사업장은(용인기흥, 화성반월) 사업장이다. 화성 및 기흥사업장에 가장 가까이에 위치한 도시가 바로 '동탄 신도시'이다. 동탄 신도시는 강남과의 출·퇴근 시간의 열세 및 수도권 외각 지역인 불리한 입지 조건을 넘어 2기 신도시 중 성공한 사례가 될 수 있던 것은 명확하게, 삼성전자의 풍부한 고용력과 수준 높은 양질의 일자리 덕분이다.

## 동탄 신도시 성공비결 : 양질의 일자리

삼성전자 '2020년 반기보고서'에 따르면 삼성전자의 상시 고용 인구는 약 10만5천 명으로, 우리나라에서 최상위 고용 인구를 자랑하며, 급여의 수준도 최상위 급이다. 이렇게 대한민국 1등 기업이 하나의 신도시를 받쳐주고 있다면, 그 신도시는 위에 언급했던 신도시의 성공비밀 첫 번째 조건을 만족하지 못하더라도, 성공할 가능성이 매우 높다. 우리는 동탄 신도시의 사례를 통하여 신도시의 성공비밀 두 번째를 예상해볼 수 있다. 새로 지정된 3기 신도시에 초일류 기업 혹은 대기업이 유치가 된다면, 교통이 열악해도 그 신도시는 자체 일자리로도 충분한 시너지를 발휘하여, 자족 도시로 성공한 신도시로 자리 잡을 수 있다는 점을 간과하면 안 된다.

## 2기 신도시로부터 얻은 신도시의 비밀 세 번째(비수도권 신도시는 피해라)

2003년 참여정부 지정된 비수도권 신도시 중 충남(아산 신도시)는 천안시 서북구 불당동, 백석동, 동남구 신방동, 아산시 배방읍, 장재리, 세교리, 휴대리 일원, 탕정면 매곡리 일부에 조성되기로 계획되어 있는 2기 신도시 중 하나이다. 아산신도시는 1단계(배방장재지구), 2단계(탕정1,2지구)로 나뉘어 진행 예정이었지만, LH의 자금난으로 탕정2지구는 2011년 6월 면적이 대폭 축소되기까지도 했다. 하지만 2020년 06월, 다시 LH가 도시개발구역으로 지정하면서 18년이 지난 2021년 현재까지도 아직 진행 중인 2기 신도시다. 3기 신도시 사전분양을 진행 중인 현재에도 비수도권 외곽 신도시는 아직도 빛을 보지 못하고 있다. 충남(아산 신도시)의 사례를 통해 또 한 가지의 신도시의 비밀을 배울 수 있다. 바로 비수도권 신도시는 피해야 한다는 것이다.

2020년 10월 14일, 통계청에서 '2019년 인구주택 총조사 결과'를 발표했다. 통계청 자료에 따르면 대한민국 총인구는 51,630천 명으로 집

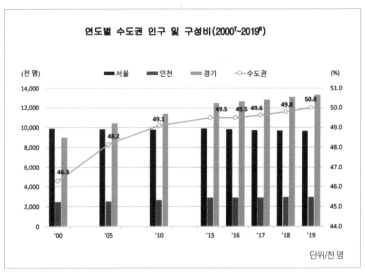

연도별 수도권 인구 및 구성비

---

## 지역별 인구분포

### 수도권 인구는 25,893천 명으로 전체 인구의 50.0%를 차지

○ 수도권(서울, 인천, 경기) 인구는 2018년 25,713천 명에 비해 179천 명 (0.7%) 증가한 25,893천 명으로 전체 인구의 50.0%임

- 경기 198천 명 증가, 인천 16천 명 증가, 서울 34천 명 감소

#### < 표 3 > 연도별 수도권 인구 및 구성비

(단위 : 천 명, %)

|  | 2000ᵀ | 2005ᵀ | 2010ᵀ | 2015ᴿ | 2016ᴿ | 2017ᴿ | 2018ᴿ | 2019ᴿ |
|---|---|---|---|---|---|---|---|---|
| 수도권 인구 | 21,354 | 22,767 | 23,836 | 25,274 | 25,390 | 25,519 | 25,713 | **25,893** |
| 구성비 | 46.3 | 48.2 | 49.1 | 49.5 | 49.5 | 49.6 | 49.8 | **50.0** |

출처 통계청 2019년 인구주택총조사 집계결과(2020.08.28.)

지역별 인구분포

그 누구도 알려주지 않았던 청약 당첨의 기술

게 되었고, 그중 50%인 약 2500만 명이 수도권에 거주 중이다.

※ 수도권 면적은 대한민국 전체 면적의 약 12%정도에 불과하지만, 전체인구의 50%가 집중되어있다.

| 구분 | 전국 | 수도권 | | | | 비율 (수도권/전국) |
|---|---|---|---|---|---|---|
| | | 서울 | 경기 | 인천 | 합계 | |
| 인구수(천 명) | 51,630 | 9,674 | 13,103 | 2,936 | 25,713 | 약50% |
| 면적(㎢) | 100,378 | 605 | 10,188 | 1,063 | 11,856 | 약12% |

전국/수도권 면적, 인구

수도권의 정의를 보면 한국의 수도를 중심으로 교통권과 경제권이 형성된 지역이라고 나온다. 즉, 서울과 서울을 감싸고 있는 지역을 말하는데, 대한민국에서는 수도권을 '서울특별시, 경기도, 인천광역시'로 정의하고 있다. 수도권 면적은 우리나라 총면적에 12%이지만 대한민국 총 인구의 50%가 밀집되어 있다. 인구뿐만이 아니라, 사회, 경제, 문화, 자본, 기술 등 모든 면에서 수도권에 집중되어 있다고 볼 수 있다. 따라서 수도권에서 부동산을 움직여야 높은 확률로 목표 수익율을 달성할 가능성이 높다.

사회초년생들은 특히 수도권에 집중할 필요가 있다. 수도권을 벗어나는 부동산 투자 상품은 상대적으로 수익률도 떨어진다. 앞서 언급했던 신도시의 성공요건 서울과의 교통접근성과 같은 맥락이라고 보면 된다. 가능하면 수도권에 청약을 하길 바라며, 그게 불가능하다면 직주근접이 가능한 상위포지션인 광역시 위주로 접근을 추천한다. 그리고 인구 50만 이하의 시는 지양하길 권장한다. 인구가 적다는 말은 곧 기반 시설이 부족하다는 뜻이며, 실질적인 내부 수요도 부족하다는 것을 의미하기 때문에 인구 50만 이하 도시의 청약은 피하길 권한다.

## 결론 : 신도시의 성공 비밀

1기 신도시, 2기 신도시를 통해 신도시 '성공 비밀 3가지'를 풀어냈다. 종합적으로 정리하면, 기본적으로 수도권 내에 입지하고 있고 강남으로 30분 이내 출·퇴근이 가능하거나 이것이 불가능하다면, 자체 도시를 자급자족이 가능할 만큼의 큰 고용규모를 가지고 있는 대기업이 유치되어야 한다. 3기 신도시는 대부분 서울의 경계와 20km 내에 위치하여 30분 이내로 서울로 출·퇴근이 가능하도록 계획되어 있다.

또한 자급용지를 최대한 많이 확보하여, 기업체 확보를 통한 일자리 창출에 노력한 흔적이 보인다. 하지만 이모든 것은 계획일 뿐이며, 현실적으로 가능한지 불가능한지에 대한 판단이 필요하다. 지금까지 위의 성공 비밀 3가지 중 확정된 것은, 절대적 지리적 입지(서울 경계부터 20km 이내)와 수도권 내에 위치하는 점 이 2가지가 확정적이지만, 자체 일자리 확보, 강남과의 교통 계획 등은 아직 미확정된 것이기 때문에 결론을 내리기에는 아직 어려움이 있다. 따라서 지속적으로 각 신도시를 관심을 가지고 관찰하면서 추가적으로 발표되는 교통계획 및 기업의 기업유치, 즉 교통과 일자리 2가지 측면을 면밀하게 파악해보도록 노력하자.

# 3기 신도시 과연 황금의 땅일까?

문재인 정부가 2020년 5월, '수도권 30만 호 공급계획안'을 발표했다. 이 계획안에서는 3기 신도시에 대한 언급과 수도권 내 크고 작은 택지개발 지역에 대한 내용을 포함하고 있다. 이 보도자료 내용에 따르면 3기 신도시의 개발 콘셉트는 크게 4가지로 제시된다.

1. 서울 도심까지 30분내 출·퇴근 가능 도시

2. 일자리를 만드는 도시

3. 자녀를 키우기 좋고 친환경적인 도시

4. 전문가와 지방자치 단체가 함께 만드는 도시

이렇게 4가지의 개발 방향을 가지고 신도시 콘셉트를 잡아 가고 있다. 1기, 2기 신도시에서 야기 되었던 다양한 문제점들을 보완하여 개발하려는 노력이 담긴 정책이라 생각한다. 하지만 궁극적인 목표는 수도권 내 주택 공급을 늘리고, 그것을 통해 주택 가격을 안정화시기 위한 수단이라는 것은 1,2기 신도시와 크게 다르지 않은 정책기조로 보인다.

정부에서 이렇게 주택 공급에 전력을 기울이는 이유가 무엇일까? 정말 간단하게 설명하면, 공급과 수요의 법칙을 통해 시장가격을 조절하고 싶은 것이다. 하지만 앞에서 말했듯, 대한민국 전체 면적 중 12% 이지만 50% 이상의 인구를 가지고 있는 수도권에 공급을 아무리 늘려도 부족한 수요를 충족시키기에는 턱없이 부족하다.

또한 공동주택의 공급은 최소 2~5년 정도의 시간이 필요하기 때문에 주택이 부족하다고 단기간에 공급을 늘리기는 현실적으로 불가능에 가깝다.

가장 중요한 포인트는 매년 이렇게 공급계획안을 내놓아도 교통계획이 포함되지 않은 것은 빛 좋은 개살구일 뿐이라는 점이다. 앞서 언급했던 강남과의 출·퇴근 가능한 절대적 시간을 충족시키기 위해서는 교통 계획이 필수적이며, 그 교통계획이 없는 공급은 아무 의미 없는 숫자일 뿐이다.

이번 챕터에서는 3기 신도시 각각 하나마다 어떤 장점들이 있고, 교

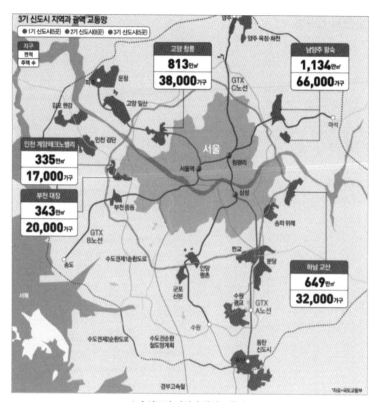

3기 신도시 지역과 광역 교통망

통 계획은 무엇인지 각자 신도시의 특성을 파악해보자. 이를 통해 성공적인 투자를 해보길 기원한다.

# 과천시 (과천)

**지구명**
과천과천 공공주택지구

**위치**
경기도 과천시 과천동, 주암동, 막계동 일원

**면적**
1,555,496㎡ (470천평)

**사업시행자**
경기도, 한국토지주택공사, 경기주택도시공사,
과천도시공사

**사업시행기간**
2019년 ~ 2025년

**인구 및 주택계획**
주택 7천호, 인구 18천인

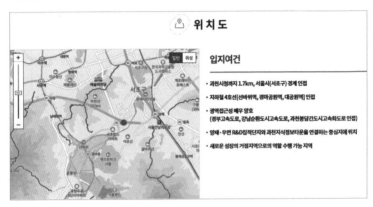

## 위치도

### 입지여건

· 과천시청까지 1.7km, 서울시(서초구) 경계 인접

· 지하철 4호선[선바위역, 경마공원역, 대공원역] 인접

· 광역접근성 매우 양호
  (경부고속도로, 강남순환도시고속도로, 과천봉담간도시고속화도로 인접)

· 양재·우면 R&D집적단지와 과천지식정보타운을 연결하는 중심지에 위치

· 새로운 성장의 거점지역으로의 역할 수행 가능 지역

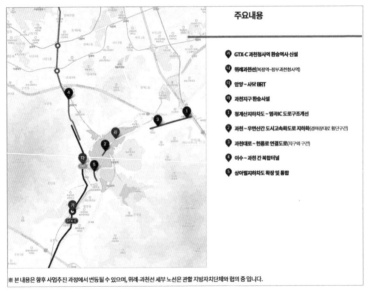

### 주요내용

**GTX-C 과천청사역 환승역사 신설**

**위례과천선**(복정역~정부과천청사역)

**압양~사당 BRT**

**과천지구 환승시설**

**❶ 청계산지하차도 ~ 엘파IC 도로구조개선**

**❷ 과천 ~ 우면산간 도시고속화도로 지하화**(경마장대로 횡단구간)

**❸ 과천대로 ~ 헌릉로 연결도로**(지구외 구간)

**❹ 이수 ~ 과천 간 복합터널**

**❺ 상아빌지하차도 확장 및 통합**

※ 본 내용은 향후 사업추진 과정에서 변동될 수 있으며, 위례-과천선 세부 노선은 관할 지방자치단체와 협의 중 입니다.

**과천지역 위치도 및 교통개발 계획안**

그 누구도 알려주지 않았던 청약 당첨의 기술

## 입지 및 현황

과천시 과천동, 주암동, 막계동 일원으로 155만㎡ 약 7천 가구가 예정된 상황이다. 3기 신도시 중 강남과 가장 가까이에 있는 요충지에 입지하고 있다.

## 교통

기존 지하철 4호선(선바위역, 경마공원역) 등을 통한 강남 진입이 매우 뛰어난 편이다. 도로교통도 우면산 터널을 통해 강남으로 진입이 용이하고, 과천~위례선, GTX-C노선(과천청사역) 환승 역사 신설이 계획되어 있으며, 과천-우면산간 도시 고속화 도로 지하화, 과천대로-헌릉로 연결, 이수-과천 간 복합터널 등 타 3기 신도시에 비해 철도, 도로, 입지 뭐하나 빠지는 것 없이 완벽한 입지를 자랑하고 있다.

## 자족용지

자족용지의 비율은 23%(36만㎡)로 다른 3기 신도시에 비해 절대적인 면적은 부족한 편이다. 기존에도 과천시는 자족용지보단 주거용지 비율이 높아 강남의 베드타운 역할이 강한 편이었는데, 이번에 조성되는 3기 신도시 역시 자족용지의 부족으로 전형적인 베드타운의 형태가 될 가능성이 높아 보인다.

## 한줄평

다른 3기 신도시에 비해 입지, 철도교통, 교육, 일자리 뭐하나 빠지는 곳 없이 완벽하다. 하지만 다른 3기 신도시에 비해 전체 면적(155만 ㎡)이 가장 작은 것과, 자족용지가 부족하다는 문제점이 있고, 강남과의 도로 교통 체증은 고질적인 문제점으로 꼽힌다.

## 하남시(교산)

| 🏷️ 지구명 | 📐 면적 | 🗓️ 사업시행기간 |
|---|---|---|
| 하남교산 공공주택지구 | 6,314,121㎡ (1,913천 평) | 2019년 ~ 2028년 |
| 📍 위치 | 🏢 사업시행자 | 🏠 인구 및 주택계획 |
| 경기도 하남시 천현동, 교산동, 춘궁동, 덕풍동 일원 | 경기도, 한국토지주택공사, 경기주택도시공사, 하남도시공사 | 주택 34천 호, 인구 81천 인 |

📍 **위 치 도**

### 입지여건

· 하남시청까지 약 0.3km,

· 광역 접근성 매우 양호
  (수도권제1순환고속도로, 중부고속도로가 위치)

· 미사지구, 고덕강일, 강일1·2, 풍산, 위례, 강일지구 등이 인접

· 개발 압력이 높은 지역

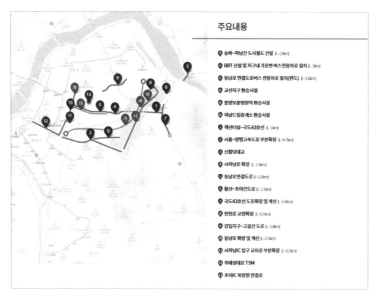

## 주요내용

- 송파~하남간 도시철도 건설 (L~12km)
- BRT 산설 및 지구내 가로변 버스전용차로 설치 (L~2km)
- 동남로 연결도로버스 전용차로 설치(편도) (L~2.6km)
- 교산지구 환승시설
- 중앙보훈병원역 환승시설
- 하남드림휴게소 환승시설
- 객산터널~국도43호선 (L~1km)
- 서울~양평고속도로 부분확장 (L~4.7km)
- 신팔당대교
- 서하남로 확장 (L~1.4km)
- 동남로연결도로 (L~2.6km)
- 황산~초이간도로 (L~2.1km)
- 국도43호선 도로확장 및 개선 (L~5.9km)
- 천현로 교량확장 (L~0.1km)
- 갑일지구~고골간 도로 (L~1.8km)
- 동남로 확장 및 개선 (L~3.7km)
- 서하남IC 입구 교차로 부분확장 (L~0.2km)
- 위례상대로 TSM
- 초이IC 북방향 연결로

**하남시 위치도 및 교통개발 계획안**

## 입지 및 현황

하남시 천현동, 교산동, 춘궁동 등 일원으로 631만 면적 및 3.8만호 가구가 계획되어 있다. 한국주택도시공사, 경기도시공사가 공동으로 시행사업을 진행한다. 하지만 토지의 현황이 농토나 물류창고 등이 대다수이며, 낮은 보상가격으로 반발이 우려된다. 대토위주의 보상이 주로 이뤄질 예정이기 때문에 토지보상 기간이 오래 걸릴 가능성이 높다.

 **꼼수 부동산 팁**

### 대토

토지를 수용당한 사람이 수용토지 반경 20킬로미터 등 인근 허가구역 안에서 같은 종류의 토지를 구입하는 것을 말한다. 이때 취득, 등록세를 면제해 준다.

## 교통

송파~하남 간 도시철도 계획이 핵심 교통계획이며, 서울~양평고속도로 신설로 서울 접근시간 15분가량 단축이 목표이다. 더불어 사창IC, 하남IC를 연결하는 도로가 신설되고, 선동IC 완전입체화 사업과 올림픽대로 확장사업을 통해 미사지구 상습정체 구간 문제도 해결할 계획이다. 교산지구와 하남시청을 잇는 도로구간에는 BRT노선을 신설할 예정이다.

## 자족 용지

교통 편리한 북측에 자족용지 약 92만㎡ 배치(지구 면적의 14%)로 3기 신도시 중 낮은 편에 속한다. 하지만 교통이 편리한 북측에 판교 제1테크노밸리의 1.4배에 달하는 자족 용지를 집중 배치하여 낮은 자족용지 비율을 극대화할 계획을 가지고 있다.

3기 신도시 중 과천 다음으로 입지가 뛰어나며, 위례신도시 미사, 감일 지구와 인접하여 송파, 잠실, 강남 진입이 용이하며, 송파~하남 도시철도 (3호선 연장)가 핵심이며, 송파~하남 도시철도 (3호선 연장) 개통 시 아주 좋은 입지를 가지고 있다. 다만 기존에 물류창고, 공장시설 등이 많아 보상에 시일이 걸릴 가능성이 크며 최근 문화재 지표조사 결과에 따르면 교산 신도시 중심부가 되는 교산동, 춘궁동 일대에 고고학적 유물이 대량으로 묻혀 있을 가능성이 사업추진에 있어 가장 큰 위험 요소로 판단된다. 신도시를 만드는 과정에서 문화재가 사업기간에 지대한 영향을 끼치는 영역 중 하나이기 때문에 사업 기간이 현 계획보다 훨씬 장기화될 가능성이 높다. 입지는 뛰어나지만 3기 신도시 중 사업 기간이 가장 오래 걸릴 수도 있는 지역이기 때문에 주의가 필요하다.

## 한줄평

하남~송파 도시철도 (3호선 연장) 계획이 교산신도시의 핵심 키포인트이기때문에 향후 진행을 주의 깊게 살펴 봐야 한다. 또한 문화재 이슈로 인해 상대적으로 사업이 장기화될 가능성이 높으므로 주의가 필요하다.

## 고양시(창릉)

| 자구명 | 면적 | 사업시행기간 |
|---|---|---|
| 고양창릉 공공주택지구 | 8,126,948㎡ (2,460천 평) | 2020년 ~ 2029년 |
| 위치 | 사업시행자 | 인구 및 주택계획 |
| 경기도 고양시 덕양구, 원흥동, 동산동, 용두동, 향동동, 화전동, 도내동, 행신동, 화정동 일원 | 경기도, 한국토지주택공사 | 주택 38천 호, 인구 92천 인 |

### 위치도

**입지여건**

· 고양시청까지 5km
  서울시(은평구, 마포구) 경계 인접
· 경의·중앙선(화전역)·3호선(원흥역) 인접
· 광역교통 여건 배우 우수
  (서울—문산고속도로(공사중)·자유로·제2자유로 인접)
· 서울 경계 지역으로 인천, 서울, 파주, 김포지역 배후에 위치
· 지리적 입지 우수 지역

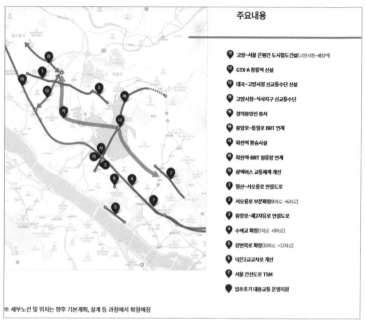

**주요내용**

- 고양~서울 은평간 도시철도건설(고양시청~새절역)
- GTX-A 창릉역 신설
- 대곡~고양시청 신교통수단 신설
- 고양시청~식사지구 신교통수단
- 경의중앙선 증차
- 중앙로~통일로 BRT 연계
- 화전역 환승시설
- 화전역-BRT 정류장 연계
- 광역버스 교통체계 개선
- 일산~서오릉로 연결도로
- 서오릉로 부분확장(4차로~6차로)
- 중앙로~제2자유로 연결도로
- 수색교 확장(7차로~9차로)
- 강변북로 확장(10차로~12차로)
- 덕은2교교차로 개선
- 서울 간선도로 TSM
- 입주초기 대중교통 운영지원

※ 세부노선 및 위치는 향후 기본계획, 설계 등 과정에서 확정예정

**고양시 위치도 및 교통개발 계획안**

## 입지 및 현황

고양시 창릉동, 용도동, 화전동 일원으로 사업면적은 813만㎡이며, 3.8만 호로 계획되어 있고, 한국토지주택공사, 고양시도시관리공사와 공동 시행사업으로 진행된다.

## 교통

창릉신도시는 현재도 이용가능한 원흥역(3호선), 화전역(경의중앙선) 등이 인접해 있다. 또한 고양선이 신설될 예정이며 고양선을 통해 새

절역(6호선, 서부선)을 연결할 계획이다. 고양선을 통해 서부선과 6호선, GTX-A 노선이 신설되는 것이 핵심 교통 계획이며 철도교통의 호재가 많은 지역이다. 도로 교통 면에서도, 제2광역도로, BRT 노선과 광역도로 서울 간선도로 입체화를 계획하고 있다.

## 자족용지

자족용지 약 135만㎡를 조성(지구면적의 16%, 가용면적의 40%)하여 높은 비율의 자족용지를 확보했다. 공공지원 일자리 창출을 위해 스타트업 기업지원 허브, 기업 성장지원 센터 등을 LH에서 직접 건설 및 운영할 계획이다. 더불어 30사단의 군부대는 도시 숲으로 조성이 될 예정이며 (약100만 평) 원흥 지구와 창릉신도시 사이에 흐르는 창릉천에는 호수공원이 조성될 계획이다.

창릉 신도시는 과천, 교산에 비해 강남과의 접근성은 떨어지는 것은 사실이다. 하지만 3기 신도시 중 철도계획에 있어서는 가장 많은 수혜를 받을 지역임은 분명해 보인다. 그리고 자족 용지(130만㎡)의 대부분을 교통이 편리한 역세권에 집중 배치될 계획이며, 자족용지 인근에 주택 등을 배치하고 직주근접 자족도시의 가능성이 매우 높은 편이다. 신도시를 찾는 젊은 세대에게 있어 교통계획이 물론 가장 중요하지만, 그 다음으로 중요시 여기는 사항은 공원,녹지 등의 녹지비율이다. 그런데 창릉 신도시는 3기 신도시 중 녹지비율(창릉천, 도시숲, 호수공원 등)

이 가장 높은 신도시로 주거 환경이 쾌적한 것이 장점이다.

**한줄평**

철도 계획이 가장 많은 신도시로 향후 가격상승할 여력이 매우 높은편이나, 반대로 교통계획이 순조롭게 진행되지 못할 경우 강남과의 접근성이 떨어져 가격상승이 늦어질 가능성이 높으니 주의가 필요하다.

# 남양주시 왕숙신도시 1, 2

| 지구명 | 면적 | 사업시행기간 |
|---|---|---|
| 남양주왕숙 공공주택지구 | 8,662,125㎡ (2,625천 평) | 2019년 ~ 2028년 |

| 위치 | 사업시행자 | 인구 및 주택계획 |
|---|---|---|
| 경기도 남양주시 진접읍 연평리, 내곡리, 내각리, 진건읍 신월리, 진관리, 사능리 일원 | 경기도, 한국토지주택공사 | 주택 54천 호, 인구 126천 인 |

## 📍 위 치 도

### 입지여건

- 남양주시청까지 3.0km,
  서울시 경계까지 5.1km
- 경의중앙선 관통
- 별내선(8호선), 경춘선, GTX-B노선(22년말 착공예정) 인접
- 광역교통여건 우수
  (수도권제1순환고속도로, 구리포천고속도로, 국지도 86호선,
  국도6호선, 북부간선도로, 수석호평도시고속도로 인접)
- 남양주별내, 다산진건, 다산지금, 진접2지구 인접
- 개발 잠재력이 우수한 지역

## 주요내용

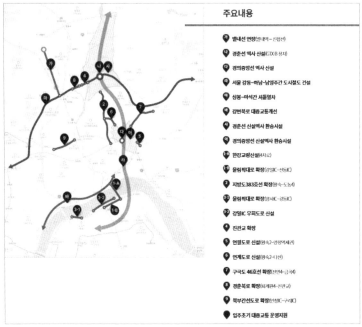

- 별내선 연장(별내 북역 ~ 진접선)
- 경춘선 역사 신설(GTX-B 정차)
- 경의중앙선 역사 신설
- 서울 강동~하남~남양주간 도시철도 건설
- 상봉~마석간 셔틀열차
- 강변북로 대중교통개선
- 경춘선 신설역사 환승시설
- 경의중앙선 신설역사 환승시설
- 한강교량신설(4차로)
- 올림픽대로 확장(강일IC~선동IC)
- 지방도383호선 확장(왕숙~노노시)
- 올림픽대로 확장(남사리~강동IC)
- 강일IC 우회도로 신설
- 진관교 확장
- 연결도로 신설(왕숙2~상상역세권)
- 연계도로 신설(왕숙2~다산)
- 구국도 46호선 확장(진관4~금곡4)
- 경춘북로 확장(퇴계원4~진관교)
- 북부간선도로 확장(한쌀IC~구리IC)
- 입주초기 대응교통 운영지원

**남양주시 위치도 및 교통개발 계획안**

## 입지 및 현황

남양주시 진접, 진건읍, 양정동 일원으로 약 1,134만㎡ 및 6.9만호 가구가 계획되어 있다. 한국토지주택공사, 인천도시공사가 공동시행사업으로 진행된다. 대부분 농지나 그린벨트로 묶여있는 지역이 대다수이기 때문에 토지보상비가 낮은 편이다. 따라서 개발 사업에서 가장 많은 시간을 소요하는 토지보상 문제가 다른 3기 신도시에 비해 비교적 수월할 것으로 판단된다.

## 교통

다산 신도시 및 별내 신도시와 인접해있고, 현재도 교통난이 심각한 곳으로 자차 출·퇴근 교통이 굉장히 불편한 편이다. 하지만 광역급행철도 GTX-B 노선이 개통되면 서울역까지 15분 내외로, 청량리역까지 10분 내외로 예상된다. 9호선 연장과 GTX-B 노선이 남양주 왕숙1지구의 핵심 교통 계획이다.

왕숙2지구의 경우 신설될 경의 중앙선역과 9호선 연장이 핵심 교통 계획이 될 예정이며 구리시 토평삼거리, 남양주시 가운사거리 주변 상습정체구간에 교차로 입체화 사업을 통해 교통난을 어느 정도 해소될 것으로 보인다. 그리고 남양주 수석동과 하남 미사동을 잇는 수석대교도 건설될 예정이어서 향후 도로교통은 지금보다 나아질 것으로 평가되고 있다.

## 자족용지

　왕숙 1지구의 자족용지는 32%(약 140만 ㎡)으로 판교제1테크노밸리의 약 2배이며, 도시첨단산단, 기업지원허브 등을 조성하여 기업을 유치할 예정이다. 남양주시는 지방세(취득세, 재산세) 감면 등 세제 혜택을 제공할 예정이기에 기업유치를 위해 부단히 노력 중이다. 왕숙 1지구는 대규모 자급 용지를 활용하여 '경제중심도시'를 목표로 하고 있으며 왕숙 2지구 문화예술마을, 청년문화공간, 청년예술촌, 로스터리 카페거리 등을 조성하여 '문화예술 중심도시'를 목표로 하고 있다.

　왕숙 1지구의 경우 GTX-B 노선이 2019년 8월 예비타당성을 통과, 22년 말 착공을 목표로 비교적 순탄하게 사업이 진행 중에 있지만, GTX-B노선은 A/B/C노선 중 가장 늦게 진행 중인 만큼 개통도 가장 늦어질 가능성이 있다. GTX-B노선의 개통시기가 왕숙 신도시의 교통의 운명을 결정할 핵심 사안으로 판단되며, 왕숙 1지구의 경우 전체 사업 지역의 32%가 자족용지이기 때문에, GTX-B에 문제가 생긴다면 기업 유치도 쉽지 쉽지 않을 것으로 판단된다.

　경의중앙선이 연장되고 최근 9호선 연장 안이 확정되면서 GTX역이 없는 왕숙 2지구에 한줄기의 희망이 찾아왔다. 왕숙1지구는 GTX와 진접선(4호선), 9호선(예정) 등의 교통계획망이 계획되어있어 광역교통망에서 상대적으로 왕숙2지구보다 교통망이 탄탄하다라는 평을 받고 있고 9호선 연장 안이 확정되면서, 오히려 절대적인 입지가 서울에 가깝게 되었다. 그래서 다산과 인접하고 있는 왕숙신도시 전체가 재평가받고 있다.

## 한줄평

토지보상에 소요되는 시간이 가장 신속하게 이루어질 가능성이 높은 만큼 가장 빨리 분양시장이 형성될 것이다. 하지만 주변에 별내, 다산 신도시 등 공급이 많고 왕숙 신도시 자체 공급양도 많기 때문에 공급과잉의 우려도 존재한다.

## 인천시(계양)

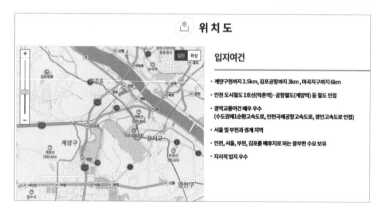

주요내용

1. 인천1호선(박촌역) - 김포공항역 전용 BRT신설(8km, 2차로)
2. 국도39호선 연계도로 신설(1km, 2차로)
3. 국도39호선(벌말로) 확장(8km, 4 → 8차로)
4. 경명대로확장(1km, 4~6 → 8차로)
5. BRT 신설(청라~가양간 BRT~사업지)
6. 드림로 연계도로 신설(1km, 4차로)
7. 인천공항고속도로 IC 신설(2~4차로)

※ 세부노선 및 위치는 향후 기본계획, 설계 등 과정에서 확정예정

**인천[계양] 위치도 및 교통개발 계획안**

## 입지 및 현황

인천시 계양구 귤현동, 동양동, 박촌동 일원으로 333만 면적에 1.7만 호 가구와 한국토지주택공사, 인천도시공사가 공동사업시행자이다. 인천국제공항고속화도로의 남측으로 공항철도(계양역)개화역 사이에 위치하고 있으며 마곡지구와 가깝고 지구 남쪽으로는 서운 1,2 산업단지와 연계되어 있다.

## 교통

박촌역(인천1호선) ~김포공항역(5,9호선,공항철도)에 이르는 8km 구간에 간선급행버스체계 S-BRT Super BRT가 신설되면 김포공항역으로 신도시 내에서 빠른 시간에 진입이 가능할 것으로 보인다. 또한 인천공항고속도로 IC를 신설하고, 경명대로, 국도 39호선을 확장하는 것으로 계획되어 있다. 하지만 직접적인 철도계획이 전무한 신도시로서, 추후 지하철계획 또는 광역급행철도의 유치에 실패한다면 성공한 3기 신도시가 되기에는 어려워 보인다.

## 자족용지

자족용지 약 90만㎡를 조성(지구 면적의 27%, 가용 면적의 49%)한다. 전체 가용면적의 절반 정도를 자족용지로 조성할 계획이다. 또한 자족용지의 2/3을 도시첨단 사업단지로 중복 지정하여 스타트업 캠퍼스와 창업지원 주택 등 건립해서 기업들을 적극적으로 유치할 계획이다.

## 한줄평

인천계양지구는 3기 신도시 부천(대장지구)과 2기 신도시 후발 주자인 검단신도시와 인접해있는데, 검단신도시는 개발계획이 총 3단계로 현재 1단계 마무리 단계인 상태이기 때문에 향후 2단계, 3단계 물량과 공급이 겹칠 우려가 있다. 인근에 과잉공급의 리스크가 있으니 주의해야 하며 현재 계양신도시의 교통계획은 S-BRT를 통한 김포공항역(5호선, 9호선, 공항철도)을 이용하는 간접적인 철도계획 외에 철도계획이 전무하기 때문에 다른 3기 신도시 보다 철도 교통 면에서 매우 열악한 편이다. 따라서 향후 교통계획이 개선될 여지가 많다.

그 누구도 알려주지 않았던 청약 당첨의 기술

# 부천시(대장)

| 지구명 | 면적 | 사업시행기간 |
|---|---|---|
| 부천대장 공공주택지구 | 3,434,660㎡ (1,040천 평) | 2020년 ~ 2029년 |
| **위치** | **사업시행자** | **인구 및 주택계획** |
| 경기도 부천시 대장동, 오정동, 원종동, 삼정동 일원 | 경기도, 한국토지주택공사, 부천도시공사 | 주택 20천 호, 인구 48천 인 |

## 📍 위 치 도

### 입지여건

- 수도권제1순환고속도로, 경인고속도로 인접, 광명서울고속국도(계획) 개통으로 서울권 접근성 양호
- 김포국제공항을 이용한 국내외 항공교통 접근성 양호
- 다수의 버스노선(9개노선), 지하철(서울5호선,서울9호선) 환승 용이, 인접지역으로 이동이 양호
- 남서측으로 서운산단, 오정물류단지, 오정산단이 연접
- 마곡지구와 계양지구가 동측과 서측에 입지하여 연계, 통합개발 시너지 효과 기대 지역

## 주요내용

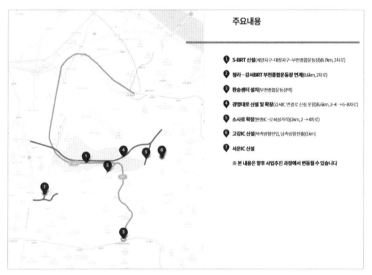

1. **S-BRT 신설**(계양지구~대장지구~부천종합운동장)(8.7km, 2차로)
2. **청라~김서BRT 부천종합운동장 연계**(0.6km, 2차로)
3. **환승센터 설치**(부천종합운동장역)
4. **광명대로 신설 및 확장**(김서IC 연결로 신설 포함)(6.6km, 2~4→6~8차로)
5. **소사로 확장**(원종IC~오쇠삼거리)(1km, 2→4차로)
6. **고강IC 신설**(북측방향진입, 남측방향진출)(1km)
7. **서운IC 신설**

※ 본 내용은 향후 사업추진 과정에서 변동될 수 있습니다

**부천[대장] 위치도 및 교통개발 계획안**

## 입지 및 현황

부천시 대장동, 오정동, 원종동 일원에 위치하며, 전체 면적은 343㎡ (104만평)이고 약 2만호의 주택이 계획되어 있다. 한국토지주택공사와, 부천 도시공사가 공동시행자이다. 계양 신도시와 마곡 지구 사이에 위치하고 있다.

## 교통

대장신도시의 대표적인 교통계획은 S-BRT(김포공항역과-계양지구-대장지구-부천종합운동장역)이며, 교통계획으로는 경명대로 신설 및 확장예정이다. 소사로를 확장하여 서울 진입차량의 분산효과와 고강IC신설을 통한 광명~서울고속도로의 진출입 접근성을 개선할 계획이며, 서운IC를 신설하여 경인고속도로 상습 정체구간을 개설할 예정이다.

## 자족용지

자족용지는 가용면적의 39%(약 68만㎡)의 규모로 판교제1테크노밸리의 1.4배 수준을 자족용지로 조성할 계획이다. 또한 100만㎡(약 30만 평)을 공원으로 조성할 계획과, 30만㎡ 규모로 초대형 멀티스포츠 센터의 건립이 예정되어 있다.

**한줄평**

부천시 대장 신도시는 계양 신도시처럼 검단신도시와 인접해있으며, 계양신도시와 마곡지구 사이에 위치해있다. 유효한 교통계획은 S-BRT^Super-BRT로 버스교통을 확충하는 것 외에는 특별히 입지에 영향을 줄만한 교통 계획은 없다. 계양지구와 마찬가지로 철도교통 면에서 아직까지 열악한 편으로 투자에 있어서는 주의가 필요해 보인다.

## 7)종합 결론

| 구분 | | 과천 (과천) | 하남 (교산) | 고양 (창릉) | 남양주 (왕숙1) | 남양주 (왕숙2) | 인천 (계양) | 부천 (대장) |
|---|---|---|---|---|---|---|---|---|
| 면적 | | 155㎡ | 631㎡ | 812㎡ | 866만 | 239만 | 333만 | 343만 |
| 주택 수 | | 0.7만 호 | 3.4만 호 | 3.8만 호 | 5.4만 | 1.5만 | 1.7만 호 | 2만 호 |
| 수용인구수 | | 1.8만 | 8.1만 | 9.2만 | 12.6만 | 3.5만 | 3.9만 | 4.8만 |
| 사업 기간 | | 2019~2025 | 2019~2028 | 2020~2029 | 2019~2028 | | 2019~2026 | 2020~2029 |
| 자족용지 (전체면적대비 비율) | | 36만㎡ (23.2%) | 92만㎡ (14.2%) | 135만㎡ (16.6%) | 140만㎡ (12.3%) | | 90만㎡ (26.9%) | 68만㎡ (19.8%) |
| 철도 | GTX | GTX-C | X | GTX-A | GTX-B | X | X | X |
| | 철도 (기존) | 4호선 | X | 3호선, 경의중앙선 | X | X | 인천 1호선 | X |
| | 철도 (신설) | 위례~ 과천선 | 도시철도 (송파~하남) | 고양선 | 4호선, 9호선 | 경의중앙선, 9호선 | X | X |

3기 신도시는 과거 1,2기 신도시 개발 경험을 토대로 접근성, 일자리, 교육환경을 개선하고 GTX 등 광역 교통시설을 통해 서울과의 접근성을 향상시켜 자족성을 높이는 것을 주요 골자로 계획하였다. 그리

고 도시마다 가지고 있는 지리적 특성과 장·단점이 뚜렷하게 존재한다. 1,2기 신도시를 설명하며 앞서 언급했던 3가지 성공 비밀인 교통, 일자리, 수도권을 바탕으로 자신에게 맞는 3기 신도시를 선택해보자. 어느 신도시가 좋고 나쁨을 따지는 것을 지금으로서는 예단하기 어렵기 때문에 특색을 유심히 살펴본 후 본인이 가장 선호하는 지역을 선택하면 된다. 3기 신도시는 공공분양과 임대로 상당비율이 공급될 예정이기 때문에 선호하는 지역을 선택했다면 당첨확률을 높이기 위해 지금부터 미리 관할 지역구로 전입 후 본 청약 시기 이전에 실 거주 요건을 채워야 한다.

# 사전 청약 제도 활용 할 것인가 말 것인가

## 사전 청약이란?

먼저 사전 청약이란 무엇인지부터 살펴볼 필요가 있다. 사전 청약은 휴대폰을 구매할 때의 '사전 예약'과 같이 본 청약 1~2년 전에 아파트 분양을 사전에 청약하는 것이다. 보통 아파트 입주 2~3년 전에 본 청약을 진행하는데, 사전 청약의 경우 입주 3~5년 전 미리 신청하고 당첨까지 완료되는 프로세스를 가지고 있다. 현재 사회적 문제로 대두되고 있는 패닉바잉 현상을 억제하고 미래의 확보될 다수의 당첨자를 현재 시점으로 끌고 와 고공행진 중인 주택 매수 심리를 낮추고 가격 안정화하기 위한 방편으로 보인다.

2020년 9월 8일, 국토교통부는 2021년 하반기 7월부터 시작될 실시할

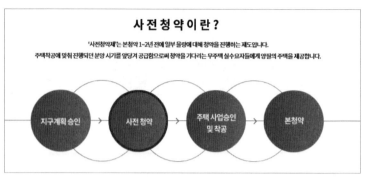

**www.3기신도시.kr 메인 화면**

| 추진일정 | | 주요입지 및 청약물량 (천호) |
|---|---|---|
| '21 | 7~8월 | 인천계양(1.1), 노량진역 인근 軍부지(0.2), 남양주진접2(1.4), 성남복정1·2(1.0), 의왕청계2(0.3), 위례(0.3) 등 |
| | 9~10월 | 남양주왕숙2(1.5), 남태령軍부지(0.3), 성남신촌(0.2), 성남낙생(0.8), 시흥하중(1.0), 의정부우정(1.0), 부천역곡(0.8) 등 |
| | 11~12월 | 남양주왕숙(2.4), 부천대장(2.0), 고양창릉(1.6), 하남교산(1.1), 과천과천(1.8/'18년 발표지구), 군포대야미(1.0), 시흥거모(2.7), 안산장상(1.0), 안산신길(2.4), 남양주양정역세권(1.3) 등 |
| '22 | | 남양주왕숙(4.0), 인천계양(1.5), 고양창릉(2.5), 부천대장(1.0), 남양주왕숙2(1.0), 하남교산(2.5), 용산정비창(3.0), 고덕강일(0.5), 강서(0.3), 마곡(0.2), 은평(0.1), 고양탄현(0.6), 남양주진접2(0.9), 남양주양정역세권(1.5), 광명학온(1.1), 안양인덕원(0.3), 안양관양(0.4), 안산장상(1.2), 안양매곡(0.2), 검암역세권(1.0), 용인플랫폼시티(3.3) 등 |

* 사전청약일정은 추진과정에서 변동가능 / 용산정비창은 '22년 하반기 공급(변동가능) / ( ) 3기 신도시
* 태릉CC는 '21년 상반기 교통대책 수립 후, 과천청사부지는 청사활용계획 수립 후, 캠프킴은 미군반환 후, 서부면허시험장은 면허시험장 이전계획 확정 등의 절차를 거쳐 구체적인 사전청약계획 발표

**3기 신도시 주요입지 및 청약 물량**

공공분양 주택 사전청약 계획을 발표했다. 인천계양, 고양창릉, 부천대장, 남양주 왕숙1,2, 하남교산, 과천 등 3기 신도시 사전 청약을 포함하여 서울 용산정비 창부지와 수도권 주요 핵심입지에서 분양하는 공공택지(공공분양) 아파트 약 6만 가구의 사전 청약을 진행할 예정이다.

2021년 7월 남양주 진접, 인천 계양, 성남 복정 등을 시작으로 9~10월 (남양주 왕숙2 1,500호), 11~12월(남양주 왕숙1 2,400호 부천대장 2,000호, 고양창릉 1,600호, 하남교산1,100호) 등 일부물량이 사전 청약이 예정되어 있는 상태 이다. 물론 어디까지나 계획이므로 일정이 변동될 가능성이 크다.

과거에 지금의 '사전 청약'과 비슷한 제도가 도입된 사례가 있는데, 2008년 이명박 정부 때 도입되었던 보금자리 주택이다. 보금자리 주택 은 주택개발의 가장 기초단계이며, 기일이 가장 오래 걸리는 토지보상 절차가 진행되지 않은 토지를 보금자리 주택으로 공급하면서 일부 지 구(서울 항동, 하남 감일 지구) 등은 공급기간이 심각하게 늦어진 곳도 다수 가 있다.

특히, '감일지구 B4블럭'의 경우 2010년 11월 사전 예약(지금의 사전청 약)을 받고, 2013년의 본 청약을 실시하고 즉시 착공해 2015년도 입주 할 계획이었으나, 토지보상 지연, 문화재 발굴, 인근지구와 통합개발 무산 등 여러 문제를 겪으면서 계획보다 5년 이상 미뤄진 2018년에야 본 청약을 실시하게 되었고, 2020년 12월 현재까지도 공사가 한창 진 행 중인 상태이다(입주예정일 2021년 10월).

2010년 사전 예약(사전 청약)에 당첨된 당첨자들은 2020년 현재까지 도 집이 있는 것도 아니고, 없는 것도 아닌 아이러니한 상태에서 10년 이란 긴 시간동안 '전세난민'으로 떠돌아다니며 자신들의 시간을 소비 하게 된 것이다.

## 지구별 사전예약 공급지연 현황

| 지구 | 블록 | 가구수 | 사전예약시기 | 공급 시기 비교 | | 기간 차이 |
|------|------|--------|------------|------------------|--------------|-----------|
| | | | | 본청약시기(계획) | 실제본청약 | |
| 구리 갈매 | B3 | 382 | 2010년 4월 | 2012년 2월 | 2015년 10월 | 3년 8개월 |
| | S1 | 552 | | 2012년 4월 | 2016년 6월 | 4년 2개월 |
| 시흥은계 | B1 | 1198 | | 2012년 2월 | 2017년 4월 | 5년 2개월 |
| | B2 | 835 | | 2012년 4월 | 2016년 10월 | 4년 8개월 |
| 하남감일 | A4 | 589 | 2010년 11월 | 2012년 12월 | 2017년 10월 | 4년 10개월 |
| | B1 | 684 | | 2012년 12월 | 2019년 10월 | 6년 10개월 |
| | B3 | 578 | | 2013년 5월 | 2018년 12월 | 5년 7개월 |
| | B4 | 595 | | | | |

[땅집고] 2009~2010년 사전예약 받은 보금자리주택지구 단지들 공급지연 현황. /LH, 윤관석 의원실

지구병 사전예약 공급지연 현황 제시 예

    과거 이명박 정부의 '보금자리 주택' 사전예약 공급지연 사례처럼 현 정부의 '사전 청약 제도' 역시 정부에서 발표한 일정만 믿고 청약을 했다간 나의 소중한 시간을 날려 버릴 수도 있다. 과거 보금자리 주택은 토지 보상 전에 사전예약을 실시해서 토지 보상관련 문제 때문에 사업이 지연된 경우 본 청약시기 이후 착공시기, 준공, 입주 시기까지 사업 기간이 무한정 연장된 일이 많았던 반면, 국토부 보도 자료에 따르면 이번 3기 신도시의 사전 청약은 토지보상이 완료된 토지 위주로 시행하겠다는 계획을 발표했다. 하지만 주택 건설 사업은 토지 보상 뿐만이 아니라 각 절차 마다 다양한 문제들로 인해 사업이 지연될 가능성이 크다. 대표적으로 사업진행 중 문화재가 출토될 시 필수적으로 사업지연이 발생한다. 정도에 따라 다르겠지만 통상 1~2년 정도는 사업

진행이 어려울 가능성이 크다. 따라서 과거의 보금자리주택 사례를 통해 더욱 신중하게 3기 신도시의 사전 청약에 대해 접근할 필요가 있어 보인다.

## 공급비율(일반 공급 vs 특별 공급)

일단 사전 청약에 참여하기로 마음을 먹었다면, 가장 중요한 것은 지원요건이다. '사전 청약'은 본청약과 마찬가지로 '일반공급'과 '특별 공급'으로 나뉘는데 일반 공급은 전체 세대 수의 15%, 특별 공급은 세대 수의 85%로 나뉜다.

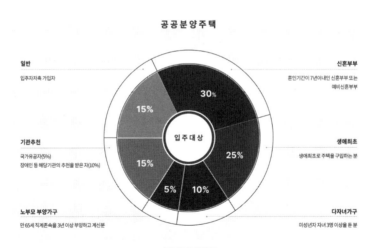

분양 공급비율

| 일반 공급 | 특별 공급 | |
|---|---|---|
| | 구분 | |
| | 신혼부부: 30% | |
| | 생애최초: 25% | |
| 15% | 85% | 기관추천: 15% |
| | 다자녀 : 10% | |
| | 노부모 부양 : 5% | |

## 기본 청약 자격

사전청약 1순위, 2순위, 일반 공급, 특별 공급을 따지기 이전에 기본 청약 자격부터 확인해보자. 기본 청약 자격은 말 그대로 기본이 되는 자격이므로 이중 한 가지라도 충족하지 못하면, 청약자체가 불가능하니 기본 요건부터 정확하게 확인해야 한다.

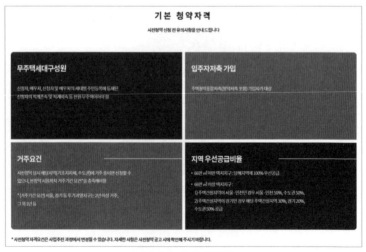

3기 신도시 기본 청약 자격

그 누구도 알려주지 않았던 청약 당첨의 기술

**3기 신도시 청약 자격**

1. 무주택 세대 구성원일 것!
2. 주택 청약 저축 가입자일 것!
3. 거주 요건을 충족할 것!
4. 지역 우선 공급 비율을 확인할 것!

 **꼼수 부동산 팁**

## 거주 기간 및 우선 공급 비율

**1) 대규모 택지개발지구(66만 ㎡ 이상)**

| 기본조건 | 공고일 현재 수도권 거주자 |
| --- | --- |
| 우선공급조건 | - 주택건설지역이 서울·인천인 경우<br>　① 서울 또는 인천 1년(투기과열은 2년) 이상 거주자에게<br>　　50% 우선공급<br>　② 수도권(경기, 서울, 인천) 거주자에게 50% 공급<br><br>- 주택건설지역이 경기인 경우<br>　① 해당 시군 1년(투기과열은 2년) 이상 거주자에게 30% 우선공급<br>　② 경기도 6개월(투기과열지구 2년) 이상 거주자에게 20% 우선공급<br>　③ 수도권(경기, 서울, 인천) 거주자에게 50% 공급 |

\* 「주택공급에 관한 규칙」 제4조 제5항 및 동규칙 제34조에 따름

**2) 그 외 지구**

| 기본조건 | 공고일 현재 수도권 거주자 |
| --- | --- |
| 우선공급조건 | 해당 주택건설지역 (특별시·광역시 또는 시·군) 거주자에게 100% 우선 공급<br>※ 단, 투기과열지구나 청약과열지역 등 특별시장·광역시장·특별자치시장·시장 및 군수가 투기 방지를 위해 별도의 거주기간을 정한 경우 그 기간 이상 거주자를 말함 |

\* 「주택공급에 관한 규칙」 제4조 제5항 및 동규칙 제34조에 따름

※ 3기 신도시는 66만㎡ 이상의 면적을 가지고 있기 때문에 대규모 택지개발 지구에 포함된다.

# 일반 공급 조건 및 선정 방법

**[일반공급 입주자격 및 당첨자 선정]** (건설물량의 15%)

○ **(입주자격)** 해당 지역에 거주하는 무주택세대구성원으로 입주자저축에 가입한 자. 단, 60㎡이하 주택 청약시 소득* 및 자산요건** 만족 필요

- **(1순위)** 수도권 기준, 입주자저축 가입 1년 경과/12회 납부한 자. 단, 투기과열지구 및 청약과열지역*은 입주자저축 2년 경과/24회 납부한 자, 세대주, 5년내 당첨 사실이 없어야 함

- **(2순위)** 1순위에 해당되지 않는 자(입주자저축 가입필수)


* **(소득요건)** 2020년 적용기준

1) 2019년도 도시근로자 가구원수별 가구당 월평균 소득 100%

| 적용대상 | 생애최초, 일반공급(전용 60㎡이하), 배우자소득이 없는 신혼부부 |
|---|---|
| 3인이하 가구 | 5,554천 원 |
| 4인 가구 | 6,226천 원 |
| 5인 가구 | 6,938천 원 |

2) 2019년도 도시근로자 가구원수별 가구당 월평균 소득 120%

| 적용대상 | 생애최초, 일반공급, 배우자소득이 있는 신혼부부 |
|---|---|
| 3인이하 가구 | 6,665천 원 |
| 4인 가구 | 7,471천 원 |
| 5인 가구 | 8,326천 원 |

** **(자산요건)** 부동산 215,500천원, 자동차 27,640천원


○ **(당첨자선정)** 순위(1·2순위) 및 순차*로 결정

< 1순위 경쟁시 순차 >

| 순차 | 전용 40㎡ 초과 분양주택 순차 |
|---|---|
| 1 | 3년 이상의 기간동안 무주택세대구성원으로서 저축총액(10만원/1회)이 많은 자 |
| 2 | 저축총액이 많은 자 |

* 전용 40㎡ 이하 분양주택은 저축횟수 등으로 순차를 정하나, 공급계획 없음
* (무주택기간 산정) 만 30세가 되는 날(30세 이전에 혼인 시 혼인신고일)부터 계산하되 최근 무주택자가 된 날을 기준
* (2순위 경쟁시 순차) 추첨


---

### 🦊 꼼수 부동산 팁

---

## 일반 공급 1순위 자격(투기 과열 지구, 청약 과열 지역)

### 일반 공급 1순위 자격

1. 주택청약저축 가입기간 2년 이상(24개월)
2. 24회 이상 납입한 무주택 세대주
3. 모든 세대구성원 5년 이내 당첨이력이 없어야함

### 일반 공급 1순위 당첨자 선정기준

1. 해당지역 거주자 우선공급 (2년) ※ 본 청약 시점까지 충족
2. 3년 이상 무주택 세대주
3. 전용면적 40㎡ 초과 주택 ➪ 저축총액이 많은 순
4. 전용면적 40㎡ 이하 주택 ➪ 납입횟수가 많은 순

---

그 누구도 알려주지 않았던 청약 당첨의 기술

투기 과열지구 또는 청약과열지역은 청약 통장에 가입 후 24개월이 경과하고, 납입금액이 24회 이상 납입한 무주택 세대주이면서, 세대구성원이 5년 이내 청약 당첨된 사실이 없어야 1순위 자격이 주어진다.

일반공급 1순위 내에서 경쟁 발생시 〈일반 공급 1순위 당첨자 선정기준〉으로 최종당첨자를 선정한다.

## 특별 공급 조건 및 선정방법

### 신혼부부 특별 공급

**1. 신혼부부 특별공급** (건설량의 30%)

○ **(입주자격)** 무주택세대구성원으로서 다음의 자격을 갖춘 자

| 구분 | 입주자격 |
|---|---|
| 기본 | 혼인기간 7년 이내 신혼부부, 예비신혼부부(입주 전까지 혼인 사실을 증명), 6세 이하 자녀(태아 포함)를 둔 한부모가족<br>소득기준 100% 이하(맞벌이인 경우 120%) |
| 공동 | 입주자저축 가입기간 6개월, 납입횟수 6회 이상 인정<br>부동산(215,500천원 이하), 자동차(차량 최고가액이 27,640천원 이하) |

○ **(당첨자 선정)** 아래의 순위방식으로 선정

| 구분 | 선정방법 |
|---|---|
| 1순위 | 혼인기간 중 출산하여 자녀가 있는 신혼부부 및 한부모가족 |
| 2순위 | 그 외 신혼부부 및 예비신혼부부 |
| 순위 경쟁시 처리 | 가점*의 다득점 순 → 추첨<br>* 가구소득(1점), 자녀의 수(3점), 해당 주택건설지역의 연속 거주기간(3점),<br>입주자저축 납입횟수(3점), 신혼부부는 혼인기간(3점)/ 한부모가족은 자녀나이(3점) |

신혼부부 특별 공급의 경우 전체 특별 공급 물량중 제일 높은 비율을 차지한다. 기본요건은 혼인기간 7년 이내, 청약 통장가입기간이 6개월 (6회) 이상이여야 하며, 소득 및 자산 요건을 충족해야 한다. 1순위 요건은 자녀가 있는 신혼부부이고, 2순위는 1순위 외 신혼부부 및 예비신혼부부이다. 동일 순위 내 경쟁 시 다득점 순으로 우선 선정하고 동일

점수시 추첨을 통해 선발한다.

## 생애최초 특별 공급

**2. 생애최초 특별공급** (건설량의 25%)

○ **(입주자격)** 생애최초 주택구입 무주택세대구성원(세대에 속한 모든 자가 과거 주택소유사실이 없을 것)으로서 다음의 자격을 갖춘 자
- 입주자저축 1순위, 저축액이 선납금 포함 600만원 이상인 자
- * 투기과열지구 및 청약과열지역은 통장 2년 경과/24회 납부, 세대주, 5년내 당첨사실 無
- 혼인 중이거나 자녀(동일한 주민등록등본상 미혼자녀에 한함)가 있는 자
- 근로자 또는 자영업자로서 5년 이상 소득세를 납부한 자
- 부동산 215,500천원 이하, 자동차 차량가액이 27,640천원 이하인 자
- 소득기준 100% 이하인 자

○ **(당첨자 선정)** 경쟁이 있을 시 추첨

생애최초 특별 공급은 전체 특별 공급물량 중 25%의 비율을 가지고 있다. 주의할 점은 주택청약 통장 저축액이 600만 원 이상이 납입되어 있어야 한다는 점이다. 지역예치금 정도만 알고 200~300만 원 정도만 통장에 넣어두면 특별 공급의 기회가 사라져버릴 수도 있으니, 꼭 주택청약 통장에 600만 원 이상 채워 놓는 것이 좋다.

# 다자녀 특별 공급

**3. 다자녀가구 특별공급 (건설량의 10%)**

○ **(입주자격)** 미성년 자녀(태아 포함)가 3명 이상인 무주택세대구성원으로 다음의 자격을 갖춘 자

- 입주자저축 가입 6개월 이상, 납입횟수 6회 이상인 자
- 부동산 215,500천원 이하, 자동차 차량가액이 27,640천원 이하인 자
- 소득기준 120% 이하

○ **(당첨자 선정)** 다음 배점표의 고득점 순으로 선정하되, 동점자 발생시 미성년 자녀수, 신청자 나이(연월일 계산) 순으로 선정

< 다자녀 특별공급 입주자선정 배점표 >

| 평점요소 | 총 배점 | 배점 기준 | |
| --- | --- | --- | --- |
| | | 기준 | 점수 |
| 계 | 100 | | |
| 미성년 자녀수(1) | 40 | 5명 이상 | 40 |
| | | 4명 | 35 |
| | | 3명 | 30 |
| 영유아 자녀수(2) | 15 | 3명 이상 | 15 |
| | | 2명 | 10 |
| | | 1명 | 5 |
| 세대구성(3) | 5 | 3세대 이상 | 5 |
| | | 한부모 가족 | 5 |
| 무주택기간(4) | 20 | 10년 이상 | 20 |
| | | 5년 이상 10년 미만 | 15 |
| | | 1년 이상 5년 미만 | 10 |
| 해당 시도 거주 기간 (5) | 15 | 10년 이상 | 15 |
| | | 5년 이상 10년 미만 | 10 |
| | | 1년 이상 5년 미만 | 5 |
| 입주자 저축 가입기간(6) | 5 | 10년 이상 | 5 |

다자녀 특별 공급의 경우 무적의 특별 공급이라 불리며, 당첨확률이 상당히 높은 특별 공급이다. 미성년 자녀가 3명 이상인 무주택자가 기본 요건이기 때문에 자녀가 3명 이상인 세대는 꼭 다자녀 특별 공급을 이용하자. 당첨자 선정 방법은 고득점 순으로 정하되, 동점자 발생 시 미성년자녀 수가 많은 자와, 청약신청자의 나이가 높은 순으로 선정된다는 것을 주의하자.

## 노부모 부양 특별 공급

**4. 노부모부양 특별공급 (건설량의 5%)**

○ (**입주자격**) 만 65세 이상 직계존속을 3년 이상 계속하여 부양하고 있는 무주택세대주로서 다음의 자격을 갖춘 자

- 입주자저축 1순위인 자
* (투기과열지구 및 청약과열지역) 통장 2년 경과/24회 납부, 세대주, 5년내 당첨사실 無
- 부동산 215,500천원 이하, 자동차 차량가액이 27,640천원 이하인 자
- 소득기준 120% 이하

○ (**당첨자 선정**) 일반공급 당첨자 결정방법 준용(순위/순차 기준)

### 노부모 부양 특별 공급 조건

노부모 특별 공급의 경우 만 65세 이상의 직계 존속을 3년 이상 부양하고 있는 무주택 세대로서 입주자 저축 1순위 요건을 충족하고 소득, 자산 기준을 충족한 자에게 공급된다. 주의할 점은 부모님을 3년 이상 계속 부양하고 있어야 한다. 중간에 세대구성원에서 빠진 기간이 있으면 충족되지 않기 때문에 이점을 유의해서 계획을 세우자. 당첨자 선정방법은 일반 공급 당첨자 결정 방법과 동일하다.


## 사전청약의 장, 단점

이번 3기 신도시 사전 청약은 2021년 하반기에 실시해 입주는 2024년으로 예정되어 있는데 계획대로 진행이 되면 정말 좋겠지만, 자신이 받은 사전청약 아파트가 제2의 '하남 감일 지구 B4블록'이 되지 않으리라는 보장도 없다. 국토부 자료에 따르면 입주자 모집공고는 블록별로 진행이 되는데, 사전청약 때는 대략적인 아웃 라인만 제시를 할뿐 본청약과 같은 입주자 모집공고가 아니기 때문에 사전 청약 시점에는

그 누구도 알려주지 않았던 청약 당첨의 기술

대부분의 것들이 불확실하다. 가장 중요한 것은 '분양가'인데, 이를 주변시세보다 30% 저렴하게 공급한다고는 하지만 본 청약 시점에 얼마의 분양가가 산정될지는 그 누구도 모른다는 것을 명심해야 한다.

---

**장점**

첫 번째. 사전 청약 당첨 이후에도 본 청약까지 다른 분양 주택 청약이 가능하다('재당첨 제한' 적용 안됨).

두 번째, 계약금이나 중도금을 본 청약 이전까지 지불하지 않는다.

세 번째, 주변 시세보다 30% 저렴하게 분양받을 수 있다.

네 번째, 본 청약 시 사전청약 당첨을 포기해도 불이익이 없다.

다섯 번째, 사전청약 시 소득요건 심사 통과 후 본 청약 시점에 추가로 심사하지 않는다.

---

이번 3기 신도시의 사전 청약은 과거 이명박 정부의 '보금자리주택'과 비교했을 때 상대적으로 유연한 편이다. 가장 큰 이점은 사전 청약에 당첨이 되어도, 다른 분양 주택에 청약이 가능하다는 점이 큰데, 당첨자가 되어도 다른 '재당첨제한'을 받지 않으면서, 동일한 조건으로 다른 주택에 청약을 할 수 있다는 점이다. 더불어 본 청약시 포기해도 아무 불이익이 없다는 점 때문에, 일단 넣고 보는 것도 좋은 선택이 될 수 있다.

---

**단점**

첫 번째, 전매 제한(분양가 상한제 적용단지로, 주변시세 분양가 대비해서 최대 10년의 전매제한이 적용)

두 번째, 의무거주 기간(분양가 상한제 적용단지로, 최대 5년의 거주 의무가 적용)

세 번째, 본 청약 시기가 불확실하다.

---

## 분양가 상한제적용주택(전매제한)

| 구분 | 분양가(인근 시세 대비)<br>투기과열 그외 | 전매제한 | |
|---|---|---|---|
| | | 투기과열지구 | 투기과열지구 외 |
| 공공<br>택지 | 100% 이상 | 5년 | 3년 |
| | 80~100% | 8년 | 6년 |
| | 80% 미만 | 10년 | 8년 |
| 민간<br>택지 | 100% 이상 | 5년 | - |
| | 80~100% | 8년 | - |
| | 50% 미만 | 10년 | - |

주택법 시행령 개정안(21년.02.19일 시행)

## 분양가 상한제 적용 주택(거주 의무 기간)

| 구분 | 분양가 | 거주의무기간 |
|---|---|---|
| 공공<br>택지 | 80~100% 미만 | 3년 |
| | 80% 미만 | 5년 |
| 민간<br>택지 | 80~100% | 2년 |
| | 80% 미만 | 3년 |

주택법 시행령 개정안(21년.02.19일 시행)

이번 3기 신도시 사전 청약의 단점은 매우 명확하다. 다른 공공 분양 주택처럼 거주 의무 제한(주변 시세 대비 대비 최대 5년)과 전매 제한(시세 대비 최대 10년)이 적용된다는 점과 본 청약 시기가 불안하다는 것이다. 정확하게 내가 당첨자가 되었다고 하더라도, 언제 입주가 가능한지 모르기에 자금계획을 세우기도 어렵게 된다. 통상 민간 분양일 때 입주자 모집공고에 입주지정일이 명확하게 명시되어 있기 때문에, 정확한 입주계획과, 자금계획이 가능하지만 이번 3기 신도시 사전청약은 과거 보금자리주택과 마찬가지로 불확실한 미래 투자라는 커다란 위험이 존재한다.

## 3기 신도시 사전 청약에 대한 결론

3기 신도시의 '사전 청약'에 대해서 살펴본 결과 현시점에서는 자격 요건을 충족한다면 일단 하는 것이 좋다고 생각한다. 당첨이 되어도, 되지 않아도 현재 발표된 정책상 손해 볼 것이 전혀 없기 때문이다. 하지만 현재 3기 신도시에 대한 모든 것들은(사전 청약 포함) 전부 계획이기 때문에, 계획은 언제든지 변경될 가능성이 있다는 점은 유의해서 투자에 임해야 한다. 혹여나, 사전청약 당첨자들에 대한 추가 청약의 제한이라던지, 계약금 혹은 중도금 선납 등 나의 주거마련 타임테이블 및 자금 계획에 지장을 주는 정책이 발표된다면, 실행하지 않는 것이 정답이다.

해당 지역에 청약이 가능한 사회초년생이라면 일단은 앞서 설명했던 사전청약의 기본요건을 충족하고 청약을 대기하는 것이 합리적인 판단이지만, 사전청약 입주자모집공고가 발표되는 시점에 사전청약 당첨자로 관리된다면 어떠한 제한 사항이 있는지 좀 더 꼼꼼하게 검토할 필요가 있다.

# 꼼수 부동산이
# 지향하는 것

## 투기꾼이 아닌 부동산 공급자가 되자

청약을 통해 한 채의 내 집 마련을 했다면, 다음으로는 갭 투자를 재테크 방법으로 활용할 수 있다. 네이버 부동산 파트 뉴스 기사를 검색하면 많은 키워드가 갭 투자로 시작한다. 이제는 갭 투자라는 말이 친숙하게 들린다. 하지만 많은 사람들이 이 갭 투자에 대한 정확한 개념을 잘 모르는 경우가 많다. 최근 발표되는 대부분의 부동산 정책은 대출제한, 취득세 강화, 양도세 강화 등 현재 갭 투자자들을 타깃으로 하는 정책이라고 해도 과언이 아니다. 그렇다면 도대체 이 갭 투자가 뭐기에 정부 정책까지 펼치며 막으려고 하는 걸까? 이 흐름을 이해하기 위해서는 먼저 갭 투자가 무엇인지부터 알아야한다.

갭 투자란 시세차익을 목적으로 주택의 매매 가격과 전세금 간의 차액이 적은 집을 전세를 끼고 매입하는 투자 방식이다. 예를 들어 매매가액이 5억 원인 주택의 전세금시세가 4억5천만 원이라면 전세를 끼고 5천만 원으로 집을 매입하는 방식이다. 이후 전세계약이 종료되면, 전세금을 올리거나 매매 가격이 오른 만큼의 차익을 얻고 주택을 매각하는 방식으로 우리나라에만 있는 독특한 주거 방식인 전세를 활용한 투자 방식으로 볼 수 있다.

하지만 이 갭 투자가 법적으로 문제가 있는 행위일까? 법적으로 갭 투자 자체는 전혀 문제가 없다. 다만, 부동산 시장을 불안정하게 만드는 요소 중 하나임에는 틀림없고 갭 투자 후 주택 매각 시점에 다운 혹은 업계약서를 써서 양도차액을 불법적으로 줄이거나(다운 계약) 늘려서(업 계약) 양도소득세를 탈세하는 행위는 불법이다. 따라서 적법하게 투자하고 양도소득세를 낸다면 그것은 절대 불법 투기가 아니다.

이처럼 언론에서 노출되는 갭 투자의 부정적인 관점 말고 부동산 시장에서의 긍정적인 관점에서 보면 갭 투자자는 부동산 시장에서 '전세 공급자'의 역할을 톡톡히 하고 있다. 심지어 현 정부 초기에는 임대사업자를 통한 갭 투자를 세제 혜택까지 주면서 장려해왔었다.

갭투자자는 자신의 주택 외의 다른 여러 개의 주택을 부동산 시장에 전세 또는 월세로 공급함으로서, 주택을 구입할 여력이 부족한 임차인들에게 매매가액보다 저렴하게 전세 혹은 월세로 주택을 공급함으로

| 구분 | | | 다운 계약서 | 업 계약서 |
|---|---|---|---|---|
| 방법 | | | 실제 거래 금액보다 낮게 매매가액을 기재한 가짜 계약서 | 실제 거래 금액보다 높게 매매가액을 기재한 가짜 계약서 |
| 예시 (정상 거래) | 취득가 | 3억 원 | 4억 원으로 '부동산 실거래 신고' | 6억 원으로 '부동산 실거래 신고' |
| | 매도 | 5억 원 | | |
| | 양도차액 | 2억 원 | | |
| 이익 | 매도자 | | 5억 원 ⇨ 4억 원 1.양도차액을 낮춘다(1억 원) 2.양도소득세 탈세 | 5억 원 ⇨ 6억 원 1세대 1주택자 '비과세 요건'을 충족한 매도자의 경우 매수자에게 일정금액의 보상 비용을 받음 |
| | 매수자 | | 1. 취득세 탈세 2. 매도자에게 일정 금액의 보상 비용을 받음 | 1.매매 가액을 높여 대출 한도를 상향 2.미래에 발생할 양도 차액을 줄인다. |

**다운계약, 업계약서 개념**

서 주거시장의 안정을 도모한다. 또한 주택 매매를 하기 전 부족한 자금을 모으고 저축의 개념으로 전세를 이용하는 주거사다리 역할을 담당했었다. 이처럼 갭 투자자들은 전세 공급자로서 시장에 긍정적인 역할도 한다는 것을 결코 간과해선 안 된다. 모든 투자의 기본은 내가 투자한 대상의 미래의 가치에 하는 것이다. 주식은 기업의 '미래가치'에 투자하는 것이고, 창업은 미래의 발생될 수입에 대한 투자하는 것이다. 갭 투자도 그 아파트의 '미래 가치'에 투자하는 것이고, 모든 투자에서처럼 투자 대상의 미래 가치가 낮아지면 그에 따른 손해 즉, 리스트가 분명하게 존재한다.

그러므로 부동산 투자는 그만큼의 대상지에 대한 많은 지식을 필요로 한다. 입지 분석, 현황 분석, 현금 흐름, 부동산 정책, 조세 정책 등 다양한 분야의 전문지식을 요구하는 투자이기 때문에 필자들은 갭 투자를 부동산 시장의 순기능을 담당하는 공급자라고 여긴다. 그리고 가능하다면 다음 전세 계약을 할 때에는 을(임차인)이 아닌 갑(임대인)의 위치에서 계약을 진행하는 것이 더 좋지 않을까?

일단 청약을 통한 1주택자가 되면 2주택자가 되는 것은 그리 어려운 것이 아니다. 전세금을 활용한 레버리지를 활용한다면, 두 번째 집을 갭 투자로도 쉽게 얻을 수 있고 2주택자가 되면 자산이 금새 불어나는 일을 경험할 수 있을 것이다. 따라서 청약에 당첨되어 더 이상의 청약으로 투자 방법을 찾기 어렵다면 갭 투자로 전환해보는 것은 어떨까?

## 끝마치며

2020년 직장인들 1,943명을 대상으로 삶의 목표를 물어본 한 설문조사에 따르면 직장인 삶의 목표 1위는 내 집 마련(24.7%)이었다. 그 뒤로 목돈 만들기(18.7%), 은퇴 후 여유로운 삶(12.8%) 등으로 나열되었다. 지금 이 책을 읽는 분들 중에는 삶의 목표가 내 집 마련인 이들도 다수 있을 것으로 생각한다. 필자들 역시도 처음 청약에 당첨되는 것은 정말 힘이 많이 들었다. 하지만 당첨 후 2채, 3채로 불어나는 것은 훨씬 쉬웠다. 지금 생각해보면 제일 힘들었던 것은 첫 청약을 준비하기 위한 종잣돈을 모으는 일이었다. 나머지 중도금, 잔금 등은 시간이 경과함에 따라 주택가격이 상승하고, 이에 따른 대출한도의 증가와 저축을 통해 자연스럽게 해결되었다. 하지만 결코 쉽지 않은 시간이였음은 분명하다. 이 기간 동안 월급의 80% 정도를 대출 이자를 내는 비용으로 사용하며 20%가 채 안되는 금액으로 생활했던 적도 있었다. 매우 불편하고 힘든 시간이였지만, 그런 시기가 있었기 때문에 과거를 내주고 현재 이 혼란속에서도 성공적으로 내 집 마련을 하게 된 것이 아닐까.

평생 근로소득인 월급을 모아서 집을 사는 것은 이제 불가능에 가까운 시대가 되었다. 사회초년생이 집을 한 채 마련하기 위해 월급을 대체 매달 얼마씩 저축하고 모아야 살 수 있을까? 매달 200만 원씩 저축한다고 가정해보면 350개월이 걸린다. 연수로 29.16년이다. 약 30년 동안 매달 200만 원씩 저축하면 가능한 금액이다. 현재의 부동산 상황에서는 쉽게 청약에 당첨되긴 어렵겠지만 부동산 정책이 강화되는 시기가 있으면 반드시 완화되는 때도 있는 법이다. 항상 정책에 귀를 기울이고 꼼수와 틈새를 찾아 연구하다 보면 새로운 길이 열리고 그 길을 따라가다 보면 어느새 훌륭한 부동산 투자자가 되어 있을 것이다.

지금까지 필자들이 알고 있는 지식과 정보를 아낌없이 서술하였다. 고공행진중인 집값을 젊은 세대들이 따라 잡기에는 역부족이기에 최대한 청약에 포커스를 두었다. 이 책을 집필하는 와중에도 계속해서 바뀌는 정부정책에 따라 책 내용을 수정한다고 수정하였지만, 금새 뒤쳐진 정보가 될지도 모른다. 하지만 큰 골자는 바뀌지 않으니 내 집 마련을 준비하는 많은 분들에게 작게나마 도움이 되었으면 좋겠다. 여기에 한 가지 더 당부드리고 싶은 것은 나만 이 상승장을 타지 못해 늦었다고, 뒤쳐졌다고 자책하고 조바심 가질 필요가 없다는 점이다. 계속해서 바뀌는 정부정책과 앞으로 있을 금리인상 등 대내외적인 요소들로 인해 부동산 시장이 언제까지 상승만 할지는 그 누구도 예측할 수가 없다. 게다가 모든 자산이 언제까지 계속 오르기만 할 수는 없지 않겠는가. 혹여나 부동산 시장의 하락장이 온다고 해도 오늘을 잊지 말고 차근차근 준비하여 다가오는 기회를 잡자. 반드시 한 번은 기회가 올 것이라 믿어 의심치 않는다. 내 집 마련 후 또 다른 미션인 경제적 자유를 얻기까지 넘어져도 다시 일어날 수 있다. 아직 시간이 많으니까 말이다.

청년들을 위한 최고의 내 집 마련 전략

# 그 누구도 알려주지 않았던 청약 당첨의 기술

**1판 1쇄 펴낸 날** 2021년 9월 1일
**1판 2쇄 펴낸 날** 2021년 9월 8일

**지은이** 배홍민, 공민규
**펴낸이** 나성원
**펴낸곳** 나비의활주로

**책임편집** 유지은
**디자인** design BIGWAVE

**주소** 서울시 성북구 아리랑로19길 86, 203-505
**전화** 070-7643-7272
**팩스** 02-6499-0595
**전자우편** butterflyrun@naver.com
**출판등록** 제2010-000138호
**상표등록** 제40-1362154호

**ISBN** 979-11-90865-43-2 03320